글로벌화와 인권·교과서

동경평화포럼

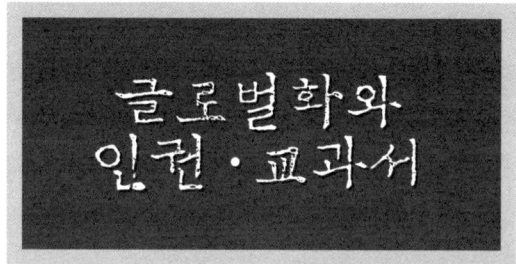

일본교과서바로잡기운동본부 편

역사비평사

동아시아 역사인식의 공유는 '가능한 현재형'

'역사인식과 동아시아평화포럼'(이하 평화포럼)이 2회째를 맞았다. 2001년 일본의 역사왜곡을 계기로, 동아시아 역사인식의 공유를 위한 지속적인 포럼이 진행되고 있다. 2002년 중국의 남경에서 1회 평화포럼이, 2003년 일본 동경에서 2회 평화포럼이 열렸다. 2004년 한국 서울에서 3회 평화포럼이 그 맥을 이어갈 것이다.

평화포럼이 갖는 의미는 자못 크다. 한국과 중국, 일본의 연구자와 교사, 시민단체가 연대하여 동아시아의 역사와 평화문제를 지속적으로 고민하고 있다는 점에서 그렇다. 이 시점에서 한·중·일 연대가 더욱 빛을 발하는 것은, 일제의 식민지 지배에 대한 공동의 역사를 갖고 있는 한국과 중국이 역사적 사실 자체를 왜곡하는 일본의 우익세력들에 대한 공동의 대응전선을 형성하고 있기 때문이다.

바로 이 책은 지난 2년 간 한·중·일 삼국의 연구자와 교사, 시민단체들이 서로 교류하며 신뢰를 쌓아가는 과정중에 나온 결과물이다. 평화포럼의 주제는 갈수록 심화되고 다양해지고 있다. 제1회 평화포럼은 그 출발점이 일본의 역사왜곡이었던 만큼 일본교과서와 역사왜곡을 다양한 차원에서 점검하였다. 그러나 이번 2회 평화포럼은 일본의 역사왜곡을 둘러싼 세계정세와 역사인식의 문제를 주제로 다루었다. 대주제 '글로벌화와 인권, 교과서'가 이를 반영하고 있다.

제1주제는 역사인식의 현재이다. 한·중·일 각국에서 역사인식을 어떻게 보고 있는지를 다루고 있는데, 일본의 역사교과서에 나타난 전쟁서술, 북의 일본인납치문제에 대한 일본의 여론, 난징대학살이 난징시민에게 미친 영향, 재일조선인들이 배우고 있는 통일교과서 분석 등이 바로 그것이다.

제2주제는 교과서와 젠더 문제다. 2회 포럼은 교과서와 젠더 문제를 본격적으로 다루었다. 현재 일본은 역사교과서뿐 아니라 공민교과서, 가정교과서가 문제되고 있다. 일본이 우경화되면서 우익세력들이 페미니즘을 공격하고 있고, 교과서 서술에도 영향을 미쳐 여성에 대한 성역할 고정화, 여성에 대한 편견적 서술 등이 문제가 되고 있다. 가장 대표적인 것이 일본군 '위안부' 문제이다. 여기서 주목할 것은 일본의 교과서뿐 아니라 한국사교과서 역시 젠더의 시점에서 볼 때 자유로울 수 없음을 지적한 글이다.

제3주제는 과거의 극복과 화해 문제다. 한·중·일 삼국은 해결해야 할 과제가 많다. 일제의 과거사를 청산하고 극복하는 일은 최대의 과제이다. 야스쿠니 신사참배, 천황의 전쟁책임 등 아직까지 해결되지 않은 문제들을 해결하고 나아가야 할 궁극적인 목적은 무엇인가? 바로 화해이다.

제4주제는 글로벌화와 동아시아 평화문제를 다루고 있다. 3주제에서 과거사를 해결하고 궁극적으로 나아가야 할 주제가 화해라면, 4주제는 오늘날 동아시아의 평화를 가로막는 요소들을 점검하고 있다. 일본의 전쟁국가화,

대미관계, 우경화정책 등 현재 일본을 둘러싼 조건들을 규명하고 해결과제를 모색하고 있다.

평화포럼은 계속 진행될 것이다. 이 평화포럼이 계속되는 동안 동아시아 역사인식의 공유는 '불가능한 미래형'이 아닌, '가능한 현재형'으로 우리에게 다가올 것이다. 벽돌을 하나 하나씩 쌓아올리는 심정으로 서로의 신뢰를 다져간다면, 그래서 한·중·일 삼국이 서로의 역사인식의 차이를 조금씩 좁혀간다면 우리가 꿈꾸는 동아시아 평화는 그리 멀리 있지 않을 것이다.

2003. 10
일본교과서바로잡기운동본부(아시아평화와 역사교육연대)
상임공동대표 서중석·이남순·이수호

3부 과거의 극복과 '화해'
− 야스쿠니신사 문제, 전후보상, 다민족사회의 인권, 현대사교육 점검

4부 글로벌학와 동아시아의 평화
− 유사법제 등 일본의 전쟁국가화와 교육, 동아시아와 대미관계, 재일코리언의 인권, 남북한문제

글로벌화와 인권·교과서

아라이 신이치(荒井信一, 동경포럼실행위원장)

머리말

글로벌화가 현재 세계가 직면하고 있는 공통의 과제인 것은 말할 나위도 없다. 그것은 경제를 중심으로 국가와 지역 간의 벽을 낮추고, 특히 경제와 안전보장의 문제를 중심으로 지역통합의 움직임을 촉진하고 있다. 동아시아의 평화로운 지역공동체를 지향하는 우리들의 노력도 넓은 의미에서 글로벌화 속에 자리매김할 수 있을 것이다. 그러나 동시에 글로벌화와 시장경제의 도입이 사회적·지역적·민족적 그밖의 여러 격차를 넓히고, 아시아 각지에서 사회를 유동화하고 불안정하게 하는 현실도 부정할 수 없다. 세계를 자신의 틀에 맞추려고 하는 미국의 패권주의, 단독 행동주의도 문제일 것이다. 전쟁의 위험, 국가 역할의 변화, 유동화하는 사회 속에서의 정체성 모색 등은 당연히 역사인식의 문제와 깊이 관련된다. 인권과 젠더가 정체성의 일부로서 인식되는 정도도 늘어났으므로 우리는 이 시점에서 글로벌화를 파악해갈 필요가 있다.

우리들은 동아시아의 평화로운 발전이 모든 지역, 모든 민족의 자주성과 인권 존중에 입각해야 하고, 그것을 역사인식에 반영시키기 위하여 노력해야 한다고 생각한다.

캐나다의 시도

지금 동아시아에서는 전쟁을 향하는 방향과 평화를 향하는 방향이 교착하고 있다. 2002년 3월에 보도된 미국국방성의 비밀문서에서는 핵전쟁이 상정되는 지점으로서, 중동과 함께 타이완 해협과 조선반도가 올랐다. 한편, 특히 경제지역에서는 다국가 간의 테두리에서 상호 발전을 꾀하려는 경향이 강해지고, 종래 WTO, ASEAN 등에 대해 소극적으로 보여졌던 중국도 태도를 전환하여 국제적인 틀에 대하여 적극적으로 관여하는 정도를 강화시키고 있다. 한일 사이에는 월드컵공동개최를 계기로 특히 대중문화 영역에서 상호침투가 진행되고 지금은 양국의 젊은이가 공통의 문화를 향수하는 광경은 드물지 않게 되었다.

교과서 문제에 대한 대응에서도 학계, 시민단체가 공동으로 대처하는 경향이 현저해졌다. 상호 연락도 밀도를 더해가고 있다. 2000년 12월, 한일역사관계 10여 개 학회에 의해 동경에서 열린 「한일 합동역사 심포지엄─교과서문제」도 그 하나이고 「역사인식과 동아시아 평화포럼」의 개최도 동일한 문제의식에 입각한 시도이다.

여기에서 하나의 에피소드를 소개하자.

재작년 2001년의 노벨평화상 후보자로서 이에나가 사부로(家氷三郞) 동경교육대학 명예교수를 추대하려는 운동이 캐나다의 NGO 주도하에 시작되어, 세계적인 규모로 추천운동이 일어났다. 이에나가 교수는 1965년, 침략전쟁중 일본군의 가학행위 기술을 위법으로 한 문부성의 교과서 검정을 헌법위반으로 제소했다. 교수의 재판투쟁은 32년 간에 걸쳐 계속되어 1993년에는 난징대학살 및 그때의 일본병사의 강간 기술에 대한 검정의견을 위법으로 하는 고등재판판결을, 1997년에는 731부대의 기술에 대한 검정을 위법으로 하는 최고 재판결을 쟁취하였다. 이것들의 성과는, 일본군의 비인도적 행위가 교과서에 기재되는 계기가 되어, 피해를 입은 세계 사람들의 화해와 상호이해를 달성하는 데 큰 격려가 되었다. 이에나가 교수가 제기한 이른바 교과서 제소와 그 성과는, 일본에 자유와 민주주의를 정착하는 시도,

과거를 직시하고 다문화가 공생하는 21세기가 필요로 하는 역사인식을 아이들에게 키워주는 움직임으로 높게 평가되고 있다.

평화상 후보의 추천자가 되기 위한 자격은 엄격하여 운동기간도 한 달 정도밖에 남아 있지 않았고, 운동도 일본과 북미에 편중될 수밖에 없었다. 그러나 깜짝 놀랄 정도로 많은 사람들이 추천서에 서명했다. 국내에서는 3명의 국회의원을 포함하여 80명이 추천서에 서명했다. 해외에서는 각료·국회의원(유럽의회 포함) 등 14명, 대학교수 등 144명이 추천에 참가했다. 또한 추천자격은 없지만 추천을 지지한다고 하는 서명은 국내외에서 156명에 달했다.

이에나가 교수의 추천운동이 글로벌하게 전개된 배경을 생각하는 경우에 중요한 힌트가 되는 것은 운동이 왜 캐나다에서 촉발되었는가 하는 것이다.

제2차 세계대전중, 미국 서해안의 일본계 사람들이 정부의 차별정책으로 오지에 강제 이전되었던 것은 잘 알려져 있지만, 캐나다에서도 마찬가지의 사태가 났다. 정부의 긴급조치로 인해 일본계사람들은 '적성외국인'이 되어, 강제로 이동, 수용되고 재산을 몰수당했다. 1980년대에는 전캐나다일본계협회(NAJC)가 중심이 되어 미국과 같은 보상운동이 일어났다. 1988년에 마르로니 수상이 전시중의 조치가 '인종차별사상에 기초한 부당한 긴급조치'였던 것을 인정하고 일본계 피해자에게 사죄하고, 상징적인 보상으로서 한 사람당 2만 1000달러를 지불하는 데 동의하였다.

캐나다에 거주하는 역사가, 카게타츠오(鹿毛達雄, 大벤쿠버일본계시민협회 인권위원)는 1999년 12월에 동경에서 행해진 국제회의에서, 공청회·입법활동·소송을 주요한 방법으로 하는 미국의 운동과 달리, 캐나다의 운동이 일본계 커뮤니티의 지지, 매스미디어의 지지 획득, 진정 등의 여론 설득을 주요한 수단으로 한 것을 지적하고, 운동의 성과가 "선주민족, 소수민족을 포함하여 수많은 캐나다인의 덕택이었다"고 보고했다. 그리고 '보상을 획득한 것으로 (많은 일본계인이) 언제 어디서 일어나든, 인권침해에 대해서 그 피해자를 지지하기 위하여 발언하는 특별한 책임을 지고 있다'고 생각하게 된 것을 밝혔다(「일본계 캐나다인을 위한 보상과 그 유산」, 『전쟁책임과 전후보상을 생각하는 국제시민 포럼』보고). 운동 과정에서 중국계, 한국·조선계, 필리핀계, 네덜란드계, 유대계 및 선주민 등, 마이너리티로서의 차별과 고통을 공통의 체험으로 하는 그룹이 협력해서 차별철폐 등 인권 운동을 추진하는 핵이 형성되었다. 이 그룹이 이에나가씨의 교과서 소송에 주목하고 최고재판결전인 1997년에는 1만 1000인 이상의 재판지원서명을 모아 일본에 보냈다.

캐나다에서는 지금까지도 2차대전중 과거 일본군포로의 보상운동이 계속되고 있다. 소수자그룹, 특히 아시아계 사람들은 일본이 침략전쟁의 과거를 청산하지 않는 것에 주목하고 그 해결을 공통의 과제로 하게 되었다. 그 사람들이, 이에나가 교과서 소송과 그 성과를, 과거를 직시하고 역사인식을 바르게 하는 움직임으로서 높게 평가한 것은 당연하였다. 교수를 노벨평화상 후보에 추천하는 호소가 캐나다에서 시작된 것은 결코 우연이 아니다.

우리들은 이에나가씨가 2001년 노벨평화상의 유력한 후보자인 것을 의심하지 않았다. 최종적으로는 수상자가 유엔과 유엔의 아난 사무총장으로 정해진 것은, 그해 9월 11일 이후의 사태가 작용했기 때문이라고 믿고 있다.

9·11 뒤, 10월 5일에 전 노벨평화상 수상자 8인이 공동성명을 내고, 보복적인 군사행동을 삼가하도록 미국정부에 호소했다. 노벨상 위원회도 아난씨 업적의 한 가지로 '가맹국이 주권을 세우고 위법행동을 하는 것은 인정될 수 없는 것을 명확히 한' 것을 들고 있다. 그러나 그 뒤 미국의 행동은 이 방향에 따른 것이었을까?

과거에 일본인으로 노벨평화상(1974년)을 수상한 사람은 사토 에이사쿠(佐藤 榮作) 전 수상이었다. 그러나 노벨상위원회가 평화상 창설 100주년을 기념해서 출판한『노벨평화상 평화로의 백년』에서는 전 수상이 베트남 전쟁에서 미국의 정책을 지지한 것, "후에 공개된 미공개문서에 의하면, 일본의 비핵정책을 난센스라고 말했다"라는 것 등을 지적했다. 집필자의 한 사람은 기자회견에서 "사토씨를 고른 것은 노벨상위원회가 범한 최대의 오류"라고 강하게 비판했다. 이에나가씨의 추천운동은 직접적인 성과를 올릴 수는 없었지만, 현대 세계의 전쟁과 평화의 존재에 대한 논의를 깊게 하는 방향으로 작용하고 있다.

이 점에서 흥미깊은 것은, 2001년에 캐나다의 브리티시콜럼비아주(이하 BC주) 교육국이 발행한 『아시아 태평양의 인권 1931~1945—사회적 책임과 지구시민(Human Rights in the Asia Pacific 1931~1945 : Social Responsibility and Global Citizenship)』이다. BC주 고교의 역사과, 사회과, 법률과 커리큘럼에 따른 교사용지도서로서 교사, 역사가가 협력해서 만들었다. 피해자, 생존자의 전후 보상문제에 시점을 두고, 아시아태평양 전쟁중 일본군의 가해행위에 관한 여러 문제를 다룬 것이다. 수업 계획은 '1과. 전쟁범죄와 인도에 대한 죄, 2과. 난징대학살과 그밖의 가해행위, 3과. 홍콩의 캐나다포로병, 4과. 국제법, 화해, 보상, 5과. 과거와 다른 미래를'의 다섯 과로 되어, 제4과에 가장 많은 수업시간이 할당되었다. 전체적으로 수업의 목표가 인권과 정의(법)를 기초로 하는 평화로운 미래 창조에 있는 것이다. 단원을 이와 같이 구성하는 이유 중에는 다음과 같은 지적이 주의를 끈다.

만약 우리들이 폭력의 연쇄를 부수려고 한다면, 인류는 스스로 죄를 이루는 능력을 끊임없이 상기해야 할 것이고, 어떻게 인도에 대한 죄를 방지하는가에 대해서 스스로를 교육해야 한다. 우리들은 캐나다인으로서, 정부를 통해서 인권과 평화를 내걸고 촉진하는 임무를 스스로 수행해왔다. 그것은 고귀한 임무였지만, 캐나다인은 국외에서 정의롭지 못한 행위를 했다는 것을 면할 수는 없다. 1993년 소말리아의 평화유지운동 때에 캐나다인이 범한 야만적인 소말리아인 살해는, 우리들도 자성해야 할 것을 강하게 생각하게 한다.

캐나다는 원래 앵글로색슨계와 프랑스계를 중심으로 하는 다문화주의적 경향을 가진 나라였지만, 1982년의 헌법에서 선주민의 독자적인 권리를 공적으로 인정하고, 또한 일본계에 대한 보상문제를 해결한 것으로 아시아계 마이너리티의 권리도 인지되었다. 1980년대부터 90년대에 걸쳐서 다문화주의적 경향의 강화는, 그것 자체가 글로벌화 속에서 공생을 위한 시도이다.

교사용 지도서의 부제인 지구시민(Global Citizenship)이라는 용어가 있다. 인권을 기초로 하는 글로벌리즘이 이 책의 기조에 있다.

미국에 있어서 아시아 태평양공동체

카게는 동경에서의 보고에서 "우리들은 다문화국가 캐나다에서 아시아계 소수 민족 사람들과 이웃, 직장 동료, 혹은 친구로서 일상적으로 접촉하고 있는 탓에, 일본과 아시아 여러 나라의 관계가 직접, 간접적으로 영향을 미치고 있다. 이러한 의미에서도 보상문제의 해결을 바라고 있다"고 말했지만, 비슷한 사태는 캐나다 북방의 이웃, 미국의 합중국에서도 보여진다.

현재, 미국에서는 '일본제국정부정보공개법'이 시행되어, 1932년부터 1948년 말까지를 대상으로 미국의 각성청이 보유하는 전쟁관련 일본기밀자료의 공개작업이 진행되었다. 법률의 성립은, 2000년 12월에 '인종, 종교, 민족적 귀속, 혹은 정치적 선택의 이유로 인체실험과 박해를 명령, 교사, 방조 그밖에 참가했다고 확신할 수 있는 근거가 있다고 합중국정부가 인정한 모든 인물에 관련한 기밀취급의 기록' 공개를 향하고 있다. 작업부회가 설치되고, 작년 3월까지 2000만 페이지의 조사가 끝나고, 이미 180만 페이지가 공개되고, 20만 페이지에 대해서 심사중, 최종적으로는 200만 페이지가 기밀 해제될 것이다.

이 법률은 1911년 11월, 캘리포니아 선출의 다이안·화인스타인 법안으로 불리어왔다. 제안에 즈음하여 의원은 법안이 반일을 목적으로 하지 않는 것을 강조하면서, 법안의 목적이 "인체실험의 희생자를 돕는 것이고, 또한 '진리는 당신을 자유롭게 한다'는 속담을 가슴에 품고 21세기를 향해서 가장 평화로운 아시아·태평양공동체를 쌓는 것에 일조하는 것"에 있다고 했다. 또한 "이 법률이 아시아·태평양 지역에 있어서 성실한 대화와 토론의 환경만들기를 의도하고 있는 것", "아시아의 나라들이 평화로운 공동체를 쌓아야 한다고 한다면, 과거를 완전하게 공정, 성실히 처리하는 것이 필요합니다. 그렇게 하는 것에 의해서만, 우리들은 과거의 잘못을 반복하는 것을 피하고, 미래를 위해서 가장 바른 세계를 이룰 수 있습니다"라고 한 것이 특히 중요했다.

제안시 성명에도 '아시아-태평양공동체' 용어가 쓰였지만, 의원 선출의 모태가 된 캘리포니아주에서의 '아시아-태평양공동체' 문제는 절실했다.

1999년 8월에 캘리포니아주 의회는 '제2차 세계대전중 일본군에 의해 자행된 전쟁범죄'에 관한 합동결의(AJR27)를 가결했다. 그것은 일본정부에 대해서 전쟁중의 '잔악한 전쟁범죄'에 대해서 '명확하고 애매하지 않은 사죄'를 공식적으로 행한 것, 피해자에 대해서 '즉각 보상을 행한다'는 것을 구한 것이었다.

AJR27은 일본계의 마이클 혼다 하원의원이 제출했는데, 다른 일본계의원 조지 나카노는 전쟁피해자에 대한 배상에는 찬성했지만 일본계 미국인의 일부에 있는 불안을 대변하고 법안은 일본에 대한 옛날의 미움을 깨닫게 해 불리한 영향을 미칠 것이라고 해서 기권을 성명했다. 두 사람의 일본계 의원의 대립은 주목을 끌었다. 혼다 의원은 결의에 "본 결의는 모든 인도에 대한 죄를 목소리 높여 비난하고, 또한 동시에 본 결의를 반아시아 감정과 인종주의 또는 일본 '두드리기'를 촉진하거나 혹은 일본의 전쟁범죄인과 일본계 미국인과의 구별을 보려고 하지 않는 논의를 추진하기 위하여 이용하려고 하는 사람들의 행동도 비난한다"고 하는 문장을 삽입하는 것으로 나카노 의원도 반대를 철회했다.

양 의원도 제2차 세계대전중 미국 정부의 일본계 강제 억류정책으로 수용소에 억류된 체험이 있다. 결의는 캘리포니아의 일본계 사회에 있어서도, 대전의 상처자국을 치료하고 역사의 기억을 공유하기 위한 시도였다.

거듭 중요한 것은 일본과 침략한 국가들과의 관계가 긴장해 있을 때에, 배상결의는 일본계 미국인과 중국계 미국인을 포함하는 지원자의 연합을 만들어낸다는 것이다. 결의가 가결되면서, 로비에서 기다리고 있던 중국계, 필리핀계, 베트남계 등 아시아계 미국인이 저마다 "고마워요." 하며 의원을 포옹했다. 혼다 의원의 지역신문 『산노제 마큐리 뉴스』(1999년 8월 28일자)

는 이 광경을 "미 정계에서는 그다지 볼 수 없는 아시아계 미국인 전체의 정치적 승리를 그들은 축복하고 서로 부둥켜안았다"고 평했다.

아시아계 미국인이라는 호칭은 1968년에 생겼다고 한다[무라카미 유미코(村上由美子), 『아시아계미국인』, 중앙신서, 1997년]. 1990년대까지는 인구도 급증하고 출신지도 다양화하는 한편, 미국계사회 속에서의 공통 체험에 뒷받침되어 인권과 민주주의를 요구해가는 과정에서, 일본계라든가 중국계라는 종래의 테두리를 넘은 트렌스내셔널한 틀을 의식해가게 되었다. 그 배후에는 캘리포니아주의 아시아계 미국인의 급증이 낳은 복잡한 상황이 있다.

혼다 의원이 사는 산타 크라라군에서는 1998년 이래 아시아계 인구가 45% 늘어난데다가 그 중 절반은 외국 출신이다. 그것은 산타 크라라에 한정되지 않는 주 전체의 경향이고 게다가 출신국은 옛부터 일본, 중국, 인도 등만이 아니라 한국, 베트남, 라오스, 캄보디아, 필리핀, 타이, 인도네시아, 말레이지아, 미얀마 등 매우 다양했다. 다양성에는 언어, 문화, 내셔널리즘 등 많은 차이가 포함되어 있고 분쟁이나 마찰도 발생했다. 대립과 마찰은 다문화주의적인 아시아태평양-공동체(Asia-Pacific community) 형성에 장해요인이 되고 그 극복이 급선무였다.

특히 제2차대전중 관계가 아시아태평양에서 온 사람들 사이에는 보이지 않는 벽을 만들고 있는 것이 문제였다. 예컨대 필리핀 출신자는 일본차에 타고 싶어하지 않는다. 또한 슈퍼마켓에서 쇼핑을 한 일본인 부부는 중국계 점원에게 "쟈푸(일본을 낮추어서 부르는 영어)의 가게에 가라"는 말을 들었다. 또한 사건을 보도한 지역신문 기사의 '쟈푸'라는 표현에 어떤 필리핀계 미국인이 항의를 하고 사죄를 요구한 것, 신문의 편집자는 "일본정부가 아시아에서 얼마나 심한 짓을 했는가를 지금에 와서는 인정하려고조차 하지 않는데, 내가 쟈푸라는 말을 쓴 것으로 사과해야 할 이유는 없다"고 거부했다고 전했다[무라카미 전출서].

제2차 세계대전이 아시아 태평양의 각지에 만들어낸 상처가 아시아계 미국인 사이에 벽을 만들고 있는 동시에 그 상처를 치료하기 위한 공생의 노력도 존재한다. 공생의 노력은 아시아-태평양계 사람들의 커뮤니티가 팽창

해가고 있다고는 하지만, 전체적으로는 미국사회 속에서 지금도 소수파에 지나지 않는 것, 또한 1990년대 후반부터의 사회 보수화 속에서 이민의 문제가 클로즈업되고 아시아계 등에 대한 미디어의 공격과 편견이 심해진 것 등의 대응으로서도 발전했다. 일본 두드리기는 종종 일본계뿐만이 아니라 아시아계 시민 전체에 불리하게 작용했다. '쟈푸'로 불리는 것에 대한 필리핀계의 항의는 그와 같은 문제의식의 존재를 엿보게 한다. 지금도 남아 있는 대전의 상처를 일본정부의 사죄와 배상(상징적인 보상 - 마이클 혼다)으로 고치려고 하는 AJR27결의의 배후에는 이와 같은 아시아계미국인 사회가 직면하고 있는 복잡한 상황이 있는 것처럼 여겨진다. 역사의 기억을 공유하는 아시아계 미국인으로서 새로운 정체성을 모색하는 사람들의 모습이 떠오른다.

AJR27의 움직임 등을 둘러싼 우리나라에서의 논의 방식을 볼 때, 자칫하면 이것들을 중국정부의 대일정책에 관련지어서 이해하려고 하는 경향이 강하다. 그러나 이러한 움직임은 일종의 정부 관계로 왜소화해서는 안 되고 오히려 21세기를 향해서 아시아태평양의 사람들이 공생을 모색하는 노력과 관련해서 이해해야 할 것이라고 생각한다. 화인스타인 의원은 법안의 목적의 하나가 "21세기를 향해서 평화로운 아시아·태평양공동체를 쌓는 것에 일조하는 데 있다"고 진술했지만, 이 '아시아·태평양공동체'는 이중의 의미, 곧 미국 안의 것, 환태평양 국가들 간의 평화와 공생의 쌍방을 포함하고 있는 것으로 여겨진다.

맺음말

글로벌화 속에서 이주, 해외취업, 불법출입국, 난민 등 다양한 형태의 경계가 애매한 인간이동이 활발하다. 북미에 있어서 상기의 두 가지 움직임은, 급격한 인구 이동에 따른 사회 변동 속에서 새로운 사회의 통합과 정체성의 모색이 역사인식의 문제와 연결된 예일 것이다. 급격한 경제발전에서 볼 수 있는 중국의 경우에도, 연해지방에 인구가 집중하는 등 새로운 움직임이 차츰 현재화하고, 그 속에서 역사인식의 재정의 시도가 행해지고 있다.

필자도 참가한 역사문제연구회에서, 와세다 대학의 류지에(劉傑) 교수는 수년 전부터 상해 등의 '발달지역'에서 '중국사'와 '세계사'의 구분을 벗어나서 새로운 역사교과서가 편찬되고 있는 사실을 보고했다. 교수에 따르면, 새로운 교과서의 최대 특징은 중국사를 세계사의 틀 속에서 파악할 수 있는 것이지만, 그것은 중국의 역사인식의 변화를 반영한 것이라고 한다. "자본주의에서 사회주의로 사회가 '진화'한다는 발전단계론에서는 현대중국이 처해 있는 현상을 설명할 수 없게 되고, 현대중국을 세계사에 돌려서 재확인하는 작업이 요구되고 있다". 교과서의 또 하나의 특징은, 15세기 대항해 시대부터 서술을 시작했다는 것이지만, 그것은 열려진 중국을 향하는 중요한 제1보로서 "자국의 문화와 역사를 상대화하고, 그것을 세계사의 일부로서 인식하는 작업이 진행되고 있다"는 현상이라고 한다(류지에보고에 대해서는 다음을 보라. 후나바시요우이치(船橋洋一) 1편, 『いま、歷史問題にどう取り組むか』, 岩波書店, 2001년).

중국정부는 2000년부터 2010년에 걸쳐서 전국기초 커리큘럼의 개혁과 씨름하고 있지만, 그 가운데 커리큘럼 구성, 교재, 학습활동, 평가 등 다양한 분야에서 다양성이 강조되고 있는 것이 주목을 끈다. 역사교과서의 채택에 대해서도 시장원리와 자유경쟁이 도입되기 시작했다. 성(省) 차원에서도 지역의 특성을 반영한 중학 역사교과서의 편찬이 행해지고 있다. 상해와 나란히 글로벌화의 최첨단에 위치하는 광동성에서도 '연해 대외 개방지구에 적용하고 사용되는 교과서'가 편찬되었다(양뱌오(楊彪), 『中國歷史敎科書の編纂：歷史と現想』).

열린 중국을 향하는 역사교과서의 편찬은 다문화주의적 경향을 강화하면서 행해지므로 배타적인 집단 정체성과 연결된 것은 아니다. 그 연장선에서 동아시아 지역공동체의 공통의 역사인식으로 발전할 수 있는 성질의 것이 아니다. 북미의 두 가지 예에서도 일본의 가해행위 문제에 초점을 두면서도 '일본 두드리기'와 연결되지 않았다. 오히려 북미사회 속에서 생활하는 아시아계 미국인의 열린 집단 정체성 형성과 연결된 것이다.

그러나 글로벌화가 진행하는 속에서 집단 정체성을 자국의 역사와 문화를 기치로서 배타적으로 재정의하는 것으로 국민의식을 통합하려는 움직임도 간과할 수 없다. 일본에서는 1996년 6월 자민당의원 116인으로부터 '밝은 일본의원동맹'이 결성되었다. 결성취지서에는 "침략국가로서 죄악시하는 자학적인 역사인식과 비굴한 사죄외교에는 동조할 수 없다"고 했고, 활동과제의 제1에 근현대사를 들었다. 거듭 12월에는 후지오카 노부카츠(藤岡信勝) 동경대교수 등 자유주의사관 연구회 멤버를 중심으로 '새로운 역사교과서를 만드는 모임'이 만들어졌다. '만드는 모임'의 그 후 움직임 등에 대해서는 많은 분석이 있으므로 여기에서는 언급하지 않는다.

1990년대 후반에는 경제를 선두로 글로벌화가 한층 진행되고 장기불황과 맞물려 사회의 유동화도 급격히 진행되었다. 그 가운데 세대간 대립의 격화, 기성의 질서와 가치관의 붕괴 등이 심각해지고 특히 교육현장에 많은 혼란이 일어났다. 자유주의 연구회에는 당초는 현장교사의 참가가 큰 특징이 되었다. 그 점에서 재래형의 복고주의와 동일시할 수 없는 요소가 있다. 또한 전내무관료와 일본유족회계 등을 중심으로 하는 자민당 매파의 세대교체도 이 사이에 진행되어 교과서문제에서도 3, 40대 의원의 움직임이 눈에 띄게 되었다. 이러한 사람들에게는 교과서 문제를 유동화하는 사회의 국민통합 문제로서 내부를 향해서 파악하는 경향이 강하다.

글로벌화가 자기의 역사와 문화 속에서만 근거를 구하는 원리주의적 반발을 발생시키는 경향은 드물지 않지만 일본인의 경우에는 예컨대 이슬람교처럼 회귀해야 할 보편적 원리를 갖지 않는다. 거기에서 의사적인 원리로서 국가신도(천황주의)와 황국사관이라고 하는 이미 파산한 원리에 회귀하고 전쟁의 역사로 치더라도 오직 국가(대일본제국) 변명의 시점에서 서술하는 것이 된다. 그것이 역사인식 문제의 해결을 곤란하게 하고 있다.

글로벌화가 진행된 1990년대는 일본에 있어서 '잃어버린 10년'이었다. 개혁에 필요한 대담한 리더십과 변혁의 비전이 발휘되는 것이 아니라 오히려 문제를 표류에 맡긴 감이 있다. 그 과정에서 국력은 쇠퇴하고 국제적인 역할은 저하했다. 글로벌화를 거꾸로 무기로 하여 경제를 재활성화하기는커녕 이제까지의 성과를 오히려 빼앗기고 있다고 보는 굴절된 반글로벌적 피해자의식조차 강조되어, 국민 사이에 배외주의적 기분을 만들어내고 있다.

그러나 글로벌화가 한편으로는 국제적인 협조와 대화로 역사인식의 문제를 해결하는 방향성을 강화해온 것도 사실이다. 일한 양 정부 사이에는, 애매한 부분을 포함하더라도 대화와 역사공동연구에 의해서 교과서 문제를 해결하려고 하는 함의가 있다. 그러나 안전보장과 경제 문제를 우선하는 정부 간의 테두리에는 커다란 한계가 있고, 또다시 역사문제가 재생산될 가능성은 여전히 남아 있다. 근본적 해결을 위해서는 시민들끼리의 국경을 넘는 연대와 끊임없는 대화를 지속해가는 것이 불가결하다.

1부
역사 인식의 현재

일본의 역사교과서에 관한 자기진단―전쟁을 어떻게 쓰고 있는가?

오오히가타 스미오(大日方純夫, 와세다대학 교수)

머리말

2001년 여름 후소샤(扶桑社) 발행의 중학교 역사교과서의 등장을 둘러싸고 일본사회는 크게 흔들렸다. 국내외의 심각한 비판 속에 결국 후소샤 책의 채택률은 0.039%로 멈췄다. 그러나 이 소동은 교과서의 내용과 교과서 '시장' 모습에 큰 변화를 몰고 왔다. '일본군위안부' 문제를 계기로 본격화된 교과서에 대한 '자학' 공격은 전체적으로 침략전쟁과 가해문제에 관한 교과서기술을 후퇴시켰다. 더욱이 '자학'적이라고 공격된 교과서는 학교교육의 현장에서 밀려나는 사태가 벌어졌다. 즉 최하위 3위라고 말하는 오사카서적(大坂書籍)·교이쿠출판(教育出版)·일본서적(日本書籍)의 세 회사는 교과서의 채택이 감소되었고(세 회사가 합쳐 전회에 비해 17.6% 감소), 특히 일본서적은 7.8% 감소하였다. 그렇다고 하면 이 감소분은 어디로 간 것인가? 채택률 1위는 전회와 같이 동경서적으로 점유율이 10.8% 증가한 51.2%로 전국 중학생의 반 이상이 이용하는 교과서가 되었다. 또한 전회의 최하위였던 제국서원은 9% 증가해 4위가 되었다.

본 회의에서는 8종의 교과서 가운데 '태풍의 눈'이 된 후소샤, 압도적인 '시장점유'를 자랑하는 동경서적, '급성장'한 제국서원, '급락'한 일본서적에 초점을 맞춰, 근현대의 전쟁관계를 중심으로 검증하도록 한다.

Ⅰ. 청일·러일전쟁

청일전쟁 전의 동아시아의 국제관계에 대해서 후소샤는, 한편으로는 조선반도를 노리는 러시아의 위협을 강조하고, 다른 한편으로는 청의 조선지배에 초점을 맞춰, 청은 조선을 잃을 수 없다고 해 일본을 가상적국으로 삼았다는 식으로 쓰고 있다. 실제로는 일본이야말로 먼저 청을 가상적국으로 삼아 군비확장을 본격화했으나 이러한 사실은 기술되지 않았다. 또한 '임오군란', '갑신정변'도 청의 군대파견에 대해서는 쓰고 있으나 일본의 파병에 대해서는 쓰고 있지 않다.

타사의 교과서는 어떠한가? 동경서적은 일본은 "구미열강의 아시아 침략이 강해지는 가운데 조선에 진출하지 않으면 일본의 앞길이 위험해지고 청에 대항하기 위해서 군비의 증강을 도모해왔습니다"라고 쓰고 있다. 그러나 일본정부의 주장이 그대로 소개되었기 때문에 구미의 침략에 대항하기 위한 군비증강·조선진출이라는 노선이 그대로 나타나 긍정적으로 서술되어 있다. 제국서원은 조선을 둘러싼 동아시아의 정세와 청일대립에 대해서 다루고 있으나 극히 간단한 언급에 그쳐 정확한 정세를 파악하는 것은 불가능하다. 이에 대해 일서는 일본의 주도성에 중점을 두어 조선에 대한 불평등조약의 강압, 일본의 세력확대, 친일파와의 제휴, 청과의 대립이라는 흐름으로 다루고 있다. 다시 말해 수동적(방위적)인 후소샤에 비해 일본의 능동성을 명시하고 있는 것이다.

청일전쟁에 대해서 후소샤는 일본이 시작한 전쟁이라는 사실을 애매하게 표현해 개전의 요인을 규명하고 있지 않다. 그리고 청일전쟁은 구미류의 근대입헌국가로서 출발한 일본과 중화제국과의 피할 수 없는 대결이었다고 한다. 전쟁의 실제요인을 명확하게 하고 있지 않은 점에서는 동경서적도 제국서원도 후소샤와 마찬가지이다. 동경서적은 갑오농민전쟁을 계기로 청과 일본이 조선에 출병했다고 하나 왜 출병했는지에 대해서는 불분명하게 쓰고 있다. 동경서적은 "8월에 청일전쟁이 시작되었다", 제국서원은 "근해의 충돌을 계기로 청일전쟁이 시작되었다"라고 쓰고 있다. 그러나 충돌은 우발

적이 아닌 일본의 기습공격이 계기가 되었다. 이에 대해 일본서적은 조선왕
궁점령사건도 다루고 있으며 "청의 해군을 공격한 후 선전포고를 해 청일
전쟁이 시작되었다"라고 개전경위를 명확하게 밝히고 있다.

다음 러일전쟁에 대해서 후소샤는 먼저 전제로서 러시아의 위협을 강조
하고 있으며 만주진출만이 아닌 조선북부에도 군사기지를 건설했다고(이것
은 오류임) 하고 있다. 거기에다 조선반도의 위치를 끊임없이 일본을 위협하
는 흉기로 예를 들어 러일전쟁은 국가의 존망를 건 장대한 국민전쟁이었다
고 한다. 개전을 어디까지나 방위라는 수동적인 시점에서 바라보며 정당성
을 내세우려 하는 것이다.

이에 대해 동경서적은 "러일전쟁이 시작되었다"라고 하며 재차 전쟁을
시작한 주체를 애매하게 다루고 있다. 단 전쟁 전에 의화단사건을 다루며
이 사건 후 러시아가 사실상 만주를 점령했다고 하는 것과 더불어 "더욱이
한국에도 진출했다"라고 하고 있어, 배후에는 후소샤와 유사한 파악이 있다
고 말할 수 있다. 또한 제국서원도 러시아의 남하, 이것을 저지하려는 일본
과 중국의 이권을 지키려는 영국과의 동맹, 러일의 대립이라는 틀에서 다루
고 있어 "결국 러일전쟁이 시작되었다"라고 쓰고 있다. 어디까지나 일본이
동아시아를 지키려 했다는 듯한 착각을 일으키게 한다. 동경서적과 제국서
원은 러일전쟁을 일본의 조선지배와 관계해서 받아들이고 있는 점이 빠져
있다. 한편 일본서적은 러일의 대립 배후에 만주·조선의 지배를 둘러싼 대
립이 있었다는 것을 명확히 하고 있다. 물론 "일본은 러시아에 선전포고를
해 러일전쟁을 시작했다"고 개전경위를 명기하고 있다.

전쟁 결과에 대해서 후소샤는 일본의 승리가 전세계에 억압된 민족에게
독립에 대한 한없는 희망을 안겨다주었다,라고 쓰고 있다. 동경서적도 "러
일전쟁에서의 일본의 승리는 인도나 중국 등 아시아제국에 자극을 주어 일
본을 본받은 근대화나 민족독립의 움직임을 고양시켰다"고 하고 있어 기본
적으로는 공통적인 견해를 갖고 있다. 제국서원도 "러일전쟁에 이긴 것은
식민지지배에 고통받는 아시아인들에게 독립에 대한 희망과 자신을 주었
다"라고 쓰고는 있으나, 소칼럼 「외국에서 본 일본」에서 인도의 네루의 말

을 소개해 조선지배와의 모순을 상기시키려는 배려를 하고 있다. 일본서적은 아시아민중에 대한 영향은 특별히 다루고 있지 않다.

한국병합에 대해서 후소샤는 "일본이 안전과 만주의 권익을 방위하기 위해 필요하다고 생각한다"는 일본정부의 견해를 명시하여 그 정당성을 전하려 하고 있다. 또한 다른 곳에서는 일관하여 열강의 지배를 강하게 비판하고 있는 반면, 한국병합에서는 오히려 구미열강의 지지를 들어 그것을 정당화하고 있다. 거기다 식민지지배에 대한 저항·반발도 검정 결과로 기입하게 되었으나 '병합을 받아들이는 소리'의 존재나 철도·관계의 시설정비 등을 들어 병합의 긍정적 평가를 유도하려 '애쓰고' 있다.

동경서적은 "러일전쟁 후 일본에 의해 한국의 식민지화의 움직임이 한층 강화되었다"라고 쓰고 있다. 제국서원의 서술은 일반적으로 침략과 저항의 관계에 대한 시점이 약하게 기술되어 있다. 동경서적·제국서원 모두가 식민지지배가 기본적으로 수동적인 서술로 주어(행위의 주체)가 애매하게 되어 있다. 이에 대해 일본서적은 일본의 '압력'과 '침략'성에 대해서 명기하고 있으며 조선민중의 저항에 대해서도 구체적으로 쓰고 있다.

Ⅱ. 중일전쟁·아시아태평양전쟁

만주사변에 대해서는 모든 교과서가 관동군에 의한 모략·폭도가 있었다는 것을 명확하게 하고 있다. 그러나 후소샤의 서술은 특이하다. 사변 전의 만주 상황을 자세히 설명하고 있어 일본의 만주경영의 정당성을 주장하고 있으며 이 사변이 배일운동, 소련의 위협 등으로 되었다는 것을 강조하고 있다. 릿튼조사단에 대해서도 "'만주에서의 일본의 안전'을 위협하는 '불법행위'가 있었다는 것을 인정한다, 일본의 만주권익을 인정했다"고 하는 사실을 강조하고 있다. 노구교사건에 대해서도 북경주변에 배치된 일본군 주둔의 정당성을 설명한 후 중일양군의 전투 경과를 설명하고 있다.

동경서적과 제국서원의 서술은 노구교사건에 의해 '중일전쟁이 시작되었다'라고 되어 있어 개전의 인과관계와 일본의 주도성이 애매하다. "선전포고도 없이 일본군은 중국과의 전면전쟁을 시작했다"라고 하는 일본서적의 기술과 비교해 그 차이는 확실하게 알 수 있다.

난징사건에 대해서 후소샤는 검정 결과 중일전쟁 부분에 기술하기로 되었으나(중심은 전후의 동경재판 부분), "일본군에 의해 민중 가운데에서도 다수의 사상자가 나왔다"라고 보충하고 있을 뿐이다. 동경서적은 "여성이나 어린이를 포함한 중국인을 대량으로 살해했다"라고 쓰고 있으나 '대량'의 정도가 불분명하여 문제의 범위가 살해인 것으로만 나타나 있다. 주(注)에서는 "이 사건은 난징대학살이라고 하여 국제적으로 비난을 받았습니다만 국민들에게는 알려지지 않았습니다"라고 서술해 대학살이라는 말을 국제적 비난으로 넘겨 그 설정을 회피하고 있다. 또한 "난징함락을 축하하다"라는 사진에 "일본군의 승리에 일본 전지역이 열광하였다"라고 기술하는 것으로 마치는 것은 부주의라고 할 수 있을 것이다. 제국서원도 "병사만이 아닌 여성이나 어린이를 포함한 많은 중국인을 살해해 외국으로부터 '일본군의 만행'이라며 비난받았다"라고 하고 있어, 동경서적과 같은 문제를 안고 있다고 할 수 있다. 이에 대해 일본서적은 난징점령에서 "20만 인이라는 포로와 민간인을 살해했고 폭행과 약탈도 끊임없이 행해졌기 때문에 엄격한 국제적 비난을 받았다"라고 기술하고 있어 인원수의 제시와 동시에 포로·민간인의 살해라고 하는 사태에 주목해 폭행·약탈을 포함한 문제를 폭넓게 다루고 있다.

아시아태평양전쟁과 '대동아공영권'에 대해서 후소샤는 항목의 제목을 '대동아전쟁(태평양전쟁)'이라고 하고 본문에서도 '대동아전쟁'이라고 굵은 글씨로 써서 이 명칭을 공공연하게 교과서에 등장시키고 있다. 그리고 개전과 서전의 경과를 이야기식으로 자세히 서술한 후 "수백년에 걸친 백인의 식민지지배에 허덕이던 현지 사람들의 협력이 있어 승리하였다. 이 일본의 서전의 승리는 동남아시아나 인도의 많은 사람들에게 독립에 대한 꿈과 용기를 길러주었다"라고 그 의의를 칭찬하고 있다. 또한 "일본의 전쟁목적은 자존자위와 아시아를 구미의 지배에서 해방시키고 '대동아공영권'을 건설하는 데 있다고 선언했다"고 하며 당시 당국의 언명을 그대로 나타내 전쟁의 목적을 미화·합리화시켰다.

후소샤도 '대동아공영권' 아래에서의 일본어교육이나 신사참배가 강요되어 "현지 사람들의 반발이 강했다" 등은 쓰고 있으나 이것은 검정의 결과 기입된 내용이다. 검정 전에는 일본군의 남방진출이 계기가 되어 일본의 패전 후 유럽의 식민지였던 나라들의 독립의 파도가 멈추는 일 없이 계속되어 세계지도는 일변했다고 쓰여 있었다. 검정 후에도 이러한 취지는 남아 있다. 또한 조선·대만의 징용·징병과 황민화정책에 관해서도 쓰고 있는데 이것도 검정의 결과로 대폭 가필된 것이다.

이렇게 후소샤는 기본적으로 이 전쟁의 정당성을 주장하고 있어 다른 교과서와는 질적으로 다른 경향을 띠운다.

단, 그렇다고 하여 다른 교과서에 문제가 없다는 의미는 아니다. 동경서적은 "아시아에서 구미의 세력을 물리쳐 아시아의 민족만으로 번영하게 되는 '대동아공영권'을 찬양했습니다"라고 쓰고 있어 이것을 내실·실제와 연결하여 고찰하는 시점이 없다면 후소샤와 동열의 입장이 되어버린다. "많은 국민은 이 전쟁은 '바른 전쟁'이라고 믿어 전쟁에 이기기 위해 정부에 협력했습니다"라고 기술하는 것뿐만 아니라 믿게 하는 데 있어서의 방법이 애매하게 표현되어 있다. 더욱이 "많은 사람들이 전쟁에 휩쓸렸습니다. 일본이 침략한 동아시아나 동남아시아에서는 전장에서 죽거나 노동에 끌려가거나 하여 여성과 어린이를 포함한 일반사람들에게도 많은 희생자를 냈습니다"라고 쓰고 있어 휩쓸게 한, 끌고 간, 희생자를 낸 것이 누구인가(행위주체)를 애매하게 표현하고 있다. 거기다 독일과 함께 서술하는 방법을 쓰고 있어 일본 책임의 상대화에도 연결될 수 있게 되어 있다. 제국서원의 경우에는 유럽의 식민지에서 '해방'과 '대동아공영권' 건설을 외치는 것을 지적하며 그 실제도 언급하고 있다. 종군위안부에 대해서는 후소샤는 물론 동경서적·제국서원도 기재가 없다.

이에 대해 일본서적은 '대동아공영권'에 대해 본문에서는 다루지 않고 '역사를 생각한다'고 하는 한 쪽 분의 특설칼럼 '환상의 대동아공영권'에서 다루고 있다. 주장과 실제의 관계를 파고들어 고찰하려는 배려가 나타나 있다. 아시아해방의 슬로건과 조선·대만지배의 모순을 지적하고 또한 싱가포르에서의 중국계 주민의 대량처형, 버마에서의 泰緬철도건설, 버턴死의 행진 등을 들고 강제연행에 대해서도 구체적인 수치를 내놓고 있으며 위안부문제에 대해서도 기술하고 있다.

Ⅲ. 패전과 배상·보상문제

전쟁이 불러일으킨 피해에 대해서 후소샤는 "전쟁터가 된 아시아 지역의 사람들에게도 많은 손해와 고통을 주었다"라고 쓰고, 중국·필리핀·싱가포르 등의 희생에 대해 다루고 있다. 이것 또한 검정의 결과 대폭 가필된 부분이다.

동경서적은 "제2차 세계대전이 끝났습니다"의 주기(注記)에서 "아시아 각국의 희생자는 합계 약 2000만 명 이상이라고 합니다"라고 쓰고 있다. 제국서원은 '지금도 남아 있는 전쟁의 상처'라는 항목에서 일본인의 피해에 대해 '일본군의 사상자'가 약 155만 명이라는 것을 시작으로 공습·원폭·만주에서의 사상자, 시베리아억류에서의 사상자, 중국잔류일본인고아, 원폭의 후유증 등을 들어 그 나름대로의 자세한 기술을 하고 있다. 그러나 아시아 제국의 측면에 대해서는 "일본이 점령한 아시아나 태평양 지역 사람들에게도 많은 인적·물적 손해를 주었습니다"라고 일반적인 서술을 하고 있다. 더구나 '사람들에게도'라고 표현하여 그 피해를 일본의 것과 동열로 다루고 있다.

이에 대해 일본서적은 일본인의 사상자에 대해 군인·민간인 310만 명으로 기술하고 있는 것과 동시에 "조선인·대만인 5만 명을 포함함"으로 부기하고 있으며 더욱이 "아시아제국의 사상자는 중국만으로도 2,180만 명에 달한다(중화인민공화국정부의 발표)"고 구체적으로 기술하고 있다.

다음 전후의 배상·보상문제에 관한 기술을 보자. 후소샤는 검정을 받은 후 가필한 아시아의 희생(전술)의 부분에서 "이 때문에 패전 후 일본은 이 나라들에게 배상을 행했다"라고 쓰고 있다. 또한 전후의 '국제사회로의 복귀' 부분에서 "독립한 동남아시아제국에 전후에 대한 배상을 개시했다"고 쓰고 있어 문제가 모두 해결된 입장을 취하고 있다. 한편 검정에서 상당부분 일면적인 기술은 반성을 촉구받았으나 동경재판 부당성에 대한 강조나 난징사건을 의문시하는 입장에는 변화가 없다.

동경서적은 샌프란시스코 평화조약의 주(注)에 "일본이 거액의 배상금 지출을 감당할 수 없어 많은 나라들은 일본에게 배상을 요구하지 않았습니다. 또한 일본이 침략한 아시아의 여러 나라들도 배상 대신에 경제협력을 행하는 일이 많았습니다"라고 쓰고 있다. 여기에 나오는 배상문제는 정부견해의 입장을 말한다. 또한 보상문제에 대해서는 "전후 보상을 요구하며 재판을 연 사람"이라는 사진을 게재할 뿐이다. 더욱이 그 사진은 '기업과 와해'한 한국남성의 것으로 일본군위안부의 문제는 여기에도 나오고 있지 않다.

제국서원은 "일본이 전쟁중 식민지지배를 행한 나라들과의 관계의 보상·배상에 대해 정부는 강화조약에 결착을 끝내 개인보상의 문제는 거절해왔습니다"라고 쓰고 있다. 그러나 이것은 부정확한 사실이다. 보상·배상 문제는 '식민지지배'에 관련된 문제가 아니다. 또한 "전쟁중에 강제연행된 조선이나 중국 사람들의 상황이 확실해짐에 따라 그들에 대한 책임문제가 요구되고 있습니다"라고 강제연행으로 문제를 한정시키고 있으며, 더욱이 상황이 확실해졌기에 책임이 요구되고 있다는 식의 서술이다. 주어가 애매하고 문제의 인과관계 파악이 불명확하게 되어 있다. 여기에 주기(注記)해 "전쟁중 위안시설에 보내진 여성이나 구 일본 군인으로서 징병된 한국·대만의 남성들에 대한 보상문제가 재판장으로 이어지게 되었습니다"라고 쓰고 있으나 여기에서도 주어가 불명확하고 또한 애매한 표현으로 서술되어 있다.

도대체 '위안시설'은 무엇인가?

이에 대해 일본서적은 한 쪽 분의 특설란에서 「일본의 전후처리」를 들어 자세하게 기술하고 있다. "일본에서 피해를 입은 개인이 보상을 요구하는 권리까지 각국의 정부가 빼앗는 것은 불가능하다"고 소개해 "이에 기초하여 강제연행된 사람들, 원래 위안부였던 여성이나 난징사건의 희생자들은 일본정부에 의해 사죄와 보상을 요구해 차례차례로 재판을 제기하고 있습니다"라고 명확하게 기술하여, 요구하는 주체와 그 종류를 확실하게 하고 있다. 더욱이 '김학순씨의 호소' 사진을 게재해 "일본정부에 사죄와 보상을 요구하는 재판을 제기했다"고 명기하고 있다. 또한 마지막의 특설란인 「전후의 일본사회와 평화」에서는 일본인의 평화의식이나 전후의 전쟁과의 관련을 제시해 일본은 세계평화에 어떻게 공헌할 수 있는지 물음을 던지고 있다.

끝으로

이상 4개 사 교과서의 전쟁관계기술을 검증해본 후 통감하는 것은 얼마나 역사사상(事像)을 주체적으로 다루고, 또한 서술하고 있는지에 관한 것이었다. '애매한 일본'의 '애매한 교과서'의 극복, 이것은 확실한 역사인식을 갖기 위해서 없어서는 안 될 것이다. 과거의 역사를 주체적으로 받아들여 냉엄한 사실을 응시하여 현재와 미래에 책임을 지고 가야 한다. 이것이야말로 문부과학성이 바라는 말, 21세기를 열어가는 '늠름한 일본인'의 요건인 것이다.

북의 일본인 납치사건에 대한 일본여론과 역사인식

서중석(성균관대 교수 · 교과서운동본부 상임공동대표)

1.

일본의 가와구치(川口) 외상이 2002년 11월 30일 한일역사공동연구위원회 위원들을 위한 만찬석상에서 왜 유럽공동체는 발전하는데 동아시아는 그러하지 못하느냐는 질문을 던졌다는 이야기를 들은 바 있다.

동아시아공동체가 형성되기 어려운 데는 이 지역의 역사도 한몫을 하고 있다. 유럽과는 차이가 나게 한 · 중 · 일 3국은 음식도 복식도 주택도 다르다. 전근대 시기에는 침략이나 약탈 등을 제외하면 주민들 간의 이동이 거의 없었다. 한국인은 침략 때문에 1876년 새로운 국교를 갖기 이전에도 일본을 싫어하였다. 무엇보다도 동아시아는 베토벤에서 토마스 만에 이르기까지 수백년의 근대를 가진 유럽과는 달리 근대 역사가 짧다. 그것도 부국강병 또는 물질적 발전에만 치중하여 근대적 인간존중사상이나 자아의식, 시민정신이 박약하였다. 그런 속에서 '근대화'의 선두주자였던 일본은 탈아(脫亞)를 내세우면서 제국주의 강대국 따라잡기에 열중하였고, 이웃 아시아 국가를 침략하면서 제국주의국가로 성장하였다. 탈아론과 태평양전쟁기에 내세운 대동아공영론 어느 것에도 이웃 민족들에 대한 인종주의적 배타성과 멸시감이 깔려 있었다.

그러나 역사는 현재가 중요하다. 독일과 이웃나라들 간의 관계가 제2차 세계대전 종전 이전까지 아무리 나빴다고 하더라도 그 이후 과거와 단절하고 유태인과 이웃나라들에 대해 지속적으로 잘못을 사죄하고 배상 · 보상을 하면서 평화 구축에 노력하였기 때문에 유럽공동체는 상호 신뢰 속에 잘될 수 있었다. 그렇지만 일본은 평화주의자들을 제외한다면 과거와 단절하기 위한 노력을 하지 않았을 뿐만 아니라 상당 부분 그것을 상속하였으며, 여전히 이웃 민족들을 낮추어보면서 침략과 만행을 부인하고 합리화하고 찬양하였다. 일본정부와 깊숙이 연계되어 있는 교과서사건은 그러한 움직임의 하나였다. 이러한 상태에서 일본인 중국인 한국인 사이에 공동의 장을 마련한다는 것은 연목구어(緣木求魚)나 다름없을 터인데, 얼마 전에는 일본인과 이웃 아시아민족과의 역사인식에 거리가 있는 것을 보여주는 사건이 일어났다.

2002년 9월 17일 평양 북·일정상회담에서 북의 김정일 국방위원장이 시인하면서부터 일본에 거대한 회오리바람을 일으킨 북의 일본인납치사건은 국가에 의한 심각하고 중대한 범죄라는 점에서는 일본과 이웃나라 주민들 사이에 인식을 같이 하였지만, 그 사건에 대한 일부 일본의 여론이나 시각은 동아시아 주민들의 역사인식에 뛰어넘기가 쉽지 않은 장벽이 있다는 것을 엿보게 하였다. 9월 17일 북·일 정상회담 공동선언문에서 일본측은 과거 식민지지배로 인하여 조선인민에게 다대한 손해와 고통을 준 역사적 사실을 겸허히 받아들이며 통절한 반성과 마음으로부터의 사죄의 뜻을 표명하였는데, 일본인 사이에는 식민지지배·침략으로 입힌 손해와 고통은 외면하고 일본인 납치사건만을 강조하는 분위기가 있었다. 뿐만 아니라 후자는 전자와는 질적으로 다르고, 전자는 그렇게 문제가 되지 않는다는 주장도 나왔다. 이러한 시각에는 한국인에 대한 멸시나 혐오증과 함께 입힌 피해는 생각지 않고 입은 피해만 내세우는 특이한 역사관이 잠복해 있다. 이러한 역사인식의 한 예가 『아사히신문(朝日新聞)』 2002년 9월 20일자 석간 13면에 실린 경응대(慶應大) 명예교수 가미야 후지(神谷不二)의 글이다. 우선 가미야 후지는 한반도 전문가로 명성이 있었던 교수라는 점을 염두에 두어야 한다. 그는 이 글 앞부분에서 "조선민주주의인민공화국(북조선)이 아무리 해도 '보통국가'라고는 말할 수 없다고 하는 사실이 이번에 확인된 것이다. '불량배국가'라든가 '악의 축'이라고 하는 형용이 지나치지 않다는 실태가 이 나라의 최고지도자에 의해 처음으로 백일하에 폭로되었다"라고 지적하고 끝부분에서 다음과 같이 주장하였다.

　납치사건이나 테러, 괴선박 등의 북조선 범죄행위와 일본이 과거에 식민지화에 의해 조선에 준 손해를 대등하게 놓아 양자간에 상쇄관계가 있는 듯한 발상이 보인다. 이는 잘못된 견해라고 말하지 않을 수 없다. 근대역사학의 비조로 이야기되는 랑케는 시대정신이란 개념을 주창했다……19세기로부터 20세기 초두에 걸쳐서는 식민지 추구가 선진국이 추구해야 할 가치로서 널리 인정된 시대였다.……과거의 식민지지배를 현대의 시대정신만으로 재단하는 것은 역사평가의 올바른 태도가 아닐 것이다. 일본이 식민지화에 대해서 사의(謝意)와 반성을 표명하는 것은 결코 인색하지는 않지만, 그 부당성과 국가적 범죄성을 철저히 파헤치지 않으면 안 되는 납치나 테러행위와의 사이에 명확한 질적 상위가 있다는 것만큼은 명확히 해야 한다.

2.

　가미야의 주장을 공정하다고 볼 수 있을까. 시대정신에 대해서 제대로 말하고 있는 것일까. 그의 주장은 인식 주체에 따라서 역사인식이 얼마나 다를 수 있는가를 극명히 보여준다는 점에서 관심을 끈다. '보통국가'란 말도 그렇다. 인권존중, 과거청산과 관련해서 프랑스나 독일을 보통국가라고 부를 수 있다면 일본은 그렇다고 보기가 어렵지 않을까. 1996년 2월 유엔인권위원회는 일본에 대해 일본군위안부문제에 대한 법적 책임 수락, 피해자에 대한 개별보상 실시 등을 요구했다. 1998년 8월 유엔인권소위원회에서는 일본군위안소를 조직적 강간센터로 규정한 「맥두걸보고서」가 나왔다. 그 다음해 8월에도 유엔인권소위원회에서는 '전시 조직적 강간 및 성적 노예에 관한 결의안'을 채택하였다. 2001년 4월에도 유엔인권위원회는 일본군위안부 등 여성폭력과 관련된 범죄는 반드시 기소를 통해 법의 심판을 받도록 해야 한다는 권고를 담은 보고서를 전폭 지지하였다. 그런데도 일본정부는 일본정부와 군이 일본군위안부 문제에 관여하지 않았다고 계속 주장하였다. 일찍이 비정부조직인 국제법률가위원회(ICJ)에서도 일본군위안부에 대한 일본의 행위는 국제법 위반이라고 지적한 바 있었는데.

일본정부는 일본군 성노예문제만 부인한 것이 아니었다. 731부대 참전 군의관들이 생체실험·세균전 만행을 고발하고 일본정부에 대해 범죄 인정과 사과, 희생자보상 등을 요구했는데도 귀를 기울이지 않고 있다. 일본법원이 우키시마호침몰소송에서 일본정부 책임을 물었고(2001. 8.), 중국인 탄광노동자소송에서도 기업과 함께 국가 책임을 제시하였는데(2002. 4.) 이를 외면하였다.

일본정부는 독일과는 달리 제2차 세계대전 패전 이전의 침략과 학살, 강제동원, 그밖의 잔혹한 행위에 대해 책임을 회피하고 있을 뿐만 아니라 오히려 그것을 지우고 왜곡시키는 데 일정한 역할을 하였다. 그것의 한 통로가 교과서였다. 1982년 교과서사건이 발생했을 때, 가장 크게 논란이 된 것이 문부성이 '침략'이라는 단어를 삭제하도록 지시하는 등 검정제도를 강화하여 침략을 미화하고 만행을 호도하는 역사관을 강요하였다는 점이었다. 당시 한국정부는 '침략'이 '진출'로 바뀌었고, 1919년 3월 1일의 '봉기'를 '폭동'으로 수정하게 하여 일본의 3·1운동 탄압을 합리화하였다고 항의하였다. 2002년 문부성 검정에 통과된 메이세이샤(明成社) 출판『최신 일본사』에도 독일의 소련 침공은 침공이라고 보통사람처럼 썼지만(248쪽), 똑같은 면인데도 일본의 침략은 '진출'(2회), '진주' 등으로 표기했다. 일본정부는 대동아전쟁을 아시아 여러 민족의 해방을 위한 전쟁으로 기술한 것도 통과시켰다. 이시하라 같은 사람이 동경도지사인 것에 대해서는 어떻게 말해야 될까.

북의 일본인 납치사건에 대한 일본의 보도 태도를 보면서 또 하나 생각나는 것은 2000년 12월 일본 동경에서 열린 '일본군성노예전범 여성국제법정'에 관한 일본의 보도 태도이다. 히로히토 일본국왕과 일본정부에 유죄를 선고한 국제전범법정에는 100여 명의 각국 기자들이 입추의 여지 없이 들어찬 것으로 한국신문은 보도하였다. 그러나 오직 일본언론만은 침묵했다고 한다. 이 기이한 행태에 대해서 기자회견장에서 질문이 쏟아지자 이 대회를 주도한 마쓰이 야요리는 "한 거대신문은 단 한 줄도 싣지 않았다"고 말하고, "그것이 바로 일본의 실태"라고 개탄했다. 한국의 한 신문은 이 행사 내내 위안부는 '강제연행이 아닌 자발적 매춘'이라고 외치면서 백인들이 더 악질적 전범자라며 책임회피에 급급하는 모습이 전범문제에 대한 일본의 태도를 상징적으로 보여주고 있다고 보도했다. 가미야는 국제전범법정에 대한 일본의 보도 태도는 시대정신을 보여준 것이라고 평가하지 않았을까.

북의 일본인 납치사건 보도태도를 보면서 이웃 동아시아국가 주민들은 이번에도 일본인은 자신들이 당한 것만 강조하는 것이 아닐까 하는 생각을 떨쳐버리기 어려웠을 것이다. 네덜란드인 이안 부루마는 1991년 베를린에 체류하였을 때 한 정신분석학자의 '기억의 작업 - 애도하지 못하는 독일인에 대한 작업' 강연에 가보고 놀랐다. 예상에 어긋나게 강당 앞에 엄청나게 많은 젊은 사람들이 캐주얼복장을 입고 줄을 서 있었다. 생각해보니 놀랄 일도 아니었다. 독일에서는 텔레비전 라디오 유태인회관 학교 박물관에서 지나간 전쟁을 기억할 뿐 아니라, 적극적으로 그 전쟁과 씨름하고 그것을 연구하고 그것에 대한 기억을 잃어버리지 않기 위해 노력하였던 것이다. 부루마는 1970, 80년대를 대부분 일본에서 지냈다. 그는 일본에서도 「콰이강의 다리」는 대성공을 거두었지만, 일본인들이 서양인전쟁포로를 어떻게 다루었는지는 거의 기억하지 않는 것을 보았다. 바티안, 마닐라, 싱가포르의 학살은 일본인들 사이에서 거의 언급되고 있지 않았다. 그런데 중국·만주·필리핀 특히 히로시마와 나가사키에서 그들이 겪은 고통은 전후 시베리아에서의 일본군포로생활과 마찬가지로 생생히 기억되고 있었다.

부루마의 경험은 문제가 된 일본 교과서에서 쉽게 찾아볼 수 있다. 메이세이샤(明成社) 출판의 『최신일본사』는 난징학살에 대하여 본문에서는 언급하지 않고 주에서 난징사건으로 다수의 희생자가 나왔다고 한다고만 언급된 것과 대조적으로, 독일이 소련을 '침공'했다고 쓰여 있는 248쪽에서는 3분의 1쪽 크기의 박스기사로 일본은 인종차별을 반대했다고 누누이 강조하고, 리투아니아주재 일본영사대리의 유태인 구출을 특별히 다루었다. 후소샤(扶桑社) 출판의 중학교 역사교과서도 『최신일본사』와 비슷하게 난징사건으로 다수의 사상자가 나왔다고 기술하고는 제2차 세계대전 말기와 패전 후 소련군이 일본군에 대해 저지른 만행은 특별히 자세하게 다루었고, 그와 함께 나치만행을 강조하면서 일본장군과 리투아니아주재 영사의 유태인구출을 강조하였다.

피해 또는 학살을 보는 일본인 시각이 얼마나 일방적인가는 한국인 원자폭탄 피해자들에 대한 시각, 처우에서도 잘 나타난다. 한국인 피폭자들은 일본 식민지 지배의 피해자란 점에서도 일본인 피폭자와 구별되지만, 한국인은 일본인과 달리 여러 가지 이유 때문에 피폭지(被爆地) 밖으로 피신가지 못해 상대적으로 더 피해를 입었다는 점에서도 차이가 난다. 가장 큰 차이는 한국인 피폭자는 일본정부로부터도 한국정부로부터도 방치된 존재였다는 점일 것이다. 한국인 히로시마 피폭자는 약 5만 명(그 중 被爆死 3만 명) 나가사키 피폭자는 약 2만 명(그 중 피폭사 1만 명)으로 추정되어 전체 피폭자의 약 10%가 된다. 한국인 피폭자는 1957년에 제정된 원자폭탄 피폭자 의료 등에 관한 법률, 1968년에 제정된 원자폭탄 피폭자에 대한 특별조치법 어느 것에도 적용받지 못했다. 일본정부, 히로시마시, 나가사키시에서는 피폭자 조사를 30번 이상 했지만 어느 조사에서도 한국인 피해상황은 빠졌다. 일본정부뿐만 아니라 일본의 원수폭 금지운동, 피폭자운동에서도 한국인 피해자의 보상과 원호에 대해 냉담했다. 한국인 원폭 피해자들은 1980년대 후반에 들어와서야 원수폭금지 세계대회에 초청을 받았다. 한국인 피폭자 중 소수만이 1978년 일본최고재판소 판결에 의해 일본에 건너가 머무는 동안에 한해서 원폭피해자 의료법을 적용받았다. 그리고 1990년에 일본정부로부터 단발성 위로금으로 40억 엔을 받았다(일본인 피폭자는 1998년까지 약 2조5천억 엔의 도움을 받았다. 일본의 1998년 피폭자예산은 약 1,600억 엔이었다). 한국인 피폭자들은 2003년에 비로소 원호수당을 받게 되었다. 2002년 12월 해외거주 원폭피해자도 원호수당 지급대상이라는 오사카고등법원판결을 받아들여 국가상고를 포기한 것이다. 일본 사카구치 지카라(坂口力) 후생노동상은 피폭자 평균연령이 70세를 넘었고 - 원래 한국인피폭자들은 치료를 받지 못해 일찍 죽어 10세 이상 생존자가 적었다 - 재외피폭자문제에 대한 관심이 높아졌기 때문이라고 설명했다.

3.

　적지 않은 일본인들이 일본이 저지른 잘못을 은폐, 축소, 왜곡하고, 침략을 미화하면서 독일이나 소련 북한의 잘못은 무섭게 추궁하는 이중의 잣대를 들이댈 뿐만 아니라, 피해를 준 국가나 사회의 반역자, 이탈자를 옹호하는 행위를 서슴지 않는 것도 보통사람들로서는 이해하기 어렵다. 메이세이샤 출판『최신일본사』에는 왕자오밍(汪兆銘)이 중경을 탈출하여 난징에서 일본의 지원을 받아 신정권(신국민정부) 수립을 선포하였다고 기술되어 있는데, 이 책과 후소샤 출판 일본중학교 역사교과서에는 일본 도죠(東條)수상이 1943년 11월 왕조명과 같은 무리들을 모아 동경에서 가진 '대동아회의'를 매우 긍정적으로 서술하였다. 2002년에는 김완섭(金完燮)이 일본의 한국 침략과 지배를 노골적으로 옹호한『친일파를 위한 변명』이 일본에서 번역, 출판되어 30만 부 이상이 팔렸다고 한다. '새로운 역사교과서를 만드는 모임'에서는 이 책의 일본어판 출판을 기념하여 심포지엄을 주최하였고,『산케이신문(産經新聞)』칼럼「正論」에는 새로운 친일파의 출현을 환영하면서 이 책을 일한 양 국민의 유익한 필독서라고 주장한 明治大 이리에(入江隆則) 교수의 글이 실렸다(2002. 8. 20.).
　국가범죄행위와 관련하여 언급한 가미야 교수의 시대정신은 이중의 잣대에 다름 아니다. 그는 제국주의자들의 세계관을 시대정신으로 일반화하고 있을 따름이다. '불량배국가', '악의 축'도 부시처럼 일방적으로 사용하고 있는 것으로 보인다. 테러도 약자의 테러만 테러로 인정하는 것 같다. 그런데 가미야가 옹호하고 있는 강대국 범죄는 약소국의 그것에 비해 훨씬 더 큰 재액을 불러오는 경우가 많았다는 점을 생각해보아야 한다. 그것은 국가를 억압국가, 폭력국가로 뒤바꿔놓는 경우가 있다. 20세기 후반에는 특히 국가특무기관에 의한 납치 등의 범죄가 자주 일어나고 있을 뿐만 아니라,

국가를 전복하는 국가범죄도 적지 않게 일어났다. 그것이 얼마나 큰 피해를 가져오는가의 한 예를 우리는 칠레에서 볼 수 있다.

1995년 2월 비밀해제된 미국중앙정보국문서에는 닉슨대통령이 헬름즈 CIA국장에게 1970년 9월 아옌데가 칠레대통령에 당선되자마자 9월 15일 쿠데타전문가를 총동원하여 쿠데타계획을 세우고 칠레경제를 파탄에 빠뜨리라는 등 구체적인 지시가 적힌 메모가 들어 있다. 이 문서 중에는 키신저 미국무장관이 아옌데정부를 무너뜨리는 쿠데타공작을 수행하는 데 '미국의 손'이 절대 보이지 않도록 강조한 것이 있다. 또 다른 전문(電文)들은 아옌데 정부 내 비밀공작팀 침투계획을 비롯하여 중립을 지키려는 한 장군의 납치 살해계획 등을 보여주었다. 3년 간의 공작 끝에 1973년 9월 피노체트군부정권이 들어서자 칠레는 어떻게 되었는가. 군화발 아래 민주주의는 소멸하고 주민들은 테러통치하에 놓였다. 1990년 아월윈 대통령이 등장할 때까지 실종, 학살당한 정치인 시민 청년들은 2천여 명을 헤아리게 되었다. 아월윈 정부의 '진실과 화해위원회'는 산더미처럼 쌓인 피해자와 그 가족, 인권단체들의 정보를 정리하여 약 2천 쪽에 걸친 보고서를 작성하였다. 동아시아근대사가 말해주는 바와 같이, 국가 범죄 중 침략과 전쟁처럼 가공할 만한 피해를 주는 것은 없다. 부시의 대이라크전에 독일과 프랑스는 반대하고 있으나, 일본은 그렇지 않다. 부시가 전쟁을 벌이면 일본은 지원국이 될 것이다.

일본우익은 박정희와 전두환 군부·독재정권을 출범할 때부터 미국보다 훨씬 적극적으로 옹호하고 지원하였다. 한국에서 1970, 80년대에 널리 사용된 '친한파', '반한파'라는 말처럼 -일본에서 사용된 혐한파라는 말도 그렇지만 -한국인 또는 한일 양국인의 역사인식이 얼마나 뒤틀려 있는가를 시사하는 것도 드물 것이다. 이 시기 일본인 친한파는 제2차 세계대전 패전 이전에는 열렬한 군국주의 침략자들이었고, 반한파는 주로 한국의 인권옹호를 위해 애쓴 평화주의자들을 가리켰다. 박정희정권 시기 대표적인 친한파는 기시 노부스케(岸信介), 야스기(矢次一夫), 兒玉譽志夫, 賀屋興宣 등이었다. 전범 A급이라는 말이 의미하듯, 대륙 침략의 거물들이었다. 1995년에는 전두환군부독재정권에 밀사로 왔던 세지마류조(瀬島龍三)의 회고록이 한국에서도 화제가 된 적이 있었다. 전두환한테 여러 가지로 조언을 해주었다는 대목 때문이었다. 그런데 그는 산케이신문 대담에서 대동아전쟁이 침략전쟁이 아니었으며 조선인 여성의 위안부동원은 불가피했다는 식으로 말한 사람이었다(『한국일보』 1995. 9. 24.). 박정희독재뿐만 아니라, 전두환 신군부의 '민주주의 압살-광주학살-군부독재'에 일본이 일정한 역할을 했음이 한 연구에서 밝혀졌다. 일본은 1979년 12 · 12쿠데타 후 군부를 장악한 신군부세력에게 1980년 5월 10일까지 최소한 여섯 차례에 걸쳐 북의 '남침' 관련 정보를 제공했다. 이상하게도 모두 중국이 출처로 되어 있는 신뢰하기 어려운 정보였는데, 명백히 신군부권력 강화에 도움을 주기 위해서였고 또 실제로 도움을 줬는데, 특히 신빙성이 없는 마지막 정보(5월 10일)는 전두환에 의해 새로운 강도 높은 조치의 필요성과 특수부대 이동의 정당성, 계엄 확대 및 철저한 통제조치의 필요성 강조에 이용된 것으로 보인다. 또한 광주에서 유혈사태가 한창이었던 5월 20일 일본은 前田를 특명전권대사로 한국에 파견하였고, 6월 하순에는 세지마가 비공식특사로 한국에 왔다(『한국일보』 2000. 5. 18.). 일본국가는 불과 20여 년 전에 발생한 광주학살에 무관한 존재가 아니었다. 일본의 이웃국가 주민들이 2002년 4월에 일본정부가 의결한 무력공격사태법 등 전시대비법(戰時對備法) 3개 법에 의구심을 떨쳐버릴 수 없고, 수상 · 각료가 야스쿠니(靖國)신사를 참배하거나 이지스함(艦)이 출항하면 섬뜩한 느낌이 드는 것은 근래에 위와 같은 역사적 경험을 맛보았기 때문이다.

4.

유럽공동체가 잘되고 동아시아공동체가 잘되지 않는 큰 이유의 하나는 일본인 중국인 한국인의 역사적 경험, 역사인식과 관련되어 있는데, 그것도 일본이 최근에도 독일의 68세대처럼 과거와 다른 모습을 보여주지 못하고 오히려 '우경화'하고 있는 것이 직접적인 요인이 되고 있다. 『아사히신문』

은 1993년 8월 18일자에서 독일은 패전 직후 연합국에 2천억 마르크에 이르는 배상을 했으며, 그것과 별도로 피해자 개인에 대해 1993년 1월 1일 현재 905억 마르크를 보상했다고 보도하였다. 이 신문은 한 전문가의 말을 빌려 1988년까지의 독일의 전후 배상·보상액은 국민 1인당 부담액으로 환산하여 비교하면, 무려 일본의 65배를 넘는다고 지적했다(『한겨레』 1993. 8. 19.). 독일은 2001년 7월부터 나치치하 폴크스 바겐 등 독일을 대표하는 35개 민간기업의 강제노역과 관련하여 약 150만 명의 강제노역 피해자들한테 100억 마르크를 보상하기로 했다. 전시하의 반인권적 행위에 대한 사죄를 말이 아닌 행동으로 국가와 기업이 한 것이다. 나치 재판은 동독은 동독대로 서독은 서독대로 하여 동독에서는 약 3만 명이 재판에 회부되었고, 서독에서는 약 9만 1천 명이 기소되었다. 일본에서는 한 번도 재판이 없었다.

파리정치학원의 드파르주 교수는 20세기 마지막 해에 쓴 저서에서 오늘날 전세계에 '회개와 화해의 글로벌화'라고 불러야 할 사태가 진행되고 있다고 지적하였다. 그렇지만 동아시아에서 '회개와 화해'는 부분적으로 진행되고 있을 뿐이다. 동아시아에서는 전쟁 만행의 고발이 극히 소수에 의해서 이루어지고 있다. 국가들은 외면하거나 별 관심이 없다. 위르겐 하버마스는 독일이 서방에서 소외되지 않으려면 '헌법 애국주의'를 존중해야 한다고 강조하였다. 그런데 독일에서 문화국민으로서 이러한 보편주의적 헌법원칙에 대한, 신념에 근거한 지지는 유감스럽게도 아우슈비츠 이후에 - 그리고 아우슈비츠를 통하여 - 비로소 형성될 수 있었다는 것이다. 널리 인용되지만, 리하르트 폰 바이체커는 패전 40주년이 되는 1985년 5월 현재와 미래를 창조하기 위해 기억이 얼마나 소중한가에 대해 말했다.

덧붙여 말한다면, 북·일수교는 신속히 이루어져야 한다. 북과 일본이 동아시아에서 최후의 적대적 관계를 종식시키는 것은 동아시아에서 화해와 협력의 관계를 마련하는 데 필수적이다. 그것은 동아시아 주민 간에 '회개와 화해'를 가져오는 데 의미 있는 초석이 될 것이다. 또한 일본이 '조선인민'에게 준 손해와 고통에 대한 사죄를 경제적으로 보상하는 것은 북이 스스로 변화하는 데 크게 기여할 것이다.

난징대학살이 난징 시민생활에 끼친 영향에 대한 간략한 분석

류옌쥔(劉燕軍, 침화일군난징대학살우난동포기념관 관원)

1937년 말에서 1938년 초까지 발생한 난징대학살은 20세기의 가장 어두운 한 페이지이며 인류문명사의 대표적인 재앙이다. 그러나 '새로운 역사교과서를 만드는 모임'의 회원이 주도적으로 제작하고 후소사(扶桑社)가 출판하여 2001년 4월 일본문부성의 심사를 통과한『새 역사교과서』는 이미 정설이 된 역사적 사건의 왜곡에 대해 "자료에 아직 의문점이 있고 여러 가지 견해가 있으며 지금까지도 여전히 쟁론이 존재한다"고 강조했다. 히가시나카노(東中野修道) 등은 그들의 「연구」 저작에서 일본군이 난징을 점령한 후 '시민생활 안정, 시 정상회복'이 되었음을 거듭 제기했다. 본 논문은 난징대학살이 난징시민생활에 끼친 영향의 측면과 대학살 이후 난징시민의 고단한 삶과 기억의 상처에 대해서 간략한 회고와 분석을 시도함으로써 일본우익인사의 역사에 대한 찬탈에 응대할 것이다.

시민생활의 절대빈곤

참혹한 난징대학살은 난징에 괴멸적 타격을 주었다. 난징 국제구제위원회는 재난이 심각한 난징과 그 인근 지역민을 구제하는 과정에서 전쟁손실의 구체적인 상황을 분명히 하기 위해 찐링(金陵 - 역주 : 난징의 옛 이름)대학 스미스 사회학 교수에게 위탁하여 조사를 실시했다. 조사는 1938년 3월 초에서 6월 중순까지 실시되었으며, 조사보고는 일본군이 난징을 점령한 첫

3개월 동안 난징시민이 입은 손실을 평가하는 것이 가장 중요한 안건이었다.

먼저, 무수한 성인남자가 일본군에 의해 잡혀가거나 살해당했기 때문에 시민의 가정구조에 커다란 변화가 발생했으며, 많은 가정이 생계를 의지하는 주요 경제지주를 잃어버렸다.

국제구제위원회 조사에 의하면, 15～49세에 이르는 인구 중 남성의 비율이 급격히 떨어졌다. 1932년 15～49세의 남성은 남성 총인구의 57%를 점했지만, 1938년에는 겨우 49%로 하강률이 14%나 되었다. 이와 상대적으로 전체 남성 중 50세 이상은 1932년 13%에서 1938년 18%로 증가하여 상승률이 30%에 달했다. 성년 남성 비율의 하강과 노년 남성 비율의 상승은 사회 생산력의 거대한 손실과 파괴를 의미한다.

스미스(史邁斯)교수는 일반적으로 부부나 부부와 아이가 함께 생활하는 것을 '정상형'이라 칭하고, 한 부모와 아이들이 함께 생활하는 것을 '불완전형', 단지 한 남자나 한 여자만 남겨진 것을 '무가정형'이라고 칭한다. 1932년과 비교하면, '정상형 가정'은 1/7로 감소했으며, '불완전형 가정'은 2배 증가했다. 이러한 상황의 출현은 결코 가족구성원이 외지로 나가서가 아니라 일본군의 대규모 학살 때문임을 조사결과가 보여준다고 그는 지적했다.

취업인구가 전쟁 전보다 크게 감소했으며 수입도 대폭적으로 줄어들었다. 1938년 3월의 취업인구는 과거 취업인구의 35%에 불과하고 수입도 과거의 32%밖에 되지 않는다. 취업구조에도 변화가 발생하여 본래의 상업, 제조업, 기계공업 및 가정과 개인서비스업에서 상업, 농업, 광업 및 가정과 개인서비스업으로 전환되었다. 1938년 3월, 상업종사자는 과거의 2/3 수입은 과거의 26%이고, 농업종사자는 과거의 절반에 가깝지만 수입은 과거의 27%에 불과하며, 가정과 개인서비스업 종사자는 과거의 1/6에 미치지 못하지만 수입은 과거의 47%이다. 제조업과 기계공업 종사자는 과거의 1/10이 못 되고 수입은 과거의 35%, 일반노동 종사자는 과거의 1/8, 수입은 과거의 73%에 이르렀다.

다음은, 난민의 재산손실이 심각하고 무수한 가옥이 소실되어 대부분의 난민이 돌아갈 집을 잃어버렸다. 31%의 건축물이 파괴되었고, 46%의 가옥이 심각하게 약탈당했으며, 경미한 손실을 입은 가옥은 겨우 23%에 불과했다. 매 가정당 평균 902.35달러의 손실을 입었는데, 이는 난징에 머무르는 가난한 사람들에게서 얻어진 숫자에 지나지 않는다. 만약 난징을 떠난 사람들의 가옥과 재산손실을 포함한다면 총체적인 손실은 상기의 숫자보다 훨씬 커질 것이다.

국제위원회의 조사는 당시의 특정한 상황에 사로잡혀 몇 가지 부족한 점을 남겼다. 대부분의 조사가 주로 1938년 3월과 4월에 집중되어 있어 시간상으로 비교적 촉박했다. 또한 경험 있는 조사원이 부족하여 매 50호 '거주' 가정당 1가구 조사를 기초로 했기 때문에 전쟁손실의 확실한 도형을 그리기 어려웠다.

취업자의 업종분포의 불균형이 심각했다. 취업자 중 상업종사자는 2/3를 차지하고 있는데 이 비율은 전쟁 전보다 크게 높아진 것이다. 상업이란 그 자체는 가치를 창조할 수 없고 생산이 전제되어야 하는 것임에도 일종의 '전민개상(全民皆商)' 국면이 형성된 것은 기타 생계수단이 없었기 때문이었다.

대학살 중후기에는 일본군의 대규모 난징철수에 따라 형세가 상대적으로 완화되었다. 생계를 꾸려가기 위해서 소상인들은 대부분 상하이루(上海路) 일대에 집중되어 있었는데, 외국인의 일기 및 서신 속에 이 방면의 기록이 남아 있다. 안전구역 해산 후, 소상인들은 한쭝루(漢中路), 썽쩌우루(升州路), 모초우루(莫愁路)로 이전되었다. 1939년까지 한쭝루에는 1350개의 노점이 있었고, 성쩌우루 1093, 모초우루 1327로 모두 4053개가 있었는데, 시 당국도 '범위가 협소하여 이를 다 수용하기 어렵다'고 느꼈지만, 겉으로는 매우 번화해 보였다. 히가시나카노 등은 이를 근거로 난징시민생활의 회복과 안정을 크게 떠들어댔다. 그러나 그들이 판매하는 것은 주로 자신과 타인의 잔여물품이었고, 상품은 단지 교환중에 주인을 바꾸는 것에 지나지 않았으며, 근본적으로 생산이 없는 기형적 상태였다는 것을 반드시 알아야 한다. 소규모 노점상보다 다소 격이 높은 소상인도 포함해 이들의 점포가 대부분

불탔으나 보수할 능력이 없었고 생활에 대한 압박으로 호구책을 찾아야 했다. 이러한 상황을 감안하여, 1939년 시정부는 4개의 백화점을 건축하여 이 상인들에게 개방하기로 계획했지만 후에 夫子廟(공자묘)에 제1백화점만을 건축한 채 그 나머지는 건설하지 못했다. 비록 시정부의 갖가지 변명이 있었지만 가장 중요한 원인은 상업이 부진했기 때문이었다. 우리가 당시 상업을 경영했던 생존자를 취재할 시에도 이 상황이 검증되었으며, 현재에도 계속 상업을 경영하고 있는 몇몇 소상인들은 그 점포의 면적과 규모 면에서 전쟁 전과 완전히 달라졌다.

소규모 노점상이 판매하는 것은 상당부분 중고품이었다. 대학살 후에 대 광주리를 메고 낡은 물건을 거둬들이는 사람들이 갑자기 많아졌고, 길을 따라 행상을 하는 사람들 중 대부분은 노년부녀자와 어린아이들이었다. 행상들은 "긴긴 세월 무력하네" "너무나 처량하네"라고 고함치면서 물건을 판다고 당시인은 기록하고 있다.[1] 생활이 곤란하고 학생들의 실학 현상이 심각했기 때문에 초등학교 고학년 학생 중 나이가 좀 많은 학생은 조그맣게라도 장사를 하려고 했다.[2] 1939년 통계에 따르면, 난징시내 5개 지역 중, 실학아동의 비율이 가장 낮은 곳은 60.99%(제3지역)이고, 가장 높은 곳은 99.20%(제5지역)에 이르러 학령아동 1622명 중 13명만이 취학했다. 교외의 상신허(上新河), 샤오링웨이(孝陵衛), 옌즈기(燕子磯), 안더먼(安德門) 네 개의 지역은 실학비율이 더욱 높은데 기본적으로 평균 95% 이상이고 가장 높은 곳은 100%에 달했다.[3]

특정한 시간 동안 소상인이 경영하는 물품 중 일부분은 약탈해온 것이라는 것은 부인할 수 없다. 그러나 난민의 '약탈'과 일본군의 약탈은 다른 것이다. 시간상으로 보면, 난민의 이러한 행위는 1938년 1월 이후에 나타났으며, 일본군은 이미 이 이전에도 난징에서 대약탈을 저질렀다. 규모면에서도 이것은 일본군의 약탈과 함께 거론할 수조차 없을 정도로 미미한 것이었다.

---

1) 陸咏黃 : 「丁丑劫后里門聞見彔」, 『南京文獻』 제1호, 344쪽.
2) 「南京市政槪況」(1939년), 173쪽.
3) 「南京市政槪況」(1939년), 84쪽.

당시 안전구역에 머무르고 있었던 타오슈푸(陶秀夫)도 이러한 '약탈' 현상에 주목했다. "인민이 거주하지 않는 모든 집은 약탈의 참변을 당하지 않을 수 없고, 상하이루의 인도는 불법시장이 되어 도시 전체가 도둑질한 물건이 아닌 것이 없다." 그러나 일본군의 약탈만행과는 비교할 수도 없었다. "이것은 세발의 피에 지나지 않는다. 왜구의 노략질은 군 일개부대를 거느리고 트럭까지 동원하여 제멋대로 취하면서도 흠이 되지 않았다."[4] 스미스도 "일본인의 약탈은 백성들의 행위와 전혀 다르다. 백성들은 단지 좀도둑일 뿐이지만, 그들은 모든 물건을 헤집어놓는다"고 했다.[5] 게다가 난민들은 이러한 행위를 할 때, 상당히 큰 위험을 감수해야 했는데, 만일 일본군과 마주치게 되면 오로지 죽는 길밖에 없었다.

당시 생계수단이 없었던 상황하에서, 백성들이 이렇게 하는 것은 사실상 부득이한 것이기도 했다. 자신의 집을 새로 짓기 위해서 어떤 사람은 아무도 살지 않는 집을 헐기도 했고, 파손되어 쓰러져가는 집에서 목재 등 물품을 가져왔으며, 천막을 치기도 했다. 모든 산업이 쇠락하고, 백성들이 안심하고 생활할 수 없는 상황하에, 사람들이 가장 먼저 직면한 문제는 생존이었다. 그때는 매우 혼란스러웠지만 남의 일에 대해서 어느 누구도 간섭하지 않았다. 일본군이 막지만 않는다면, 불타고 파손된 집에서 목재와 벽돌을 가져올 기력만 있다면 자신의 살 집을 지을 수 있었고, 이것이 잘못되었다고 할 사람은 아무도 없었다.[6]

난징자취위원회를 주최했던 쑨쑤룽(孫淑榮)도 "그 당시에는 유골들이 도처에 널려 있었고, 거리는 오물로 가득하고 집보다 공허했으며 이재민들이 넘쳐났다.……특히 때는 겨울이었고, 기아와 추위가 번갈아 엄습했다. 재난 후의 생존자는 생계수단이 전혀 없자 이판사판의 심정으로 집을 헐고 물건을 가로챘으며 그야말로 못하는 짓이 없었다. 그 행위를 보면 괘씸하나 그 사정을 알면 딱하기 그지없었다."[7]며 어쩔 수 없이 인정했다. 후에, 시당

---

4) 陶秀夫 : 『日寇禍京始末記』, 『南京文獻』, 第133쪽.
5) 『天理難容 : 美國傳教士眼中的南京大屠殺(1937-1938)』, 第344쪽.
6) 「南京 : 1937年 11月 至 1938年 5月」, 152쪽.
7) 「南京市政槪況」(1939년) 序二.

국도 조치를 취하여 관리감독을 강화하고 화물운반신고제도를 제정하자 이러한 상황은 빠르게 바뀌었다.

난징국제구제위원회와 왕징웨이(汪精衛) 괴뢰 국민정부 시대 난징시당국을 막론하고 방대한 빈곤인구의 거대한 압력에 직면해 그들 모두 대처에 어려움을 느꼈다. 1939년 1월, 보갑제(保甲制)를 추진하기 위하여 시당국은 시내인구에 대해 조사를 실시했는데, 그중 5개 구역의 인구분포표는[8] 다음과 같다.

구역＼항별	인구수	남		여		실업인구	극빈인구
		대	소	대	소		
제1구역	95,389	36,154	15,174	28,128	14,610	5,630	11,127
제2구역	121,875	43,006	22,238	36,237	20,394	5,590	12,716
제3구역	44,969	17,465	7,378	13,210	6,919	3,273	5,736
제4구역	38,097	13,760	7,104	11,056	6,177	2,135	6,873
제5구역	17,214	8,692	2,324	4,170	2,028	561	832
합　계	317,544	119,083	54,218	92,801	50,125	17,191	37,284

위의 표에서 보면, 실업인구는 많지 않은 듯 보인다. 그러나 일반적으로 중국전통여성은 일을 하지 않고, 어린아이도 일을 할 수 없으며, 성인남성 중 노년인구의 비율이 비교적 높고, 취업자가 종사하는 가장 주된 업종이 소규모 행상 등이었다는 요소를 고려해보면 실업률이 상당히 높다는 것을 알 수 있다. 1938년 5월 말, 국제구제위원회 조사에 의하면 인구의 9.2%만이 일을 하고, 반면 정상적인 상황하에서는 동일한 조사대상가정 중 취업자는 26.2%였다.[9] 위의 표에서 극빈 인구가 점하는 비율은 12%에 가깝고, 그중 제4구역은 18%에 달한다.

---

8) 「南京市政公報」, 南京市檔案館藏.
9) 「民國檔案」, 1998年 第2期.

난징 국제구제위원회와 난징 시당국 모두 빈궁한 시민들에 대해 구제를 실시했다. 1938년 하계·추계에 7만8천 명이 국제위원회의 양식원조를 받았고, 1939년 동계와 춘계에는 더욱 많은 12만 8천 명에 달했으며, 20,849개 가정이 국제위원회의 현금구제를 받아, 매 가정마다 평균 3.13위엔을 받았다.

1938년 12월에서 1939년 3월까지, 난징 시당국은 동계구제를 3단계로 나누어 실시하였다. 제1단계는 13,944호에 양식 원조를 하였고, 2천여 벌의 의복을 방출하였으며, 제2단계에서는 27,562호에 양식 구휼과 4천 벌에 이르는 의복 방출, 제3단계에서는 얼마나 지급했는지 그 수치가 정확하지 않다. 곧이어 2만여 빈민의 구제신청이 있자, 1938년 난징 시당국은 춘계 구휼을 실시하여 같은 해 6~7월에 21,418호, 79,533명에게 양식을 방출했는데, 이는 일인당 3리터의 미곡이 지급된 것이었다. 1939년 말에서 1940년 초까지, 시 당국은 재차 양식구휼을 실시하였다.

그러나 구제 양식과 현금 모두 극히 적어, 대다수 빈민들이 생계를 잇는데 그다지 도움이 되지 못했다. 시민을 부지하기 위해 국제위원회와 난징 시당국은 소액대출 등의 구제조치를 취하여, 주로 경영능력 및 경험이 있거나 체력은 있지만 돈이 없는 시민들을 구제했다. 그러나 시민들은 극도로 가난하여 기한 내에 상환할 능력이 없었고, 이에 따라 빚이 누적되어갔다.[10]

스마이스(斯邁思)는 농촌의 상황이 도시보다 좀 낫다며, "이번 전쟁이 농촌과 도시에 끼친 영향을 비교하자면, 만일 계획적인 원조가 없었다면 도시의 수공업자, 점포주인, 행상인은 난관을 극복하기가 농민보다 더욱 쉽지 않았을 것이다"[11]라고 지적한 바 있다. 그러나 농민의 생활도 그들과 마찬가지였다. 노동력이 대거 학살되었고, 많은 사람들이 외지에 숨어 감히 돌아오지 못했으며, 가옥은 파괴되었고 토지는 황폐화되었다. 뿐만 아니라 가축이 희생되었고, 농기구와 종자의 손실이 심각했으며, 작황의 질 또한 심각하게 손해를 입었다. 필자는 가사하라(笠原十九司) 선생과 함께 난징교외

---

10) 「南京市政公報」, 「南京市檔案館藏」.
11) 「侵華日軍南京大屠殺史料」, 309쪽.

의 쉬샹춘(許巷村) 등지를 조사한 적이 있다. 쉬샹춘에는 당시 대략 20가구가 있었고, 거의 모든 가정의 성인남자가 학살당했었다. 독일의 공문서에 조사할 만한 사람은 단지 20인에 불과했고, 마을 전체가 거의 '과부촌'이 되었다고 기재되어 있다. 당시, 조난자 시체가 오랜 시간이 지나서야 묻힐 수 있었으며, 그것도 노인이나 외지인의 도움으로 이루어질 수 있었다. 주된 노동력의 상실은 농사를 짓는 데 문제를 불러일으켰다. 이 마을의 생존자, 스요썽(時有升)과 그의 형 스요헝(時有恒)은 학살당했고, 부친 스쑹링(時松齡)은 부상을 입은 후 노동능력을 상실해서 집안의 12묘 토지는 할 수 없이 롱탄(龍潭)의 외사촌에게 도움을 청했다.

난징은 난민의 도시로 전락했다. 약탈과 노략질이 횡행하는 가운데 많은 사람들이 자신의 생존기초를 완전히 잃어버렸으며, 또 이로 인해 보통노동자, 소행상인, 직원과 농민으로 구성된 원래의 주민구조에 변화가 일어나는 등 사회 각 계층에 조정이 발생하였다. 일부 생활근거를 상실한 노약자와 장애인 및 유아는 기아로 사망하는 등 약탈 후의 난징은 사망률이 급속히 상승하였다. 1939년 2월에서 6월까지 난징시민 일천 명당 사망자 수가 각각 54.7, 75, 87.9, 61.5, 52.8명에 이르러 전쟁 전의 27/1,000명을 훨씬 초과했다. 국제구제위원회는 1939년 4월의 보고에서 "난징 시민의 생활수준은 전쟁 전 몇 개의 도시에서 뽑은 빈곤인구의 생활수준에 매우 근접해 있다. 과거 2년 동안 발생한 사건은 현지인의 생활수준을 이 정도의 수준으로 떨어뜨렸으며, 많은 사람들이 생사의 갈림길에서 간신히 버티고 있다"고 지적했다.[12]

공포와 희망

난징이 함락되기 직전, 일본군이 강남지역에서 행한 폭행은 이미 사람들 사이에 전해지고 있었다. 공포는 가난한 사람들의 마음속에 이미 침투했고,

---

12)「天理難容 : 美國傳敎士眼中的 南京大屠殺(1937-1938)」, 485쪽.

소문은 여기저기 무성했다.[13) 그러나 사람들의 마음속에 여전히 환상이 존재해 일본인의 '우호'적인 접대를 받을 수 있기를 희망했다. 일본군의 진입에 따라 소문은 현실이 되었다. 잔혹하고 야만적인 대학살에 직면해 사람들의 공포심은 극에 달했고, 심지어 어떤 사람은 심장병으로 사망하기까지 했다.

난징에 머물렀던 20여 명의 외국인사는 난징시민의 수호신이 되었고, 두려움에 떨고 있던 난민들은 종종 그들에게 머리를 조아리며 보호해주기를 갈구했다. 이 과정에서 난민들은 외국인사에 대한 강한 의존심리가 형성되었다. 한편으로는 안전구역이 양식을 제공할 수 없기 때문에 생겨난 생활상의 의존심이었고, 다른 한편으로는 심리상의 의존심이었다. 1938년 2월 초, 안전구역이 곧 해산되려고 하자 난민들의 두려움과 당황스러움은 고조되었다. 찐링(金陵)신학대학의 기숙사를 관리감독하는 李부인은 신학대학 난민대피소 안의 젊은 여성들에 의해 찐링여자문리대학으로 파견되었다. 그 여성들은 안전구역 해산 후의 예상되는 공포상황 때문에 문리대학으로 오길 희망한 것이다. 왜냐하면 그들은 찐링여자문리대학이 배로 모든 소녀들을 상해로 보낼 것이라는 기상천외한 소문을 들었기 때문이다.[14)

안전구역 해산 후, 먼저 남자들이, 후에는 일부의 노인 부녀자와 아이들이 잇따라 구역 밖의 비교적 위험한 지역으로 돌아왔다. 그러나 많은 시민들은 감히 돌아가지 못했으며, 적지 않은 젊은 여성들이 아직 폐쇄되지 않은 국제위원회의 수용소 내에 머물렀다. 많은 시민가정이 안전구역 및 인근 지역에 있었는데 상대적으로 안전한 거주지를 찾아 수개월 심지어 1년, 2년 전전하다가 비로소 자신의 집으로 돌아왔다. 농촌에서도 산속이나 둑으로 둘러싸인 논밭 등 일본군이 쉽게 찾을 수 없는 곳에 숨어서 돌아오지 않는 사람도 적지 않았으며, 많은 농가에서는 전문적으로 보초를 서는 사람이 있어서, 일단 일본군이 마을에 들어오면 즉시 전체 주민에게 통지하여 도망가도록 하였다.

---

13) 「魏特琳日記」, 1937年 11月 23日.
14) 「魏特琳日記」, 1938年 2月 3日.

난민들은 전전긍긍했고 깊은 수렁에 빠진 듯했으며, 살얼음을 밟고 있는 듯 두려움에 떨었다. 형세가 다소 안정된 후, 일본군에 노출되지 않기 위해서 사람들은 길을 돌아가고, 좁은 골목을 가로지르는 등 많은 길을 걸었다. 일본군은 각 대로 입구마다 초소를 설치해두었는데, 모든 중국인은 그 초소를 지날 때면 일본군에게 90도 각도로 허리 굽혀 인사를 해야 했다. 만일 제대로 안했을 경우, 일본군은 그 사람을 즉시 무릎꿇게 했고, 만일 즉시 꿇지 않으면, 그의 따귀를 때리고 꿇어앉혀서 자신의 기분이 나아질 때까지 그대로 두었다. 그러므로 시민들은 집밖에 나서는 것을 극도로 싫어했다. 어쩔 수 없이 나가야 할 때는 마음은 조마조마 불안해지고 경계심은 높아졌다. 어떤 곳에 가면, 먼저 전후좌우를 똑똑히 살피고, 먼 곳까지 주의를 하며, 어느 길 입구에 일본군 보초가 서 있으면, 마음속으로 단단히 준비를 했다. 비록 많은 길을 걷고, 많은 길을 돌아갈지언정, 일본군 초소는 절대 지나가지 않으려고 했다.15)

난민들의 이러한 공포심은 일본군이 난징을 점령했던 오랜 시간 동안 계속되었다. 1938년 11월, 뻬이더스(貝德士)는 친구에게 보내는 편지에 "이처럼 자위능력이 없는 민중이 장기간의 공포와 위험의 생활상태에 처해 있다는 걸 상상할 수 있나? 일본병이 길에 출현하거나, 대문을 세차게 두드리는 소리가 나거나, 파렴치한 경찰국 고용자의 거짓된 보고가 있는 것은 대재앙이 눈앞에 닥쳤거나 초라한 재물마저도 깡그리 없어지는 것을 의미한다"라고 썼다.16)

극도의 공포와 불안 속에서도 사람들은 여전히 희망을 품고 있었다. 대학살중에, 많은 사람들이 집안에서 혹은 난민촌의 임시거처에서 일본군에게 끌려나와 살해당했는데, 그들의 가족은 그들의 죽음을 목도하지 못했다. 이런 현상은 아주 흔한 것이었고, 이것은 가까스로 살아남은 사람들에게 커다란 회의와 상상의 여지를 남겼다. 대학살 기간 동안, 많은 난민들은 생명의

---

15) 「南京 : 1937年 11月 至 1938年 5月」, 152쪽. 蔣公容의 「陷京三月記」에도 유사한 기술이 있다. 「侵華日軍南京大屠殺史料」, 84쪽.
16) 「天理難容 : 美國傳敎士眼中的 南京大屠殺(1937-1938)」, 49쪽.

위험을 무릅쓰고 강가나 냇가 등 일본군이 학살을 저지른 현장으로, 시체가 도처에 널려 있는 곳으로 가족의 시체를 찾으러 갔지만 찾을 수 있는 사람은 극히 적었다. 그래서 생활의거를 잃어버린 부녀자들은 속속 외국인사에게 "대다수 사람들은 자신의 남편과 아들이 아직 살아있다고 생각합니다."라는 탄원서명을 했다.[17] 웨이터린(魏特琳) 등은 일본군의 학살만행 때문에 찾고자 하는 희망은 너무나 아득하다고 생각했다. 그러나 "가엾은 중국의 여성들은 남편과 아들과 형제가 살아 돌아올 수 있는 한 가닥의 희망이라도 붙잡기 위해 아무것도 아까워하지 않았다."[18] 1938년 봄, 몇 명의 부녀자가 모범감옥에서 자신의 가족을 보았다. 이는 순전히 우연한 상봉이었는데도, 이 소식은 한 개피의 성냥처럼 다른 사람들의 가족을 찾고자 하는 희망의 등에 불을 지폈고, 들판의 불처럼 도시 전체에 퍼졌으며, 몇몇 농촌의 부녀자들도 이 소식을 듣고 서둘러 서명하러 갔다.

죽음의 산재와 생활상의 극심한 곤란은 살아남은 사람들을 의기소침하게 하고 목석으로 만들어버렸다. 그러나 사람들의 마음속에 쌓여 있는 침략자에 대한 분노와 한은 결코 사라지지 않았으며, 사람들은 복수해서 치욕을 씻기를 고대하고 있었다. 1938년 1월 이후, 중국비행기가 난징상공에서 여러 차례 공습을 실시하여 암흑 속에 살고 있던 사람들에게 새로운 희망을 안겨주었다. 시내 여기저기에서 갖가지 좋은 소문이 나돌았으며, 사람들은 너무도 기쁜 나머지 상상 속의 좋은 소식을 서로에게 전달했다. 중국군대가 난징수복을 준비하고 있다는 소문이 파다했으며, 심지어 어떤 사람은 중국군대가 이미 시내에 들어왔다고도 했고, 많은 사람들이 이를 사실로 믿었다. 수많은 난민들은 일본대사관을 습격할 것이라는 생각도 가지고 있었다.[19] 난징의 인근지역에서 유격대외에 홍창회(紅槍會) 등 무장조직이 여전히 활동하고 있었으나 그 규모는 크지 않았으며, 그 실제 상황도 난징시내의 난민이 알고 있는 것과 크게 달랐다. 무장조직과 관련된 소문이 아주 많았는

---

17) 「魏特琳日記」, 1938年 2月 3日.
18) 「魏特琳日記」, 1938年 2月 3日.
19) 「拉貝日記」, 376쪽.

데, 그 중 홍창회, 화람회(花藍會)는 총칼이 들어가지도 않고, 일본군은 몹시 두려움에 떨고 있으며, 그야말로 의화단의 복사판이라는 등 과장된 소문도 비일비재했다.

전쟁 국면의 변화에 따라, 난징시내에 떠돌아다니는 유언비어는 끊임없이 변화하고 있었지만 그 주제는 오직 하나였다. 타이얼쫭(台兒庄) 작전 후, 사람들은 방송과 신문을 통해 일본군이 심한 타격을 입었다는 소식을 접하고 모두 속으로 기쁨과 흥분을 느꼈다. 당시, 찐링여자문리대학 내에 체류하던 여성난민들이 자구책으로 옷을 지었는데, 사람들은 이에 대해 끊임없이 갖가지 상상을 떠올렸다. 웨이터린은 일기에 "시내에는 많은 소문이 나돌고 있는데, 그 중에는 청(程)부인의 지도하에 난민이 새로 제작한 그 옷들을 중앙군대가 난징을 재탈환할 때 일본난민에게 나누어줄 것이라는 소문도 있다."[20]고 썼다.

1939년 6월, 난징주재 일본 총영사관에서 일하는 중국직원 짠(詹)씨 형제는 영사관이 연회를 베푸는 틈을 타 독주를 놓아서 일본인 두 명을 죽이고 일본 외무성차장 및 총영사를 혼수상태에 빠뜨렸다. 난징시민은 뛸 듯이 기뻐했고 서로서로 알려주기 위해 바쁘게 뛰어다녔다. 난징을 점령한 8년 동안 일본군은 일련의 고압정책을 추진했으나 시민의 반일정서는 줄곧 사그라지지 않았다.

기억의 상처

대학살을 경험한 난징시민에게 있어서 대학살의 그림자는 줄곧 그들의 생활을 뒤덮고 있다. 대학살은 역사이자 현실이다. 가옥이 파괴되었고 가족은 살해당했으며 생활은 궁핍해졌다. 이로 인해 많은 가정의 가족들이 뿔뿔이 흩어지게 되었고 가정은 파괴되었다. 그해, 생존자 옌쩡더(嚴正德)의 부친과 숙부는 살해되었고, 곧이어 할아버지와 할머니가 가난과 병으로 연이어

---

20) 「魏特琳日記」, 1938年 2月 3日.

돌아가셨으며, 어머니는 남의 집 일을 하시며 생계를 이어가다 과로로 병사하셨다. 그와 어린 남동생만이 남겨져 젠캉루(健康路) 承恩寺의 고아원에 맡겨졌는데, 이는 불교협회에서 운영하는 것으로 안에는 부처로 가득했다. "고아원은 불교협회가 만든 것이어서 안에는 전부 부처였다. 그들은 아침부터 밤까지 우리들에게 염불을 외우게 했다. 우리들은 춥고 배고파서 하루종일 눈물을 글썽인 채 염불했는데, 정말로 부처가 우리를 도와줄 것이라고 생각했다. 그러나 몇 년을 외어도 여전히 가난했고 힘들었고 고통에 시달렸다……"고 그 고아들은 회고했다.

생존자 쭈용링(朱永令)의 부친이 그해 일본군에게 잡혀간 후 아무런 소식도 없자, 어머니는 생계를 위해서 그를 데리고 개가하였고, 그의 남동생과 여동생은 각자 타인에게 기르도록 보내져서, 현재 형제 세 사람의 성이 각각 다르다.

특별히 제기해야 하는 것은 대학살 기간중 부녀자들이 최대의 피해자였다는 점이다. 그들은 강간을 당하는 등 학살보다 더욱 비참한 운명에 직면했었다. 전통 중국의 부녀자들이 가장 중요시한 미덕은 바로 정절을 지키는 것이었다. 강간을 당하는 굴욕은 피해자 본인이든 그들의 가족이든 모두에게 견딜 수 없는 고통이었으며, 극단의 공포 속에서 인간성은 극심한 변화를 겪었다. 생명보다 중요하다고 믿는 정조관념은 수많은 부녀자들로 하여금 구차하게 살기보다는 차라리 자결을 선택하게 했다. 우리들은 얼마나 많은 여성이 강간을 당한 후 치욕과 비분 속에 스스로 목숨을 끊었는지 알 수가 없다.

어떤 여성들은 이로 인해 임신을 하게 되었고, 이것은 그들과 가족들에게 말로 다 설명할 수 없는 굴욕을 느끼게 하였다. 그래서 그들은 일본군의 '재앙의 씨'를 제거할 방법을 생각했다. 서방인사들에게도 이는 이해할 수 있는 일이지만, 기독교는 낙태를 금지하므로 서양인사들은 이에 대해 극히 난처함을 느꼈다. 윌슨(威爾遜)의사는 1938년 5월 3일 가족에게 보낸 편지에 "강간당한 후 임신한 환자를 다루는 것이 우리가 직면한 가장 곤란한 난제

중의 하나이다"[21]라고 썼다.

거듭된 사고와 고려를 거쳐, 여전히 다른 의견이 존재하기는 했으나, 외국인사는 마침내 낙태라는 결정을 내렸다. 1938년 9월 스더웨이(史德蔚) 찐링대학 교수는 난징으로 돌아온 후 부녀자 낙태라는 정황에 대해 끊임없이 들었다. 그는 1938년 12월 12일의 일기에 다음과 같이 기술했다.[22]

최근 몇 개월 동안 많은 여성들이 대학병원에 와서 도움을 요청했다.…… 의사는 그들을 위해 환영받을 수 없는 '짐'을 제거해주었다. 이렇게 하는 것이 옳은지 그른지 의사들 사이에서는 의견이 분분하지만 나는 강제폭행을 당하고 임신한 상황하에서 낙태란 합법적 행위라고 확신한다.……의사(윌슨을 가리킴)는 자신을 난징에서 일본인을 죽인 첫번째 사람이라고 칭하고 있다.

병원에 낙태하러 가려면 일정한 경제적 조건이 필요했다. 아주 가난한 가정에서는 출산 후 태아를 죽이거나 버렸다. 중국부녀가 자신이 근본적으로 사랑할 수 없는 아이를 기르거나 이 아기를 살해 혹은 방기하기를 선택할 때에 그들이 겪을 죄책감, 치욕 그리고 자책을 충분히 상상할 수 있다. 그리고 현재까지도 감히 그녀의 아이가 강간의 결과라고 인정하는 사람은 아무도 없다.

또한 치욕을 인내하며 살아가는 여성들도 적지 않은데, 그들의 굴욕과 비분은 언어로 형용하기 어려우며, 죽음보다 못한 삶의 처지에 놓여 있다. 1988년, 필자는 난징대학살의 피해자 두 분과 함께 일본에 가서 평화교류를 진행한 적이 있었다. 그들은 자신의 불행을 60년 동안 묻어두었으나 이 경험은 거대한 돌덩이처럼 마음을 짓누르고 있으며, 난징대학살기념관 직원의 비밀을 지키겠다는 약속을 얻은 후에야 비로소 당시의 고난을 힘겹게 진술했다. 그중 한 분은 감정이 몹시 격해지셨는데, 그녀가 강간을 당했을 당

---

21) 「讀者文摘」, 1938年 10月號, 「南京大屠殺 : 英美人士的 目擊報道」, 167쪽.
22) 「天理難容 : 美國傳教士眼中的 南京大屠殺(1937-1938)」.

시 겨우 8, 9세에 불과했던 것이다. 그녀는 후에 한 간부에게 시집가 공부도 했고 생활여건도 좋아졌으며 자녀들도 대성했다. 난징대학살생존자가정 중에서 이러한 상황은 결코 흔히 볼 수 있는 것이 아니다. 그러나 당시의 비통한 경험은 그녀의 생활에 극대한 영향을 미쳤고, 그녀는 감히 남편과 아이들에게 이 사실을 알려줄 수 없었으며, 주위 이웃들이 알게 되는 것은 더욱 더 바라지 않았다. 일본에 체류하는 기간에, 일본의 우인들이 세심한 배려를 해서 그녀에게 가명을 지어주고 가발을 사주었으며, 보고를 할 때에도 그녀 앞에 병풍을 놓고 목소리도 변조해주었다. 그러나 그녀는 여전히 일본에서의 활동을 가족들이 알게 되지 않을까 노심초사했다. 귀국 후에 그녀는 일본체재기간 동안의 관련자료를 전부 버려버렸다. 이렇게 했음에도 그녀는 아직도 주위의 이웃과 갈등을 겪고 있다. 이웃사람들은 그녀가 대학살 이후 수십 년 동안 계속 침묵을 지키는 것에 대해 놀라움과 의아함을 표시했고, 그녀는 오히려 이웃사람들이 그녀의 과거에 대해서 이미 알고 있고 또 이를 계속 퍼트리고 있다고 여기며 몹시 분노했다.

생존자들은 때로 사람들의 몰이해에 직면하고, 심지어 그들의 자식들조차도 마찬가지이다. 때로 그들은 "왜 반항하지 않았느냐? 왜 함부로 유린당한 양처럼 구느냐?"는 질문을 받을 것이다. 사람들은 그 사망자들을 대신해 치욕을 느끼기도 했고, 일부 사람들은 대학살 동안의 사망자는 아무 가치가 없는 것이라고 여겼다. 중국전통의 가치관은 영웅과 제왕, 재상을 중시하며 보통의 평민백성은 홀시한다. 중국근대사는 통틀어서 열강으로부터 기만당해온 치욕의 역사인데, 이러한 조건 아래 사람들은 영웅을 필요로 했다. 그러나 생존자들은 생존에 관한 이야기만을 제공할 수 있을 뿐이었고, 한동안의 쓰라린 옛일만을 이야기할 수 있었다.

사람들은 당시 생존해나간다는 것이 얼마나 어려운 것이었는지 알지 못한다. 대학살 기간에 라베(拉貝)는 중국난민의 역경을 참고 견디는 모습에 감탄했다. "만일 강간사건이 일어날 때마다 치명적인 보복을 당했다면 일본점령군의 상당부분이 진작 소멸되었을 것이다." 그는 또한 안전구역 내의 풀잎이 미풍에 흔들리기만 해도 또 한바탕의 피비린내나는 '학살'이 임박한 것이라는 점을 인정하지 않을 수 없었다. 그는 일본군의 잔혹한 본성에 대해 아주 잘 알고 있었다.[23] 일본군의 칼날 앞에 사람들은 도망갈 곳이 없었으며, 반항은 곧 죽음을 의미했다.

난징대학살을 직접 경험한 많은 사람들이 아직 살아 있다. 노인들은 여전히 그해의 악몽에 시달리고 있으며, 어떤 사람은 지금까지도 '일본인, 이 세 글자에 대한 공포가 남아 있지만 지금까지도 그들은 어떠한 배상과 사과를 얻어내지 못하고 있다.

종합하여 말하자면, 난징대학살은 난징에 심각한 상처를 주었다. 전후 60여 년 동안, 난징대학살의 생존자들은 끊임없이 세상사람들에게 그들의 비통한 과거를 이야기해왔다. 1985년, 침화일군남경대도살우난동포기념관(侵華日軍南京大屠殺遇難同胞紀念館)을 세워 개방했고, 난징대학살은 이미 난징시를 기억하는 하나의 주요구성요소가 되었다. 그러나 지금의 일본사회에는 아직도 적지 않은 불협화음이 존재하고 있다. 일본의 주류사회에서 난징대학살 등 일본군 침략과 폭행은 보편적인 인정을 얻지 못하고 있으며, 일본과 아시아 인근 국가들 사이의 역사인식상의 간격이 한층 더 확대되었다. 이 틈을 메우지 않으면, 역사인식상의 공동인식을 달성하지 못하며, 나아가 전쟁이 가져온 마음과 영혼의 상처를 치유할 수 없고, 결국 진정한 평화와 우호관계를 건립할 수 없다.

---

23) 「拉貝日記」, 504쪽.

일본에 있어서 종교우익의 대두와 '만드는 모임', '일본회의'

우에스기 사토시(上杉聰, 전쟁책임자료센터 사무국장)

이제까지 일본사회의 보수우익세력으로는 '일본을 지키는 국민의회'와 '일본유족회' 등이 잘 알려져 있다. 그러나 일본유족회의 중심을 이루어온 구성원의 평균연령은 이미 85세가 되고, 그 정치적 영향력은 급속히 감퇴되고 있다. 한편, 최근 교과서 문제와 교육기본법의 개악, 혹은 여성과 재일사람들의 권리신장 등에 대항하고 보수우익적인 운동을 활발히 추진하는 세력으로서 종교단체가 눈에 띄게 되었다. 이러한 종교우익의 대두는 세계적인 움직임의 일환이기도 하다. 이 글에서는 그 실태해명을 단서적으로 시도하고자 한다.

1. 교육기본법 개악운동과 '만드는 모임'

2003년 1월 26일, 동경의 사방회관에 1200여 명을 모아놓고 「'일본의 교육개혁' 지식인간담회」(약칭, 민간교육임조)의 설립집회와 심포지엄이 열렸다. 행사장은 열기에 넘치고 심포지엄에서는 중앙교육심의회의 중간보고를 평가하면서 "다시 한번 나아가서 나라의 자부심과 자기희생을 명기하지 않으면 안 된다"(『산케이신문』1월 27일) 등을 호소하며 교육기본법개악세력의 총결집과 그 확산을 확인하는 집회가 되었다.

이 단체의 임원을 <표 1>에 기록했는데, 그 중에서도 중심이 되어 전체를 통괄하고 있는 인물이 운영위원장인 다카하시 시로(高橋史朗)이다. 단, 이

단체의 성격을 정확히 분석하려고 할 때, 그 전제로서 '새로운 교육기본법을 구하는 모임'(이하 '구하는 모임')의 존재를 알아둘 필요가 있다. <표 2>에 기록했지만 '구하는 모임'은 2000년에 발족한 조직으로, 동년 9월에는 '새로운 교육기본법에 대한 여섯 가지 제언'(이하 '여섯 가지 제언')을 당시 모리 요시로(森喜朗) 수상에게 제출했다. 그 임원 구성은 '새로운 역사교과서를 만드는 모임'(이하 '만드는 모임')의 주요 멤버와 '일본의 고등교육을 생각하는 모임'[1997년 설립하고, 복고조교육을 추구. 2001년에 '일본의 교육개혁을 추진하는 모임'으로 개칭, 회장 니시자와 준이치(西澤閏一) 외]의 회원으로, 양자가 협력해서 만들었다.

〈표 1〉 민간교육임조 주요구성원 명단

(2003년 1월 26일, ▼는 우에스기에 의함. 본문 참조)
【고　문】(8명 생략)
【회　장】
▽西澤閏一(이와테현립대학원장)
【부회장】
▼石井公一郎(전 브리치스톤사이클 사장)
▼宇佐美忠信(후지 사회교육센터 이사장)
▼長谷川三千子(사이타마대 교수)
▼村松英子(여배우)
▽安嶋彌(일본공예회 회장)
【대표임원】(69명 생략)
【운영위원장】
▽高橋史郎(명성대 교수)
【사무국장】
▽勝岡寬次(명성대 전후교육사연구센터 소원)
【협력위원】(157명 생략)

단, '구하는 모임'의 임원 19명 중에는 '만드는 모임'의 임원이 주요 찬동자의 과반수인 10인을 차지하고, 또한 사무국장에도 다카하시 시로('만드는 모임' 부회장)가 되어, 주도권을 '만드는 모임'계가 장악하면서, 또 한편의 조직을 대표하는 니시자와 준이치를 회장으로 추대하는 형태를 취했다.

이번의 민간교육임조도, '구하는 모임'과 같도록 다카하시 시로가 중심이 되어 회장 니시자와 준이치를 추대하는 구성이 되었을 뿐만 아니라, 집회의 참가자 전원에 2000년에 작성·제출한 『여섯 가지 제언』의 책자를 그대로 배포하고, "'새로운 교육기본법을 구하는 모임'은, 이번은 '일본의 교육개혁' 지식인간담회로서 다시 태어났습니다"라고 하는 '알림'도 행하였다. 예컨대 '만드는 모임'은 지금, 교육기본법 개악에 힘을 쏟고 있고, 보다 폭넓은 세력과 '구하는 모임'을 결성한 성과를 바탕으로 또한 이번 민간교육임조로서 더욱 그 영향력을 확대한 것을 의미한다.

'만드는 모임'은 현재, 독자의 주요한 활동으로서 회원배가운동을 추진하는 것과 함께 다음번 2005년의 채택에 관계하는 역사교과서를 2004년 4월에 검정 신청하는 견본책을 『주니어 신역사입문』으로서 올해 7월에 시판하는 계획을 추진하고 있지만, 이렇게 해서 또 한편으로 교육기본법(이하 교기법)의 개악에 주력을 쏟고 있는 것에 주목할 필요가 있다. 그 이유로 교육법 개악으로 학습지도요령을 보수우익적으로 개악하는 것이 가능해짐과 동시에 현장 교원과 그 교육내용을 교육행정이 완전히 통제할 수 있게 되기 때문이다

'만드는 모임' 교과서와 우리들이 다음에 정면으로 대결하는 2005년의 전초전은 교기법 개악을 둘러싸고 지금 진행되고 있는 것이다.

〈표 2〉 민간교육임조에 이른 조직의 결과

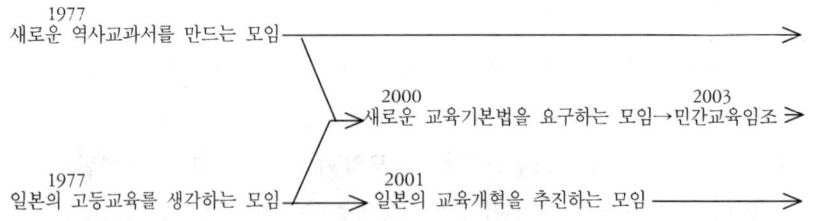

<표 3> 민간교육임조의 주요구성원 출신분류

(【 】안은 민간교육임조에 있어서의 직책, 2003년 1월 26일, 분류 ▼는 우에스기에 의함. 본문 참조)

일본의 교육개혁을 추진하는 모임
▽西澤潤一(이와테현립대학장)【회장】
▼小田村四郎(다쿠쇼쿠대 총장)
▽小林正(전 참의원의원)
▽神津康雄(일본의 교육개혁을 추진하는 모임 전무이사)

새로운 역사교과서를 만드는 모임
▽田中英道(새로운 역사교과서를 만드는 모임 회장)
▽高敎史郎(명성대교수)【운영위원장】
▽石井公一郎(전 브리치스톤사이클 사장)【부회장】
▼長谷川三千子(사이타마대 교수)【부회장】
▽川島廣守(일본야구기구커미셔너)
▼田久保忠衛(교린대 교수)
▽中西輝政(교토대 교수)
▽西尾幹二(전기통신대 명예교수)
▼山本卓眞(후지쯔 명예회장)
▽芳賀徹(동경대 명예교수)
▽木村治美(공립여자대학 교수)

실업계
▽揚原安麿(일본청년회의소 회장)
▽小林陽太郎(후지제록스 회장)
▽下山敏郎(올림푸스광학공업 최고고문)
▽狐山昇(이상과학공업 회장)

신문 · 출판
▽朝倉敏夫(요미우리신문사 논설위원장)
▽牧內節男(전 스포츠닛폰신문사 회장)
▽江口克彦(PHP연구소 부회장)

의사회
▼坪井榮孝(일본의사회 회장)
▽和田秀樹(정신과 의사)

노동계

▽天池淸次(전 동맹회장)【고문】
▼宇佐美忠信(후지 사회교육센터 이사장)
▽西田智(후쿠오카 교육연맹위원장)
▽前澤克明(전 일본교직원연맹위원장)

문부과학성 소관의 공익법인 및 관련단체
▽市村眞一(국제동아시아연구센터 고문)【고문】
▽岡本道雄(일독문화연구소 이사장)【고문】
▼村尾次郎(전국지명보존연맹 회장)【고문】
▽安嶋弥(일본공예회 회장)【부회장】
▽川淵三郎(일본축구협회 회장)
▼境川尚(일본상부협회 상담역)
▽鈴木勳(일본 홍도회 회장)
▽西原春夫(청소년육성국민회의 회장)
▽橋幸夫(일본가수협회 부회장)
▽春風亭柳昇(일본연예가연합회 회장)
▽船村徹(일본작곡가협회 회장)
▽千玄室(다도리천가전가원)
▽星正雄(전 일본중학교장회 회장)
▽堀越克命(일본사립중학고교연합회 회장)

문필가
▽市田ひろみ(복식평론가)
▽桶谷秀□(문예평론가)
▽辺見じゅん(작가)
▽屋山太郎(정치평론가)

배우・가수
▽村松英子(배우)【부회장】
▼安西愛子(성악가)
▽里見浩太郎(배우)
▽津川雅彦(배우)
▽藤岡弘(배우)

대학관계자
▼宇野精一(동대 명예교수)【고문】
▼瀬島龍三(아시아대 이사장)【고문】
▽田中卓(황학관대 명예교수)【고문】
▽日野原重明(세로카간호학원 이사장)【고문】
▽秋山仁(동해대 교수)
▽石川忠雄(게이오대 명예교수)

▽泉屋利郎(금택공업대 이사장)
▽入江隆則(메이지대 교수)
▽鵜川昇(토우인요코하마대 학장)
▽梅澤重雄(일본항공학원이사장)
▽小田晋(테즈카야마학원대학 교수)
▽尾田幸雄(오차노미즈여자대 명예교수)
▼勝部珍藏(오차노미즈여자대 명예교수)
▽金井계(전 오오츠마여자대 교수)
▽上寺久雄(효고교육대 명예교수)
▽川上源太郎(세이센여학원대 부학장)
▽久保田信之(학습원대 교수)
▼小堀桂一郎(동대 명예교수)
▽□澤秀夫(학습원대 교수)
▽新堀通野(무고가와여자대 교육연구소장)
▽鈴木孝夫(게이오대 명예교수)
▽多湖輝(치바대 명예교수)
▽林道義(동경여자대 교수)
▽廣中平祐(교토대 명예교수)
▽松原達哉(릿쿄대 대학원 교수)
▽村田昇(시가대 명예교수)
▽渡部昇一(조지대 명예교수)

기타
▽岡崎久彦(博報堂岡崎연구소 소장)
▼出雲井晶(「일본의신화」전승관 관장)
▼小野田寬郎(小野田自然塾 이사장)

수양단체
▼廣池幹堂(모라로지연구소 이사장)
▼丸山敏秋(윤리연구소 이사장)

2. 배후에 있는 세력

이상은 1월 26일의 행사장에서 배포된 자료에서 직접 판명된 사실이지만, 그것만으로는 전혀 모르는 어떤 중요한 사실이, 이 민간교육임조에 숨겨져 있다. 확실한 관계자의 정보에 의하면, 배후의 사무국은 '일본회의'가 결산하고, 임원 선정은 모두 동회의의 전속직원이 교섭하고 당일의 청중에 관동의 종교단체를 조직 동원했다고 하는 것이다. '일본회의'란 최근 상당히 알려지기 시작했지만, 회장은 미요시 토루(三好達, 전 최고재판소 장관으로, 아이치현 타마부시 소송의 최고 재판결 때, 합헌의 소수의견을 주장한 타카파), 전국 9블럭 47도부현에 얼마간의 조직을 가진 일본 최대의 우파조직이다. 또한, 이것에 협력하는 '일본회의국회의원간담회'[현재 242명, 회장 아소 타로(麻生太郎) 중의원의원]를 가진, 국회와 지방의회에 강한 영향력이 있다. 1997년, '일본을 지키는 국민회의'[운영위원장·마유즈미토시로우(黛敏郎)]와 '일본을 지키는 모임'이 조직 통합해서 결성된 것으로 기관지 『일본의 숨결』을 매월 발행하고 있다.

이 일본회의가 26일의 집회를 뒤에서 조종한 것을 증명하는 상황증거를 이하에 열거한다.

1. 일본의회는 현재 ①헌법개정 ②교육기본법개정 ③야스쿠니 공식참배의 정착 ④부부별성 법안 반대 ⑤보다 좋은 교과서를 아이들에게 일본회의 주장의 발신 5대 슬로건을 내걸고 활동하지만, 교기법 개악은 두 번째이고 가까운 과제이다.

2. 26일 집회의 참가는, 『일본의 숨결』 1월호를 통해서, 또한 유인물을 동지에 첨부하고 일본회의가 공식적으로 폭넓게 호소했다.

3. 작년 11월에 열려진 일본회의 설립 5주년 기념대회에는, 전국에서 2000명이 모였을 때 거기에 니시자와 준이치를 불러 특별 악수를 시키고 민간교육임조에 대한 이해를 구하였다.

4. 26일 집회 다음날에는 일본회의의 홈페이지에 있어서 민각교육림조의

설립을 톱기사로 게재하고 거기에 "본회의의 협력으로 '일본의교육개혁 지식인간담회'(민간교육임조)가 설립되었습니다"라고 해설하였다.

5. 『일본의 숨결』 본년 2월호에도 "본회가 중심이 되어 '일본의 교육개혁 지식인간담회'가 발족(1월 26일 다음호에서 소개예정)했습니다만, 교육재생을 향한 국민운동도 새로운 단계에 들어섭니다. 협력을 잘 부탁합니다"라고 재차 명기하고 있다.

6. <표 1>과 <표 3>의 임원 명부 중 ▼표시를 한 멤버는, 동시에 일본회의의 중앙 임원(고문・회장・부회장・대표위원・이사장)도 겸하고 있지만, 특히 민간교육임조의 부회장은 5인 가운데 4인까지를 일본회의의 임원이 차지하고 동회에 커다란 영향력을 갖는 체제가 만들어졌다.

7. 26일에 청중으로서 참가한 여성은, 전체의 약 3할을 차지하고 있지만, 그 반수 내지 그 이상이, 이상한 머리형을 한 여성들이었던 것이 복수의 참가자들로부터 보고되고 있다(교과서정보자료센터 홈페이지). 그 여자들은 일본회의의 유력한 구성단체인 '기독교의 막사'로 불리는 종교단체의 멤버인 것이 그 외모로 확인된다.

그런데 일본회의를 진짜 조직자로 생각한다면 기묘한 것도 있다. <표 4>에 일본회의(중앙)의 임원명부를 실어두었지만, 미요시(三好) 회장을 시작으로 이사장・사무총장 등의 동회의를 대표하는 멤버가 민간교육임조에 한 사람도 가입하고 있지 않은 것이다. 만약 일본회의가 설립을 실질적으로 추진했다고 한다면, 그들이 가입해도 좋을 듯하다.

이 의문을 푸는 열쇠는 <표 4> 그 자체의 분석에서 전해진다. 일본회의의 임원 77인 가운데 민간교육임조에 이름이 겹치는 자는 30인(일련번호 2, 14, 15, 16, 18, 19, 21, 22, 23, 27, 28, 30, 35, 36, 37, 39, 44, 46, 47, 49, 54, 56, 59, 62, 63, 65, 66, 70, 73, 74＝39％)에 달한다. 한편 이름을 덧붙이지 않은 47인 중 25인(4, 5, 6, 7, 9, 10, 11, 12, 17, 25, 26, 31, 32, 33, 41, 43, 51, 53, 55, 61, 67, 71, 72, 75, 76＝전체의 32％)은 종교단체 임원이고, 4인이 군은련(軍恩聯)・일본유족회・일본향우연맹・영령에 답하는 모임 등 구군・자위대 관계단체의 임원(29, 34, 60, 71＝5％), 그리고 회장, 사무총장 2인(13, 77＝3％)

이다. 이것들의 어느 쪽에도 속하지 않은 자는 겨우 16인(21%)에 지나지 않는다.

이것은 일본회의의 4할에 가까운(39%) 임원을 민간교육임조에 보내면서도 확실히 그것으로 아는 회장·사무총장 및 3분의 1 이상을 차지하는 종교단체 및 구군관계자 등은 표에 나오지 않는 방안과 노력이 행해지고 있다고 보아야 할 것이다.

〈표 4〉 일본회의 중앙임원 명부(2002년 5월) [   ] 가 종교관계단체, 번호는
인용자에 의함

【고문】
1 石村 六郎 일본상공회의소 명예회장
2 宇野 精一 동경대 명예교수
3 加瀨 俊一 鹿島출판회 상담역

4 北白川道久 [신궁 대궁사]

5 久邇 邦昭 [신사본청역 총리]

6 櫻井勝之進 [황학관대 상임고문]

7 白井 永二 [츠루가오카하치만구 명예궁사]

8 瀨島 龍三 이토추상사주식회사 특별고문

9 戸田 義雄 [국학원대학 일본문화연구소 명예 所員]

10 服部 貞弘 [岩津天滿宮 명예궁사]

11 福島 信義 [메이지신궁 명예궁사]

12 渡辺 惠進 [天台座主]

  【회장】13 三好 達 전 최고재판소 장관
  【부회장】
14 安西 愛子 성악가
15 石井公一郎 전 브리치스톤사이클(주)전 사장
16 小田村四郎 다쿠쇼쿠대 총장

17 工藤 伊豆 [신사본청 총장]

18 小堀桂一郎 동경대학 명예교수
19 山本 卓眞 후지cm주식회사 명예회장

55 瀧藤 尊教　총본산사천왕사 전 관장

56 田久保忠衛　외교평론가

57 武原 誠郎　이므카주식회사 代表取締役

58 竹本 忠雄　츠쿠바대 명예교수

59 坪井 榮孝　일본의사회 회장

60 寺道 泰三　(주)일본향우연맹 회장

61 外山 勝志　메이지신궁 궁사

62 中野 良子　오이스카 인터내셔널 총재

63 中村 淸彦　후지산업주식회사 대표취체역

64 能村龍太郎　태양공업주식회사 대표취체역 회장

65 長谷川三千子　사이타마대교수

66 廣池 幹堂　(재) 모라로지연구소 이사장

67 藤岡 重孝　신궁 소궁사

68 古谷幸三郎　(주)이바라키목공소 대표취체역 사장

69 堀江 正夫　영령에 답하는 회 회장

70 丸山 敏秋　(주)윤리연구소 이사장

71 宮崎 義敬　신도정치연맹 회장

72 宮西 惟道　동경도 신사청 청장 · 일기신사궁사

73 村尾 次郎　전국지명보존연맹 회장

74 村松 英子　여배우

75 湯澤 貞　야스쿠니신사 궁사

【이사장】76 田中 安比呂　메이지신궁 궁사

【사무총장】77 椛島 有三 일본회의 이사

3. '일본회의'라는 조직의 실태

요컨대 일본회의는 스스로의 모습을 숨기려 하고, 그것은 위의 7에서 동회의의 구성원인 기독교 막사 여성들의 대거 참가를 지적했지만, 그러한 사실에 명백히 나타나 있는 것 같다. 당일 집회참가자 가운데 여성(전체 참가자의 약 30%)의 반 내지 그 이상이라는 숫자는, 185명 전후라는 것이다. 남성 신자에는 머리 형 등의 표식이 없기 때문에 구별할 수 없지만, 이 단체는 남성 쪽이 여성의 수를 상회하고 있는 것에서 200명 전후로 보면 합계 400명 이상의 참가가 있었던 것으로 예상된다. 이것은 1200명 남짓 가운데 3분의 1을 의미한다.

약 3분의 1을 동원한 단체로부터 관계자가 민간교육임조의 임원에 한 사람도 이름을 내지 않는 것은 이상하다고 할 것이다. 여기서 우리는 이 사태에서야말로 종교단체를 주의깊게 감추려고 하는 그들의 통솔과 자제를 보아야 할 것이다. 이것은 <표 3>의 말미에 (재)모라로지 연구소 이사장 히로이케 모토타카(廣池幹堂)와 (사)윤리연구소 이사장 마루야마 토시아키(丸山敏秋)가 실려 있는 것에서도 간접적으로도 증명된다. 곧, 이 두 단체는 종교의 영향을 받으면서도 종교법인의 형태를 취하지 않고, 재단법인과 사단법인의 형태를 취하는 수양단체로서, 스스로 종교단체가 아닌 것을 강조해온 전례가 있다. 후자는 '아침모임(아침일어나기모임)'의 실천 등으로 알려져 있고, <표 4>에 있는 것처럼 일본회의의 구성원이다(47, 51). 그러한 사정으로 보아, 그들이라면 임원에 이름을 더해도 "종교단체가 아니다"라는 변명을 할 수 있을 것이다. 그러나 그들은 세심한 주의를 기울여 종교단체는 숨기려고 하는 것이다.

왜 일본회의의 이름을 표면으로부터 지움과 동시에 종교자와 구군・자위대관계자만은 숨길 필요가 있었던가,라고 한다면 교육기본법을 개악하는 의도(헌법 9조의 개악, 교기법으로의 종교교육 담기 등)를 숨기는 것일 것이다. 그들은 일본사회를 속이려고 하는 것이다.

그런데 1997년에 일본회의를 만든 한쪽의 단체인 '일본을 지키는 모임'은, 신사본청・생장의 집・불소호념회・염법진교・모라로지 등 종교・수양단체 등 종교관계자 중심의 단체였다. 그리고 일본회의 결성 의도는, 문화인 중심의 '국민회의'에 헌신적이고 거대한 재정력・조직력・동원력을 갖는 종교단체연합의 '지키는 모임'을 합체시키는 것에서 국민동원적인 거대조직을 지향하는 것이었다. 그 결과 그들은 이제까지 부부별성반대와 재일 선거권 반대 등으로 커다란 성과를 올려왔고(어느 쪽의 법안도 제출되었지만 팔리지 않은 상품이 되었다), 또한 수상의 야스쿠니 공식 참배에도 힘을 기울여왔다. 그리고 '만드는 모임'과도 적극적으로 협력하고 지방에 있어서 힘을 행사하는 실력부대로 되어온 것이다.

단지 교육법 개악에 향해서는, 과거에 '새로운 교육기본법을 구하는 모임' 결성에 협력했지만, 아직 부분적인 것에 머물렀다. 그것이 이번에 전면적인 개입으로 전환된 것이다.

4, 종교우익에 의한 활동의 일단

그럼 2월 26일의 집회에는 기독교의 막사 이외에 어떠한 종교단체의 동원이 행해진 것일까. 유감스럽게도 그 정확한 실태를 알 수 없도록 신중히 고안되어 정확하게는 알 수 없다. 단지 <표 5> 등으로 어느 정도는 추정될 수 있다. 이것은 중앙에 이어 다음 1998년에 일본회의·오사카가 결성된 무렵의 임원명부이다.

먼저 운영위원장·사무국장·사무국차장은 5인 중 4인까지를 신사본청의 정치단체인 신도정치연맹이 담당하고, 사무국도 오사카부신사청에 둔다. 또한 전체 63인 중 종교자로서 금세 판명되는 자만이 22명(35%)으로 이 비율은 <표 4>에서 본 중앙(수양단체 2를 더해도 35%)의 비율과 같고, 다른 임원의 성격도 포함하여 서로 비슷한 구성으로 되어 있다.

일본회의·오사카는 설립대회를 1998년 6월, 오사카의 나카노지마중앙 공회당에서 열었다. 참가자에 의하면 "로비에는 국주회, 윤리연구소, 아이들을지키는부모회, 신사본청, IIC(영우회), 호소불념회, 염법진교, 숭교진광 등의 각종 종교단체의 접수창구가 있어 마치 교파신도계의 종교단체가 총동원된 느낌이 들고, 행사장은 1400명 남짓으로 초만원이었다"(『전후보상뉴스』제30호)고 한다. 조직동원은 이때 단체마다의 접수대를 설치했던 것이다. 이러한 단체야말로 대량동원가능한 단체인 것을 의미하고, 신자에 젊은 이가 상당히 있는 것도 특징이다.

〈표 5〉일본회의 오사카임원 명부(1998년 6월)　　　　　　　　가 종교관계단체

【대표위원】
青木　匠　　일본여론모임 오사카 지부장
荒木　廸夫　사단법인논리연구소 중부오사카 에리아대표
石橋　正昭　전국동우회 오사카본부 사무국장
伊原吉之助　수봉산대학 교수
石見　哲三　국주회킨키지방연합국장
內海　秀雄　'나라이기때문에……운동' 사무국장
大山　博　　오사카 치과의사연맹
岡本　幸治　오사카국제대학 교수
加藤　四郎　카네미창고주식회사 대표이사상담역
龜田　喜一　그리스도의 幕屋
河材　芳夫　영령에 답하는 모임 오사카본부 감사상담역
黑田　泰弘　오사카방위를 지키는 모임 이사장
小池　常介　유타카 항산주식회사 대표이사
佐分利艶子　부인동지회 회장
芝田　武治　오사카향우회 회장
田口　直人　불소호넘회 오사카지구 대표
津田　市正　법학 박사
東條　博　　야마토정신의 모임
苗材　七郎　만세특공위령비봉찬회　이사
仲谷　昇逸　오사카 군은연맹 감사
長沼　文雄　주식회사관서목재시장 대표취체역사장
中林　賢治　오사카부 유족연합회 회장
橋本　武　　IIC오사카부연락협의회 대표
橋本　弘明　숭교진광 관서방면 지도부장
長谷川靈信　염법진교교단교무총장
濱野　晃吉　오사카신수회 대표간사
平岡　英信　학교법인청풍학원 이사장
不破　孝子　'아이를 지키는 부모님 모임' 오사카부 연락협의회 대표
吉田　裕明　일본청년협의회 오사카 조국과 청년의 모임 대표
吉田　康産　오사카비젼의 모임 대표
吉村　伊平　오사카 유지간화회 대표
藪野　信　　오사카부 신도청년회 회장

渡邊 三峰　신주정기의 모임 주재

【운영위원장】寺井 種伯　신도정치연맹 오사카부 본부장
【운영위원】
靑木　匠　일본여론의 모임 오사카부 지부장
荒木 迪夫　사단법인논리연구소 중부오사카ユリヤリーダー
石橋 正昭　전국동우회 오사카본부 사무국장
內海 秀雄　「나라이기때문에…운동」사무국장
大山　博　오사카부 치과의사연맹
龜田 喜一　그리스도의 幕屋
河村 芳夫　영령에 답하는 모임 오사카부 본부 감사상담역
黑田 泰弘　오사카방위를 지키는 모임 이사장
佐分利艶子　부인동지회 회장
芝田 武治　오사카향우회 회장
代田 壽節　일본청년협의회 오사카 조국과 청년의 모임 서기장
田口 直人　불소호넘회 오사카지구 대표
竹中 順一　국주회킨키지방연합국장
塚本 英樹　오사카신수회 사무국장
東條　博　大和心のつどひ 간사장
仲谷 昇逸　오사카부 군은연맹 감사
中林 賢治　오사카부 유족연합회 회장
西尾 良彦　염법진광교교단 출판부장
野口 博久　'아이를 지키는 부모님 모임' 오사카부 연락협의회 사무국장
橋本 弘明　숭교진광 관서방면 지도부장
前田 昭二　IIC오사카부연락협의회 사무국
柳原由起夫　오사카中 비전의 모임 대표
吉田 洋明　오사카부 신도청년회 섭외부장
吉村 伊平　오사카 유지간화회 대표
渡邊 三峰　신주정기의 모임 주재

【사무국장】岡田 一郎　신도정치연맹 오사카부본부 사무국
【사무국차장】
芦立 幸正　신도정치연맹 오사카부본부 사무국
津田 信幸　신도정치연맹 오사카부본부 사무국
丸山 公紀　일본청년협의회 오사카 조국과 청년의 모임

우익의 일본회의·오사카의 설립대회 다음날에는, 같은 행사장에서 '만드는 모임'의 심포지엄을 연다고 하는 형태를 취하고, 일본회의의 임원인 신수회(우익정치단체)의 대표간사가 '만드는 모임' 오사카의 회장(대행)이 되었다. 일본회의가 헌법개악을 최종목표로 하면서도 다면적인 과제와 씨름하는 한편 '만드는 모임'이 하나의 과제에 전문적으로 몰두한다는 조직성격의 차는 있으면서도 상황에 따라서 양자가 일체화하는 구조가 떠오른다. 특히 '만드는 모임' 결성에서부터 2001년 채택 전까지는 폭넓은 문화인이 가입하고, 보수적 시민층에 폭넓은 지지를 얻어왔지만, 고바야시 요시노리가 후지오카 노부카츠에 쫓기도록 탈퇴한 것 등으로부터 '만드는 모임'은 현재 일본회의에 한층 의지하지 않을 수 없는 상황에 빠져 있다.

그러한 경향은 작년 아이치현에 있어서 '만드는 모임' 교과서를 중고일관고에 채택시키는 움직임에서도 볼 수 있다. 예컨대 카토모리유키(加戶守行) 지사가 작년 5월 11일 '만드는 모임' 역사교과서의 채택은 '현정최대과제'라는 발언을 한 것은 윤리법인회의장이었다. 윤리법인회란 윤리연구소의 기업경영자를 대상으로 하는 부문이다. 아이치현에서는 중소기업관계자를 수양활동의 주요한 대상으로 온 모라로지의 임원이 부른 사람이 가입해 있다. 그 때문에 중소기업의 참가가 많은 것이 특색이 되었다.

단 아이치의 경우에도 역시 신사의 대부분(약 80000사)을 조직하는 신사본청계의 힘도 무시할 수 없다. 그들은 2001년의 채택에서는 각지에서 영향력을 발휘하고, 나가사키현과 쿠마모토현의 합계 7개 지구에서 평화주의적 성격을 가진 오사카서적이 사용되고 있지만, 그곳에 '만드는 모임' 교과서를 채택시키는 것까지는 무리라고 하더라도, 양현에서 오사카서적이 전멸한 것은, 특히 신사본청의 정치부로서의 신도정치연맹의 활동에 의한 것이었다. 모리 요시로 전 수상이 "일본은 신의 나라이다"라고 발언해서 유명하게 된 것도 동연맹의 집회에서였다.

그런데 아이치에 있어서 작년의 채택에서는, 직전에 '만드는 모임'이 전국에서 조직동원하고, 각 호마다 유인물을 넣는 외에 마츠야마시가에도 200명 가까이 집단을 등장시켜 선전활동을 하였다. 그 대부분은 앞에서 말한 기독교의 막사였다. 기독교의 막사는 기독교의 구약성서와 신약성서 중 구약에 해당하는 것으로서『고사기』,『일본서기』등을 자리매김하고 '일본민족의 실존적생명'을 회복하도록 호소했다. '만드는 모임' 부회장인 후지오카 노부카츠와 그들은 교과서 운동의 극히 초기부터 강한 결속력을 갖고 그의 강연회와 논적과의 토론의 장에는 반드시라고 해도 좋을 정도로 이상한 머리형의 여성이 다수 확인되어왔고, 그들이 바로 가장 의지해온 종교단체이다.

〈표 6〉 종교우익 계보도

──────는 분리·독립한 歩み, ----------는 영향
【 】는 기관·대학교, < >는 평화주의적 측면을 지니는 단체, ☐는 종교우익

국가신도계

(모 체)

| 1868 | 1871 | 1872 | 1900 | 1940 | 1946 | | |
([신기궁]→[신기성][교부성]→[내무성신사국]→[신기원]→폐지)─[국학원대학]→ 국학원대학]

황전강구소

| 1882 | | 1889 | | 1946 | |
(이세신궁) - 신궁교(신도신궁파) →신궁봉제회 ────────── 신사본청 신사본청 (8만사)

대일본신기궁(신직연합회) ─┘

→[황학관] ──────────────────────→ [황학관대학]

불교계

| 1879 | 1914 | |
(일련종) →연화회→국주회 ──────────────────── 국주회 (2만 명)

| | 1938 | |
→입정교성회 ──────→ <입정교성회>(630만 명)

| 1923 | |
┊--영우회 ──────────────────→ 영우회 (320만 명)

| 1950 | |
→묘지회 ──────→ <묘지회>(96만 명)

| 1950 | |
→불소호념회 ──────→ 불소호념회 (200만 명)

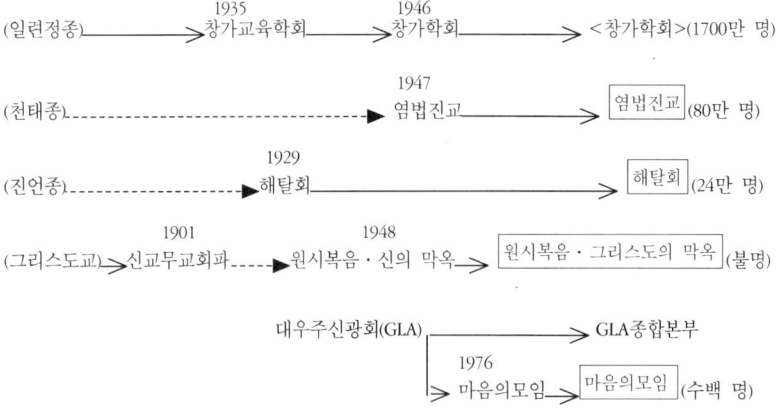

(일련정종)───────1935 창가교육학회───────1946 창가학회───────> <창가학회>(1700만 명)

(천태종)- - - - - - - - - - - - - - - -> 1947 염법진교───────> 염법진교 (80만 명)

(진언종)- - - - - - - - - - -> 1929 해탈회───────> 해탈회 (24만 명)

(그리스도교)─> 1901 신교무교회파- - -> 1948 원시복음·신의 막옥───> 원시복음·그리스도의 막옥 (불명)

대우주신광회(GLA)───────> GLA종합본부
│
└> 1976 마음의모임───> 마음의모임 (수백 명)

교파신도계

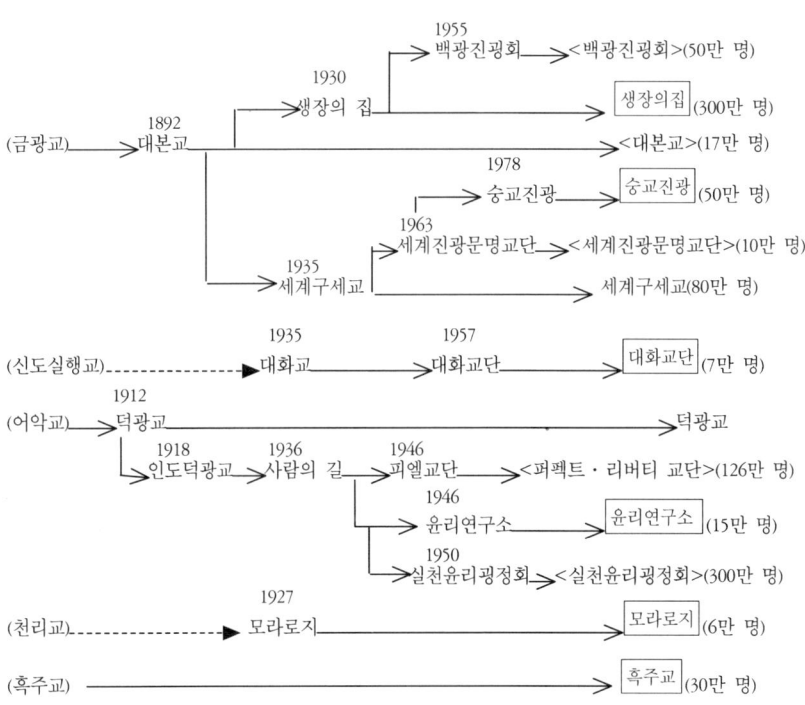

(금광교)─> 1892 대본교
├> 1930 생장의 집───> 1955 백광진광회───> <백광진광회>(50만 명)
│   └> 생장의집 (300만 명)
├> <대본교>(17만 명)
│ └> 1978 숭교진광───> 숭교진광 (50만 명)
└> 1935 세계구세교───> 1963 세계진광문명교단──> <세계진광문명교단>(10만 명)
                   └> 세계구세교(80만 명)

(신도실행교)- - - - - - - -> 1935 대화교───> 1957 대화교단───> 대화교단 (7만 명)

(어악교)─> 1912 덕광교────────────────────────────────>덕광교
└> 1918 인도덕광교─> 1936 사람의 길─> 1946 피엘교단─> <퍼펙트·리버티 교단>(126만 명)
                              ├> 1946 윤리연구소───> 윤리연구소 (15만 명)
                              └> 1950 실천윤리굉정회─> <실천윤리굉정회>(300만 명)

(천리교)- - - - - - - -> 1927 모라로지───────> 모라로지 (6만 명)

(흑주교)───────────────────────> 흑주교 (30만 명)

5. 종교우익의 대두가 의미하는 것

이상에서 진술한 종교단체의 계보를 크게 <표 6>에 제시해두었다. 그 속에는 이름빌린 정도의 참가단체도 있고, 활동의 실태와 교양 분석에 대해서 이후 한층 조사를 진행할 필요가 있다. 대부분이 1800년대에 발생한 '신종교'에 포함된다. 국가신도로서의 신사신도도 관점에 따라서는 메이지유신 이후의 신종교로 볼 수 없는 것도 아니다.

그런데 신종교의 전부가 이와 같은 우익적 경향을 띠고 있다고는 할 수 없다. 오히려 혁신적인 측면과 평화주의적인 측면이 강한 교단도 많다. 예컨대 신종교단체연합의 청년부는 20년 가깝게 아시아에 대한 가해를 알기 위하여 '참회행'으로 불리는 연수여행을 매년 조직해왔다. 평화주의적인 경향을 갖는 교단명은 < >로 묶었으므로 오해하지 않기를 바란다.

이러한 종교우익이 대두하고 있는 사실은 얼마간의 중요한 문제를 제기하고 있는 것 같다. 먼저 첫번째로 이제까지 '만드는 모임' 등에 의한 내셔널리즘적인 반동화를 재계(타와라요시후미俵義文)의 지원과 정신분석(노다마사아키野田正彰·카야마리카香山リカ) 등으로 규명하는 성과를 꼽을 수 있다. 이 소론은 그것을 부정하는 것이 아니다. 단지 그것들의 실제적인 핵에 해당하는 부분을 해명하는 것이 중요하고, 그 의미에서는 구래의 행동우익과 유족회와는 별도의 움직임으로 시점을 이동시키는 필요성을 제기하는 것이다. 각지에서 보고된 그들의 모습은 언뜻 점잖은 신사·숙녀풍이다. 이제까지의 '우익'의 이미지와는 전혀 다른 이유는 여기에 있다. 그러나 그들은 노인뿐만이 아니라 주부와 젊은이를 조직하는 경우가 많다.

또한 재계와 내셔널리즘과의 관련으로 말한다면 대기업뿐만 아니라 중소 부르주아의 존재에 빛을 비추는 필요성을 느끼게 한다. 그것들이 수양단체 등을 통해서 조직된 구체적인 양상의 분석은 더욱 중요할 것이다. 특히 전전부터 파시즘의 기반의 하나는 프티부르주아로 불리어왔다. 또한 보다 민중적인 풀뿌리 파시즘의 존재도 중요한 측면이다. 신종교의 기반은 많은 민중에 있고, 그러한 의미에서 종교단체의 대두는 매우 위험한 움직임으로 볼 필요가 있다.

또한, 이러한 움직임은 세계적으로는 원리주의의 대두와 연동하고 있다. 아랍권에 있어서 이슬람원리주의는 유명하지만, 미국에 있어서도 기독교원리주의가 부시정권의 또 하나의 기반인[하스미히로아키(蓮見博昭), 『종교로 흔들리는 미국』 등] 것을 생각한다면, 새삼 이러한 시야 속에서 되돌아볼 필요가 있을 것이다

『통일교과서』를 목표로 한 조선학교의 조선사교과서 개정에 대하여

강성은(재일본 조선대학교 교수, 동경대회 실행위원장)

1. 해외동포(재일조선인)가 보는 <본국사>(조선사)

필자는 2002년 3월에 개최된 난징포럼에서 해외동포가 보는 <본국사>와 관련하여 다음과 같이 토론하였다.

현재 <한·일> 및 <한·중·일> 몇 개 민간그룹은 일본의 역사교과서 기술의 오류를 시정하는 것과 함께 자국사 중심적인 역사관을 극복하고 가해와 피해라는 상호대립을 넘어선다는 문제의식으로 공동연구를 진행하고 있다. 그러나 거기서는 조선반도의 분단문제를 생각하는가 하는 점이 명확하지 않다.

냉전체제가 그대로 남아 있는 조선반도에 관하여 본다면 남북 간의 역사교과서 기술에는 현저하게 상이한 점이 있다. 아직 조선사람들에게 있어서 이론이 없는 조선사상(특히 근현대사상)은 존재하지 않는 것이다. 식민지 및 냉전·분단이데올로기를 극복하고 남북공통의 역사인식을 획득하는 것은 남북의 화해·통일의 기초가 되는 작업이라고 말할 수 있다.

남북조선 및 동아시아 공통의 역사인식을 획득하기 위해서는 본 국민의 역사인식에 머물지 않고 해외에 거주하는 사람들의 역사인식을 검토하는 것이 불가결이다.

동북아시아에는 조선반도 출신자들이 전역에 걸쳐 거주하고 있다. 그 최대의 이유는 일본의 조선식민지지배에 있었다. 조선사람들은 조선반도를 제외한 어느 지역에서도 소수자로서 고난의 역사를 걸어왔다. 그 속에서도 재일조선인은 조국이 식민지지배로부터 독립한 후에도 일본이라는 구종주국 내에 남게 되어 조국의 분단과 일본사회의 민족차별에 의하여 이중삼중으로 고통스러운 상황에 놓이게 되었다. 재일조선인에게 있어서 식민지지배는 아직 끝나지 않았다.

재일조선인을 포함한 해외동포들의 운명은 조국의 운명과 밀접히 관련되고 있다. 그렇다면 남북동포들과 함께 해외동포들이 조국통일에 주인으로 참여하는 것은 당연한 것이다. 재일조선인을 포함한 해외동포들은 국적과 언어 등으로 구별하여 나눌 수 없는 존재이다. 다문화적인 요소를 가진 해외동포가 참여하는 민족통일은 종래의 국민국가로서는 생각할 수 없는 형태와 내용을 동반하게 될 것이다.

재일조선인을 포함한 해외동포들의 조국에 대한 눈길, 자국사에 대한 시점은 자국사에만 머물지 않고 동아시아 공통의 역사인식을 발전시켜나가는 데 특별한 역할을 담당할 수 있을 것이다.

이 보고에서는 이상과 같은 문제의식에서 그 실마리로서 재일조선학교에서 쓰고 있는 조선사교과서에 대하여 말하려고 한다.

2. 조선학교에서의 조선사교과서의 변천과정

일본에 있는 조선학교에서 쓰고 있는 조선사교과서의 변천과정은 크게 세 시기로 나눌 수 있다. 제1기는 광복 직후부터 1955년 조선총련의 결성 이전 시기까지이다.

광복 직후 일본 각지에서는 모국어를 모르는 재일조선아동들에 대한 서당형식의 국어강습소가 일제히 개설되었다. 귀국을 전제로 한 국어강습소는 약 600~700개소 정도 있었다. 그러나 그 후 용이하게 귀국하지 못하는 조건이 조성된 것과 관련하여 1946년 4월부터 정규적이며 체계적인 학교교육으로 발전하였다. 조선연맹(45년 10월 결성)이 지도함으로써 교육의 제도와 내용의 통일성이 보장되었다. 이렇게 하여 광복 후 재일조선인의 민족교육은 출발하였다.

　최초의 조선사교재는 1945년 11월경에 편찬된『조선역사교재초안』(상·중·하 3권)이었다. 등사인쇄된 이 교재는 잠정적이고 계몽적인 성격을 가진 것이었다. 그 후 4196년 2월에 조련중앙 문화부(후에 문교부)안에 초등교재편찬위원회가 설치되고 교재편찬은 보다 정규적인 것으로 조직화되었다. 역사교과의 편찬위원은 임광철(林光澈)이다. 1946학년도에는 옵셋판의『어린이국사』(상·하)가 각각 3만 부 인쇄되었다. 교과서의 내용은 미국점령군의 검열을 받고 용지는 일본의 관청에서 배급받았다. 이렇게 하여 1948년 10월까지 93점, 120만 부의 각종 교과서를 간행하였다. 당시 조선학교는 약 530교 정도 있었으나 그 후 GHQ와 일본당국에 의한 조선학교에 대한 대탄압(1948년 제1차 학교폐쇄령, 49년 제2차 학교폐쇄령)에 의하여 많은 조선학교가 강제폐쇄당했다. 간신히 자주학교, 공립학교 및 공립분교라는 형태로 민족교육을 지켜낸 것은 95개교이다. 이러한 탄압의 폭풍우 속에서도 조선사교과서는 계속 편찬되어 1950년에 소학교 5학년생용의『조선력사(상·하)』(중앙출판사 편찬)가 발행되었다.

　이 시기 조선학교에서의 조선사교육 내용은 재일조선인에 의한 조선사연구 성과에 의거한 것이었다. 전쟁 전의 조선연구는 일본인이 독차지하고 있었으며 그 연구내용도「조선인 부재의 조선사」였다. 패전에 의하여 그러한 조선사 연구도 중단하게 되어 전후 일본인에 의한 조선사연구의 재개는 1950년 10월 조선학회의 결성에 의하여 이루어졌다. 그러나 조선학회는 당초 텐리(天理)대학, 텐리교의 관계자와 경성제국대학의 관계자가 압도적으로 많았고 그 외에 도쿄제국대학, 타이베이(台北)제국대학 등의 관계자가 포함되었기 때문에 그 연구내용은 지난 시기의 조선연구의 재건이라고 할 수 있었다. 종래의 조선사연구를 비판하고 새로운 조선사학의 발전을 이룩할 것을 목적으로 한 연구는 1959년 1월에 결성된 조선사연구회까지 기다리지 않으면 안 되었다.

　일본에서 조선사연구의 공백기라고 할 수 있는 이 시기에 재일조선인연구자들에 의하여 조선사연구나 계몽활동이 활발하게 벌어졌다.『해방신문』,『민주조선』 등의 신문, 잡지들이 창간되고 조선의 역사나 문학에 대하여 쓰이게 되었다. 이 시기에 조선사교과서를 편찬한 임광철은 저명한 역사연구자이기도 하였다. 그는 이 시기에『이조봉건사회사』(조련중앙문교부, 49년 발행),『조선력사독본』[하쿠요사(白揚社), 49년 발행] 등의 저서를 출판하였고 그 내용은 당시로서는 높은 수준을 유지하고 있었다.

제2기는 1955년 5월 조선총련의 결성으로부터 1992년에 이르는 기간이다.

재일조선인총연합회(총련)는 '공화국공민으로서의 정당한 권리의 하나인 교육권'이라는 시점을 뚜렷이 내놓아 이에 상응한 교육의 목적, 방법, 운동을 추구하게 된다. 총련은 그 강령의 제4항에서 재일조선인의 교육 성격을 민주주의적인 민족교육으로 규정하고 조국 조선민주주의인민공화국의 교육시책을 일본의 실정에 맞게 적용하면서 독자적으로 재일조선인 자녀교육의 방법론적 기초를 닦아나갔다.

교육과정안의 기본방향은 인민민주주의·사회주의 조국의 공민으로서 일본에 장기간 생활할 수 있는 태세를 갖춘다는 데 있다. 이것은 그때까지의 기본적인 입장과 함께 '재일'이라는 교육이 진행되는 장소를 의식한 것이다. 그러나 이 시점에서의 교육방침상의 역점은 무엇보다도 조선으로의 귀국을 염두에 둔 사회주의조국의 건설에 기여할 수 있는 인재로 육성하는 것을 강하게 의식한 것으로 되었다.

이 시기의 조선사교과서는 조국에서의 역사연구 성과가 최대한으로 반영됨으로써 타율론, 정체론을 불식하고 사회발전의 법칙(5단계)이 내재적으로 관철된 역사, 조선역사의 자율적인 발전이라는 점을 강조하게 되었다. 조선역사의 교과서는 1956년에 편찬한 후 65년, 76년, 85년 세 차례에 걸쳐 크게 개정하였다.

그러나 식민지사관의 극복을 제1차적인 과제로 하는 속에서 독자적인 발전이라는 측면만을 부각하여 강조하였기 때문에 동아시아지역의 정치·문화교류라는 국제적 계기는 타율론에 이어진다고 경계되어 사장되고 말았다. 또한 냉전·분단이데올로기의 영향을 받아 근현대사가 특정한 입장에 의하여 기술되고 근현대사의 다양한 측면이 경시되거나 사장되었다.

3. 2003학년도의 조선사교과서개정

제3기는 1993년도의 제4차 개정으로부터 금학년도(2003학년도)의 제5차 개정에 이르는 시기이다.

1970년대 중엽 이후 동포사회에서는 3, 4세가 다수를 차지하게 되고 정주화지향이 정착되는 속에서 많은 동포들은 아이들을 풍부한 민족성과 함께 일본이나 국제사회에서 통하는 힘을 갖춘 인재로 육성하고 싶다고 생각하게 되었다. 학부모나 재일동포들은 그때까지의 조선사를 포함한 각종 교과서나 교육내용에 대하여 여러가지 개선책을 교육현장에 요망하게 되었다.

총련은 동포들의 요망이나 일본의 실정에 맞도록 교과서를 편찬하기 위하여 1993년도에 제4차 개정을 실시했다.

조선사에서는 주로 고대로부터 근대에 이르는 역사기술을 크게 개정하였다. 구체적으로 말하면 동아시아지역과의 관계성을 중시하고 이에 대하여 많이 기술하였다. 또한 고구려 기술에만 치우쳐 있었던 것을 시정하고 백제, 신라, 가야에 대해서도 많이 기술하였다. 또한 조선왕조의 위정자에 대한 평가도 균형성 있게 기술하였다.

총련은 그 후에도 계속 교육내용을 개선하기 위하여 노력하였다. 1999년 9월에 총련중앙위원회 제18기 제3차회의 확대회의를 열고 '새세기를 향하여 사업방법을 근본적으로 전환하여 총련을 모든 재일동포들에게 참답게 복무하는 동포대중단체로 더욱 발전시키는 것에 대하여'라는 활동방침 속에서 민족교육을 새로 발전시키기 위한 중요한 대책을 결정하였습니다. 또한 '6·15남북공동선언'이 개척한 새로운 환경은 통일조국을 현실적인 사정(射程)에 넣은 교육내용으로 바꾸어나갈 것을 요구하게 되었다.

1920년대로부터 1945년 광복까지의 시기를 취급한 중급부 3학년의 『조선력사』를 들어 구체적으로 들어가보자.

독립운동에서는 항일빨치산투쟁 이외에 지금까지 취급되지 않았던 국외에서의 독립군운동이나 대한민국임시정부, 조선의용군, 국내에서의 실력양성운동, 신간회, 적색로노·농조운동, 문화운동, 건국동맹 등에 대해서 구체적으로 기술하였다. 또한 일본의 조선식민지정책과 지배의 실태, 당시 조선인의 여러 가지 생활상황, 재일조선인의 생활과 투쟁, 1920년대부터 1945년까지의 문학, 예술, 학문, 과학기술 등의 문화에 대하여 썼다.

중급부 3학년『조선력사』에 등장하는 인물은 98명, 그 중 반수에 사진이 들어간다. 독립운동가로서 여동휘·김구·이봉창·김무정·김원보·박렬 등, 프롤레타리아국제주의자로서 조선과 깊은 관계를 가진 중국인인 위증민·주보중 등, 문화인으로서 작가 한용운·이기영·한설야·김사량·윤동주·강경애, 작곡가 홍난파, 영화감독 나운규, 무용가 최승희, 역사학자 정인보·백남운, 언어학자 이극로, 과학자 이승기, 베를린올림픽 마라톤(1936년)에서 우승한 일장기말소사건의 손기정 등을 취급한다. 가혹한 식민지지배를 실시한 사이토 마코토(齋藤實, 제3, 5대 조선총독), 미나미 지로(南次郎, 제7대 조선총독), 그리고 친일파 조선인에 관한 기술도 있다.

이상과 같이 이번 교과서는 현대사의 다양한 측면을 객관적으로 기술하였다. 아직 여러 가지 문제점이 남아 있으나 남북공통의『통일교과서』에 한 걸음이라도 접근할 수 있지 않았는가라고 생각하고 있다.

재일조선인은 남과 북, 조선반도와 일본 양쪽에 걸치는 존재로서 조국의 통일과 조일의 화해, 이를 기초로 한 동아시아의 평화에 기여할 수 있는 가능성을 가지고 있다. 식민지지배와 조국의 분단에 의해 지금까지 가장 큰 피해를 입어온 것이 재일조선인이었다. 그러나 21세기를 맞이하여 그 아이들 앞에는 큰 가능성이 펼쳐지려고 하고 있다. 그 가능성을 조금이라도 키워주는 것이 조선학교의 역할이다.

필자가 근무하는 조선대학교를 비롯한 각지에 있는 조선학교는 조국의 원조와 학부모들의 헌신적인 노력으로 지금까지 운영해왔다. 그러나 남북의 분단, 일본당국의 조선학교정책은 학교운영에 큰 지장을 주었다. 그것은 현재에 이르러도 아무런 개선이 없다. 재일조선학교는 전조선민족의 귀중

한 재산일 뿐 아니라 일본에 있어서도 진정한 국제화의 시금석이 되는 존재이다.

이 포럼이 현재 조선학교가 놓인 상황을 이해하고 여러 가지 지원을 주는 계기가 된다면 이 이상의 기쁨이 없겠다.

2부

교과서와 젠더

공민교과서에 대하여

다카츠키 게이코(高月佳子, '남녀평등을 추진하는 교육' 전국네트워크)

1. 우리가 생각하는 젠더의 시점

1) 모든 사람에게서 인간으로서의 존엄을 인정하고 존중하는 의식을 기른다.

2) 모든 교과에서 과거의 고정적인 남녀특성론, 성적역할분담의식으로부터 벗어나 남녀 모두 그 개성과 가능성을 보다 자유롭게 신장시켜주는 삶을 추구할 수 있도록 한다. 그러기 위해 사회·가정에서의 공생의 모습을 구체적으로 제시한다.

3) 남녀 함께 정신적·경제적으로 자립하여 살아나가는 것이 중요함을 자각하고 또한 서로의 그러한 면을 존중하는 의식과 행동의 자세를 구체적으로 제시한다.

4) 사회, 기술·가정, 도덕과 같은 것은 「여성차별철폐조약」과 「남녀공동참가사회기본법」, 「어린이의 권리조약」, 그 외 여성시책의 도달점을 제시하고 국제적 비교로부터 현상을 생각하도록 한다.

5) 1~4에 제기한 관점으로 현상을 비판하고 변혁해나가는 시각을 양성한다.

6) 교과서 편집자, 저자, 집필자, 등장인물에 여성이 활약할 수 있는 장을 적극적으로 만들어간다.

2. 공민교과서는 남녀평등·젠더의 시점으로 쓰여졌는가

1) 대일본제국헌법

구민법은 '가제도'가 기본원리로서 호주(장남)에 의한 가족의 통제, 남존여비, 남성중심사회가 이루어져왔고, 아내는 법적으로 무능력한 자, 친권도 없으며 '현모양처'가 여성의 살아가는 방법이 되어 정치나 사회에 관심을 갖는 것도 허락될 수 없었던 역사가 패전시대까지 이어져왔다.

'가정을 지킨다', '아이를 양육한다'의 강요는 어떤 경우에는 '여공애사(女工哀史)'적 노동력으로, 어떤 경우에는 공창제도의 기반으로 나타나, 빚 대신 여성들은 매춘업에 던져져왔던 것이다.

여성들은 전쟁중에는 총탄 뒤의 어미로, 종군간호부로, 말기에는 정신대나 군수산업의 일손으로 내보내져 유일한 지상전이었던 오키나와의 '히메유리부대'처럼 철저하게 '나라를 위해, 천왕폐하를 위해' 희생되었던 것이 역사적 사실이다.

이러한 서민의 삶이나 여성의 현실은 거의 다루어지고 있지 않다. 포츠담선언이 수락되고 여성참정권이 인정되는 일본국헌법이 탄생된 것은 서민이나 여성들이 대망하고 있었던 것이었다. 특히 제14조(평등권)와 제24조(개인의 존엄, 양성 평등)는 인간으로서 살아감에 있어서 보물과 같은 것은 아닐까? 그러나 이것에 대해서는 겨우 K사와 N사가 다루고 있을 뿐이다.

전시성폭력(종군위안부)에 대해서는 "강제연행이나 종군위안부문제 등 일본을 향한 아시아 제국의 상처는 깊숙이 뿌리박혀 있다"(N사만이 서술)라고 기술되어 있을 뿐이다.

2) 현대사회 여성의 생활방식

가. 성적역할분업권은 여성의 직장참가를 거부하는 결과로 나타나고 있다. 여성과 직업과의 관계에서, 「M형 취로, 주로 나라의 주당 가사노동시간

(여성과 남성)의 비교」(K사)는 적절한 서술이다. 특히 2쪽을 할애하여 「젠더 프리의 사회란?」과 「젠더프리란?」에 대해 설명하고 있으며 남녀공동참가 사회법을 좋게 평가해 여성차별철폐조약 차별여부의 지침이라고 자리매김 하고 있다.

"1999년의 노동기준법개정이 여성의 심야업을 포함해 남성 수준으로 가혹한 노동실태를 만들어 오히려 가정생활이 불안정하다"(N사)고 지적하고 있다. 그리고 "여성이 일하기 쉽게 하기 위해서는 보육원의 충실이나 … (중략)… 또한 자청하는 남성의 가사참가가 필요하다"(N사)고 쓰고 있다.

"일하는 여성의 비율은 50%를 넘어가고 있지만 일을 계속하는 환경에는 문제가 있다. 여성의 출산→일의 중단→시간제 근무로 되어 이제부터는 탁아소의 정비나 세금제도의 개선이 필요하다"(TE사)고 1986년의 균등법이나 1992년의 육아휴업법에서도 다루고 있지만 부정확한 표현과 오래된 자료의 제시는 안타깝다.

나. 급속히 진행하고 있는 일본의 소자고령사회에서 가족은 여러 형태로 변화한다. 다양한 가족의 존재와 가정기능에 대해서는 '인간형성의 장, 경제활동의 단위, 편안함과 휴식의 장소, 양육부양, 간병의 장소'(K사)로 자리 매김되어 있으나, 그 가운데에는 앞으로의 과제가 많은 것을 들어 "여성의 사회진출과 함께 성별역할분업관의 극복과 앞으로의 사회에 적응하는 가정생활의 방향에 대해 생각해볼 필요가 있다"(N사)고 하며 나아가 "가정내 일의 분담에서 남성과 여성 간의 큰 차별이 있어 남편의 육아, 간병의 본격적인 참여"(N사)를 요청하고 있다.

또한 "차별철폐를 목표로 평등권과 개인의 존엄, 양성의 본질적 평등에 대해서는 아직 젠더에 의한 역할분담의식이 남아 있는 것이 현실이며 부부별성에 대한 요구가 있다"(TO사)고 제시함과 동시에 "남녀의 혼인적령차별 문제 등 여성단체가 중심이 된 민법 그 자체의 개정도 주목된다"(N사)고 금후의 과제도 밝히고 있다.

이렇게 현대사회는 여성의 고용에 있어서의 차별(채용, 승진, 월급의 차별

등) 문제나 시간제근무를 시작으로 한 불안정고용이 성별역할분업의 이데올로기적 공격의 대상과 원인이 된다. 이러한 문제에 대해 각 출판사의 방향성은 그것에 대한 극복과 노동시간의 단축, 사회보장에 의한 보육소의 정비나 간병을 포함한 사회기반의 정비를 우선으로 하는 것과 가정책임은 남녀 쌍방에 있으므로 남녀의 육아, 간호, 휴업제도의 취득확대가 필요하다고 일치한 의견을 보이고 있다. 그러나 그 이해와 차이는 조금씩 다르다.

맺음말

1) 대일본제국헌법 아래에서는 무권리상태로 압제의 희생이 된 서민이나 여성의 모습을 거의 찾아볼 수 없다.

메이지민법의 '가제도'에 있어서 호주권 아래에서 인고의 역사를 짊어지고 온 여성이 종전 이후 한 사람의 인간으로서 인정받아 남녀평등이 헌법상 명기된 일을 사실로서 기술해주기 바란다. 이 점은 어느 곳에서도 다루고 있지 않다.

2) 전쟁이 몰고 온 비극으로서 여성에 대한 최대의 인권유린은 전시의 성적노예＝현 종군위안부 문제이다.

기나긴 침묵을 깨고 피해자가 일본정부에 사죄와 배상을 요구하는 재판에 호소하고 있다.

2000년 여성들의 힘으로 국제법정이 개최되었고 국회에서도 초당파의원이 해결촉진법제도를 향해 움직이고 있다. 중학교 단계에서도 이러한 범죄는 꼭 기재될 필요가 있지만 지금으로서는 N사뿐이다.

3) 남녀평등을 (특별히 직장, 가정에서) 실현해나가는 과정에서 성별역할분업관의 극복이 필요하다고 각 사는 일치된 의견을 보이고 있다.

보육소를 충실히 설치하는 것, 육아나 간병의 휴업제도의 행사, 노동시간 단축은 필요하지만 현실적으로 리스트라나 시간제근무 격증의 심각한 생활에는 메스를 대 알리는 반면 어린이들이 몸으로 느낄 수 있는 사실로서는 다루고 있지 않은 점이 유감이다. 남녀공동참가사회와 더불어 기본법의 자리매김은 각각의 회사에 따라 차이를 보이고 있다.

4) 국제적 입장으로 일본의 평화주의를 지키는 적극적 역할은 각 회사 모두 강조하고 있다.

5) 교과서 집필자에 남녀평등·젠더의 시점에 입각한 집필이 가능한 여성을 선별하기를 바란다. 출판사는 교육출판(K), 청수서원(S), 제국서원(TE), 동경서적(TO), 일본서적(N)

3. '새로운 교과서를 만드는 모임'의 『새로운 공민교과서』

여성관의 강압

"효도에 가치를 둠으로써 가족제도가 유지되기 쉽다."

"부부별성은 가족의 정을 약화시키며 부부의 일체감이 상실될 염려가 있다."

"가족보다 개인을 중시하는 생각으로부터 가정 내 폭력·소년범죄의 다발 등 가족의 위험이 생겨난다."

라고 하면서 개인의 존엄과 양성의 평등을 구가하는 헌법 제24조를 왜곡하고 있다.

"성별역할분업을 당연시하고 가사는 무상이나 돈으로는 살 수 없는 정을 만드는 원천으로, 그 담당은 당연히 여성, 가족은 감사와 협력이 필요하다"라고 하고 있다.

이것은 여성을 현모양처적 삶으로 가두는 새로운 가족제도를 강조하는 것으로 신자유주의가 요구하는 가족관과 일치하며 여성멸시사상이 짙게 나타나고 있다.

가정과교과서 · 검정합격 2사를 젠더의 시점으로 검토
— 開隆堂(기술 · 가정)의 가정분야 / 동경서적(기술 · 가정)의 가정분야
 : 이하 전자를 K사 / 후자를 T사로 칭한다

<머리말>

중학교의 가정과만이 학문적으로도 계통이 다른 '가정과'와 '기술과'를 합병해 하나의 교과를 이루고 있다. 먼저 이 문제가 젠더 바이어스(성적 편견)와 어떻게 관계가 있는지를 논하고 싶다.

'가정과'는 생명의 생산과 재생산에 관계하는 과학 · 기능 · 문화를 배우는 교과이며 '기술과'는 물건의 생산에 관계가 있는 기술을 배우는 교과이다. 독립된 '교과'를 '분야'화하여 합병하는 것은 젠더의 시점에서 보면 문제가 있다. 예를 들어 시간수의 배분에서도 전임교사가 많은 기술과가 가정과보다 많이 배분되는 면도 있으며 평가도 본래 2과목의 내용을 '합하여 2로 나누어' 평균을 정하고 있다. 이것은 교육과 교과서에 영향을 주는 '학습지도요령'의 문제이다.

더욱이 지금까지 '남자는 기술과(목공작업 등), 여자는 가정과(요리 · 재봉)'라는 젠더 바이어스가 남아 있는 현상을 생각할 때, 남자(여자)가 "기술(가정)분야를 열심히 하면 가정(기술)분야는 경시해도 평가는 평균으로 환산되기 때문에 괜찮다"고 하는 식의 생각을 낳게 되며 결국 그것은 젠더 · 바이어스를 조장할 수도 있다. 합병교과가 아닌 각각 독립된 교과로서 배울 수 있는 것이 젠더 이퀴트(성적 평등)를 가능케 한다.

더욱이 시간수(時間數) 감소를 위해서라고는 하지만 '하나의 교과' 중 적은 시간을 가정 · 기술의 두 분야로 나눔으로 인해 내용이 더욱 '필수'와 '선택'으로 양분화되어 생도에 의해 배우지 않아도 되는 영역이 만들어지게 된다.

가정분야의 A 「생활의 자립과 의식주」에서는 피복제작이 선택과목이 된다. '피복제작'은 시간이 걸려도 남녀가 함께 배우는 것으로 젠더 바이어스가 해소되는 점으로 볼 때 선택과목이 되는 것은 문제가 있다.

B 「가정과 가정생활」에서는 '유아와의 만남'이나 '가정생활과 지역과의 관계'가 선택과목으로 되어 있다. 고교에서는 유유아(乳幼兒)가 중심이 되어 있고, 중학교에서 유아(幼兒)가 중심이 되어 있어 편중된 면도 있으나 남성의 육아참가가 젠더 바이어스를 해소시키는 포인트의 하나가 된다는 점에서 볼 때 '유아와의 만남'이 선택과목이 되는 것은 문제가 있다.

기술분야도 마찬가지로 A 「기술과 제작」에서는 지금까지 개별 영역으로 배운 목공가공, 금속가공, 전기기계, 재배가 하나의 묶음이 되어버려 그 가운데에서 정선이 강요되며 B 「정보와 컴퓨터」는 지금까지 하나의 영역이었던 정보기초가 전체 내용의 절반을 차지하게 되었다.

물건을 제작하고 기술을 배우는 기회가 적은 현대의 중학생에게 남녀가 함께 배우는 '제작'을 줄인 것은 젠더 바이어스가 해소되는 찬스도 줄인 결과가 된다. '선택' 분야를 정하지 않은 시간의 보장이 필요하며 국민적 공통교양으로서 '두 개의 교과'를 남녀가 함께 배우는 것을 요구한다.

<내용분석>

1. '가정생활', '가정의 역할'을 어떻게 배우는가?

· 양사에서도 가정의 기능은 설명하고 있지만 K사는 "사람은 일생 여러 형태의 가족을 경험합니다. 혼자서 사는 경우도 있지만 결혼이나 혈연 관계로 다른 사람과 함께 사는 경우도 있습니다. 친구와 공동생활을 하는 경우도 있습니다. 때로는 떨어져서 살면서 가족관계를 만드는 경우도 있습니다"(p.164)라고 하며 고정적인 가족상에 매이지 않는 배려를 보이고 있다. 그러는 한편 성별역할분업의식이 남아 있는 일러스트가 보이기도 한다. 여성이 간호·간병을 하고 가사를 하면서 전통문화(할머니와 어머니의 편물)를 전하는 등(p.162)……이것을 놓치면 감추어진 커리큘럼이 된다. 현실의 문제로서 의식적으로 교과대상으로 할 필요가 있다.

· T사는 "가족의 관계를 강하게 하기 위해서는 서로가 각자의 입장을 이해하고 상대의 마음을 존중하는 것이 중요합니다. 어떠한 가족도 사이좋게 지내는 때와 그렇지 않은 때가 있습니다. 가족의 병이나 사고 같은 것이 가

족에게 일어날 때 가족의 끈끈함을 더욱 강하게 하는 경우도 있습니다. 보다 나은 가족관계를 만들기 위해서는 우리들도 가족의 일원으로서 노력이나 연구를 합시다"(p.174)라고 하여 '가족'이 강조되어 정서적·도덕적인 기술이 많은 것을 볼 수 있다. 그러나 다양한 가족의 현상을 수용하는 기술은 적다. ……현실을 받아들이고 생도에게 감상을 듣는 등 생도 자신이 생각하는 학습방법 등이 더해질 필요가 있는 것은 아닐까?

2. 고정적인 '남녀특성론'*註: 성별역할분업의식에서 벗어나 양성이 그의 개성과 가능성에 의해 특징적으로 길러지는 삶은 가능할까?

*註 : 전후, 중학교는 '직업과'(농업·공업·상업·수산·가정 중에서 선택하는 과목)로서 출발. 남자는 가정 이외의 선택, 여자는 대부분이 가정을 선택. 1962년에는 '기술·가정'을 설정. 정부는 "남녀에게 특성이 있으므로 '가정'은 여자가, '기술'은 남자가 하는 것이 좋다"고 주장. 현장을 중심으로 그 후 시민운동도 가정과의 남녀필수운동을 전개했으나 「여성차별철폐조약」 비준 후, 비로소 1989년의 학습지도요령으로 인해 남녀필수가 되었다.

가. 양사 모두 현실을 반영하고 있다고 하지만 젠더 바이어스가 보이는 것이 적지 않다. … 사진·일러스트 A 참조. …감추어진 커리큘럼으로 하지 않는 노력이 필요.

나. 사진·일러스트 등의 젠더 바이어스를 나타내는 성별인수, 색·모양·형태·행동 등은 교과서검토의 선행실천[일본가정과교육학회(회보) 등]의 영향도 있어 꽤 배려가 되어 있다. … 사진·일러스트 B 참조. …그러나 젠더 프리의 사진·일러스트가 많아도 '현실은 어떨까?'라고 학생이 되묻는 교육 또한 필요할 것이다.

다. 적극적으로 젠더 프리를 향해서 그 내용의 깊이를 더해 생도가 참가하면서 배우는 방법을 기술하는 내용도 증가시킨다. …K사 '두 사람의 남성보육사의 인터뷰' 기사 후 자신들도 부모나 보육사에게 인터뷰나 보육의 특정을 서로 나누는 등의 과제가 실려 있다. T사 「육아휴업을 받은 체험」기사를 읽은 필자는 여성이라고 생각합니까, 남성이라고 생각합니까?라고 학생에게 생각할 기회를 준다. 인터뷰의 과제도 함께 내준다.

3. 남녀 함께 정신적으로 자립하고 살아가는 것의 소중함을 자각해 서로를 존중하는 의식과 행동의 모습을 제시하고 있는가?

K사 「가사는 누가 합니까?」(p.167)에는 '중학생'만이 아닌 어린이들에게도 영향을 주는 '아내와 남편의 그래프'의 '국제비교'도 실려 있다.

이것을 기초로 노동시간과 임금에 눈을 돌려 가사노동을 남녀가 함께 이루기 위해서 어떻게 하는 것이 좋은지를 전개할 수 있다.

T사 '남녀공동참가사회기본법' 6조가 발췌되어 있다.

'남녀가 함께 성별에 관계 없이 책임을 지는 것이 중요합니다'라고 기술하고 있으며 '중학생 가정의 일과 분담'의 그래프가 있지만(p.177) 현실의 실태나 그 원인·배경에 관련하는 자료도 필요하지 않은가.

4. 「여성차별철폐조약」, 「남녀공동참가사회기본법」, 「어린이의 권리조약」 등으로부터 현재의 생활이 분석될 수 있는가?

양사 모두 「여성차별철폐조약」에 관해서는 언급하고 있지 않다.

「어린이의 권리조약」에 관해서는 양사 모두 소개하고 있으며 그 실현이라고 할 수 있는 어린이들이 기획·운영할 수 있는 '友杉並'를 사진과 함께 기술하고 있다.

한국사교과서와 교육현장에 나타난 일본군 '위안부' 문제

양미강(일본교과서바로잡기운동본부 상임공동운영위원장)

1. 시작하면서

'기억을 둘러싼 전쟁'으로 묘사되는 2001년도 일본의 교과서왜곡 파동은 한치의 양보도 없는 한일 간 '총 없는 전면전' 양상을 띠었다. 후소샤 파동을 계기로 한국의 시민운동은 반일감정에 기인한 대응전략이 주였던 1980년대와 달리, 시민사회·학계의 공동대응을 통한, 화해와 반성 그리고 연대라는 보편적 가치에 충실하게 한 길을 가고 있다.

특히 2001년 이후 한국사회는 학계와 연구단체 등을 중심으로 교과서문제와 역사인식에 관한 각종 심포지엄들이 개최되고 있다. 분석대상 또한 일본교과서만이 아닌, 한국과 중국, 더 나아가 유럽의 교과서까지 확대되고 있다. 역사학(역사교육학)계에서 수많은 심포지엄들이 개최되지만, 젠더적 관점에서 교과서를 분석하는 일은 흔치 않은 일이다.

이 글은 여성사 연구의 한 방법으로, 일본군 '위안부' 문제를 둘러싼 한국사교과서의 내용과 한국사 교육의 현황을 중심으로 기술하고자 한다. 기존의 연구논문들이 주로 한국사교과서의 서술내용에 대한 분석적 성격을 가지고 있다면, 이 글은 교과서의 서술내용과 함께 실제 교육현장에서 어떤 교육이 이루어지고 있는가를 동시에 살펴보고자 한다. 이러한 접근은 교과서운동이 결코 연구 영역에 한정될 수 없으며, 실제 일어나고 있는 현실의 문제를 동시에 고려해야 한다는 필자의 인식 때문이다.

왜 일본군 '위안부' 문제를 중심으로 살펴보는가? 지면상의 문제도 있지만, 보다 더 근본적인 이유는 일본군 '위안부' 문제야말로 복합적인 지점에 위치지어 있어 단면적으로만 바라보기 어렵다는 점이다. 다시 말해서 일제 식민지 시대에 일어났던 일본군 '위안부' 문제가 가지고 있는 복합적인 지점 - 젠더, 국가와 민족, 계급의 4중 구조 - 을 건드리는 것이야말로 이 시대를 올바르게 바라보는 중요한 관건이 될 수 있기 때문이다.

이 글은 젠더적 관점을 기본적 분석의 도구로 삼는다. 젠더적 관점이야말로 역사전개상 남성중심체제의 기반이 되었던 남성/여성의 젠더이원론이나 그러한 이원론으로 은폐되었던 계급, 인종, 성적지향, 문화의 다양한 차이를 부상시킬 수 있기 때문이다.[1] 젠더적 관점을 획득하는 일은 소수자, 민중, 주변자의 시각이 견지될 때 비로소 온전해질 수 있다. 젠더적 관점에서 교과서를 분석한다고 할 때, 그것은 두 가지 접근방식을 의미한다. 여성의 가시화(可視化)정도와 사회관계를 젠더적 관점에서 재구성하고 평가하는 것이 그것이다.

따라서 이 글은 2002년부터 적용되는 7차 교육과정의 중고등학교 국사교과서를 대상으로 일본군 '위안부' 문제를 둘러싼 서술형태와 서술관점을 분석할 것이다. 또한 일본군 '위안부' 문제를 주제로 한 수업실천사례를 중심으로, 교사들의 수업의도와 학생들의 평가에 대해 분석하고, 학교 현장 이외에 시민단체들의 교육활동이나 교육내용도 여기에 포함시킬 것이다.

---

1) 오오고시 아이코, 「전쟁론, 전쟁책임론과 젠더」, 『일본 페미니즘의 패러다임 전환』, 정대협 연구총서(3), 39쪽 ; 그는 페미니즘은 역사적 전개과정에서 남성중심체제에서 여성의 역할을 강조하거나 남성과 같은 지위를 획득하는 것을 목표로 삼는 운동에서 탈피하여, 오히려 그러한 남성중심체제의 구조적 폭력을 고발하고 그 해체를 기도하는 사상으로 나아가고 있다고 말한다.

2. 일본교과서 사건을 계기로 바라본 한국교과서

후소샤 교과서 파동으로 성숙해진 한국 시민운동의 역량은 그동안 학계에서 꾸준히 제기되었던 한국사 교육과 제도의 개선노력과 맞물리면서 한국교과서에 대한 자성적 성찰의 깊이를 더해주었다. 일본 후소샤 교과서 사건을 계기로, 한국의 역사교육에 대한 문제제기는 세 가지 점에서 본격적인 물꼬를 텄다.

첫째, 한국의 국정제도에 대한 문제의식이다. 한국의 국사교육은 오랫동안 국정제도에 묶여 단 하나의 교과서만을 사용하였다. 국정제도 개선책으로 2003년부터 적용되는 7차 교육과정은 근현대사 부분만 검정제도를 도입하였다.[2] 그러나 2002년 7월 최종 검정단계에서 정치권으로부터 근현대사 검정교과서의 현대부분 내용이 당대 정권을 찬양한다는 비판이 제기되었다. 이는 검정제도에 대한 비판으로까지 확대되었고, 급기야 국사교과서는 국정을 유지해야 한다는 논리로까지 비약되기도 하였다.[3]

정치권의 논리에 의해 한국사 교육 / 제도가 당권 당리적으로 이용될 가능성과 함께, 국정에서 검인정, 그리고 자유발행제까지 가야 할 길이 멀고 멀다는 사실을 다시 한번 확인시켜준 이번 근현대사 검정파동을 통해, 교과서운동본부는 한국역사연구회와 한국사연구회와 공동으로 '한국사교육과 제도개선'에 대해 국회청원서를 제출하였다.[4] 앞으로의 과제는 근현대사

---

2) 2002년 교육인적자원부가 국회에 제출한 자료에 의하면, 한국근현대사 교과서 검정배경에 대해 다음과 같이 말한다. "제7차 교육과정에서 추구하는 인간상과 교육목표 달성에 적합한 질 높은 교과용 도서를 편찬하는 데 있음" 국사과목이 종전의 국정발행 교과서에서 7차 교육과정부터는 고등학교 1학년은 국정으로, 고등학교 2-3학년은 근현대사를 신설하여 검정 발행. 이같이 교과서 발행제도를 개선하는 이유를 국사교과서가 오랫동안 국정 단일본으로 발행됨에 따라 단일한 교과서로만 제공되어 풍부한 역사적 사고력 함양에 걸림돌이 되고 있다는 문제점을 개선하기 위함.

3) 근현대사 검정파동으로 인해, 국회 내에 한국사교육에 관한 소위원회가 구성되었고, 검정위원들이 전원사퇴하는 등 진통을 겪었다.

부분만 실시하는 검정제도를 나머지 부분까지 확대실시하고, 현재의 검정 제도를 보완하여 안정적인 제도로 정착시키는 일이다.

둘째, 젠더적 관점에 대한 문제의식이다. 후소샤 교과서는 다른 7종 교과 서의 기술에도 영향을 끼쳐 누락하거나 축소되는 등 전반적으로 일본군 '위 안부' 문제에 대한 기술이 사회문제가 되었다.[5] 이를 계기로 한국에서도 한 국교과서에 일본군 '위안부' 문제를 제대로 기록해야 한다는 소리가 높았 고, 그 결과 한국교과서 서술에 대한 젠더적 관점이 많은 관심을 불러일으 켰다.[6]

젠더적 관점이란 여성 / 남성이라는 사회적으로 불평등한 성역할 / 성관 념 / 성이해를 극복한 양성평등적 관점을 지칭한다. 교과서를 젠더적 관점 에서 분석하는 일은 여성이 얼마만큼 드러나 있는지 가시화(可視化) 정도를 분석하는 일과, 사회변화를 젠더 시각에서 다시 파악하는 것을 의미한다.[7] 우선 한국교과서에 나타난 여성의 가시화 정도는, 한국교과서의 체제가 정 치사, 민족사 중심의 틀을 유지하고 있어서, 여성은 거의 드러나지도 않고 드러날 수도 없다. 특히 중학교 국사와 고등학교 전근대사는 여성의 가시화

---

4) 국회청원서는 이재정 의원을 소개의원으로, 주요 내용으로는 1) 역사과 독립과 목 편제, 2) 바람직한 역사교육의 방향과 교육과정 마련에 대한 관심과 지원, 3) 검인정제도의 지속적 시행, 4) 검인정제도의 바람직한 운영을 위한 제도적 장치 마련 등이다.
5) 일본 VAWW-NET JAPAN은 『이렇게까지 심하게!-'만드는 회'의 역사·공민교과 서』를 2001년도에 출판했다. 이 책은 자민족주의, 국가중심, 남성중심의 국가를 가르치는 교과서에 확실한 거부의 의사를 밝히고, 젠더적 관점에서 역사와 사회 교과서를 분석하였다.
6) 한국정신대문제대책협의회는 2001년 후소샤 교과서 파동 이후, 일본의 전쟁· 여성·인권학회와 함께 한일공동으로 여성사교재를 집필하기로 하고 진행중에 있으며, 2002년에 연구총서 5권을 출판하였다. 『한일여성 공동역사교재』, 『여성 주의 시각에서 바라본 한일 역사교과서 비교분석연구』, 『한국근현대사 여성사 자료집』과 번역서 『이렇게 심하게!-'만드는 회'의 역사, 공민교과서』, 『일본 페 미니즘의 패러다임 전환』
7) 정대협, 『여성주의 시각에서 바라본 한일역사교과서 비교분석 연구』 연구총서 (2), 2002, 연구요약중.

정도가 매우 빈약하다. 사회관계를 젠더적 관점에서 재파악하는 것은 가부장제가 각 시대마다 어떤 기제로 작용하였으며, 그것이 사회변화와 어떤 연관이 있는지를 밝히는 작업이기도 하다. 이것은 필히 민중과 여성의 관점을 견지하지 않으면 포착될 수 없는 지점이다. 역사에서 배제되어왔던 소외자의 관점에서, 아래로부터의 관점에서 파악할 때 가능한 일이다.

셋째, 자국사에 대한 문제의식이다. 후소샤 교과서를 '위험한' 교과서로 명명하는 것은 그 내용이 일본에게 불리한 것은 누락시키고, 일본사를 우월하고 발전적인 것으로 보는 역사관에 있다.[8] 후소샤 교과서 사건 이후 불거진 학계의 논쟁은 주로 역사교육의 목적과 방법을 둘러싼 것이다. 역사교육의 목적으로서 '애국·애족심 혹은 민족정체성 함양'을, 방법으로는 민족주체적 관점이나 '내용중심교육(역사적 사실에 대한 교육)의 중요성을 강조하는 그룹과 반면 역사적 탐구력, 비판력 함양을 강조하면서 방법으로 다중주체적 관점이나 과정중심교육을 강조하는 그룹이다.[9] 역사교육의 목적을 무엇으로 설정할 것인가의 논쟁은 그동안 한국사교육을 관통하고 있는, 지금도 여전히 존재하고 있는 민족주체적 관점과 애국심 함양의 문제를 전반적으로 다시 묻게 한다.

후소샤 교과서를 계기로 다시 바라본 한국사교과서와 한국사교육은 이를 비판했던 논리로부터 자유로울 수 없다. 6차, 7차 교육과정 준거안에서도 보이듯, 민족주의 과잉이라는 비판을 받고 있을 정도로 한국사교과서 역시 민족주의적 입장에서 자국사를 서술하고 있다.[10] 오늘날과 같이 세계가 연

---

8) 송호정, "무엇이 왜곡되었는가?-전근대사 서술의 특징", 교과서운동본부 편, 『문답으로 읽는 일본교과서 역사왜곡』, 2002, 역사비평사, 34쪽.
9) 양정현, "국사 교과서 국정체제의 문제점과 대안모색-'살아있는 한국사교과서'를 중심으로", 교과서운동본부, 『21세기 한국사교과서와 역사교육의 방향-제7차 교육과정을 중심으로』, 5~7쪽. 양정현은 민족주체적 관점을 강조하는 그룹으로 서의식, 양정현을 꼽고, 다중주체적 관점을 강조하는 그룹으로 김기봉, 지수걸을 꼽는다. 필자가 보기에 전자에 서중석, 김성보도 이에 해당된다.
10) 서중석, "한국교과서의 문제와 전망", 교과서운동본부·역사문제연구소, 『화해와 반성을 위한 동아시아 역사인식』, 2002, 역사비평사, 215~216쪽.

결되어 있는 글로벌화된 사회에서 일국사적인 관점을 가지고 교과서를 집필하는 것은 극복해야 할 과제이다.

3. 한국 교과서에 나타난 일본군 '위안부' 문제

1) 교과서와 시민운동

일본군 '위안부' 문제가 역사의 수면 위로 본격적으로 떠오른 것은 1990년 한국정신대문제대책협의회(이하 정대협)가 창립되면서부터이다. 정대협은 창립 초기부터 7대 요구사항, 사실인정, 진상규명, 공식사죄, 법적배상, 사료관건립, 책임자처벌, 역사교과서기록을 내걸었다. 이 7대 요구사항은 '위안부' 문제 해결운동을 위한 핵심 키워드가 되고 있으며, 사료관건립과 역사교과서기록은 자라나는 세대들에게 다시는 이러한 일이 일어나지 않도록 하기 위한 교육활동으로 볼 수 있다.

이러한 요구사항이 일본과 한국의 교과서에 어떻게 반영되고 교육되었을까? 일본군 '위안부' 문제는 일본교과서에 먼저 등장하기 시작했다. 1994년도판 고등학교 교과서에 일본군 '위안부'가 있었다는 사실이 등장하고, 1997년도판 전 중학교 교과서에 기록되기 시작했다.[11] 한국 교과서는 <표 1>에서 보듯, 1996년에 시작된 6차 교육과정에 이르러서야 일본군 '위안부'에 관한 기록을 짧막하게 한줄 반 정도의 분량으로 기록하고 있다.

한국과 일본의 역사교과서에 일본군 '위안부'에 대한 서술이 포함된 것은 시민운동이 활성화되면서 그 요구가 가시적인 성과로 나타났다고 볼 수 있

---

11) 타와라 요시후미(교과서운동본부 역), 『위험한 교과서』, 2001, 역사넷 참조. 난징대학살의 경우, 1984년도판 전 중학교 교과서에, 1985년도판 전 고등학교 교과서에, 1992년 초등학교 전 교과서에 기록되는데 비교적 1980년대에 일본교과서에 기록되었다.

다. 이미 1992년부터 일본군 '위안부' 문제는 유엔인권위원회에 상정되어 세계여성인권의 중대한 침해이며, 전쟁범죄로 인정되어 수차례에 걸친 유엔인권위원회 / 소위원회의 결의안을 제출하였고, 국내외적으로 증언집 출판과 피해자강연회 등을 통해 이 문제는 전세계적으로 확산되었다. 이같은 성과들이 결국 한국과 일본 교과서에 일본군 '위안부' 문제를 삽입하지 않을 수 없는 조건을 형성하였다.

특히 일본군 '위안부' 문제에 관한 한국교과서의 불충분하고 불명확한 서술을 시정하기 위한 노력 또한 병행되었다. 1999년부터 정대협은 매년 역사교과서 관련 간담회를 개최하여 한국교과서에 충실한 기록을 위해 노력해 왔다. 특히 2001년 후소샤 교과서 파동 이후, 일본군 '위안부' 문제에 관한 기록은 시민단체의 노력과 함께 국회와 여성부의 적극적인 의지로 인해 성과를 거두어 2002년도판부터 내용과 편집면에서 훨씬 개선되었다.12)

2) 한국 교과서의 일본군 '위안부' 서술 변천

<국정교과서와 일본군 '위안부' 문제>

한국의 국사교과서는 1974년부터 국정교과서제도를 채택하였다. 유신정변이 일어나기 직전인 1972년 대구에서 열린 '총력안보를 위한 전국교육자대회'에서 대통령 박정희는 올바른 국가관에 입각한 국사교육의 필요성을 강조하였으며, 유신 이듬해인 1973년 한국사교과서의 국정화가 추진되어 1974년 신학기부터 '국난극복과 주체적 민족사관에 투철한' 국정교과서가

---

12) 한국정부는 후소샤 파동에 대응하기 위해 교육인적자원부 내 일본역사교과서 왜곡대책반을 만들고, 일본교과서 역사왜곡에 대한 35개항의 재수정을 요구하였다. 처음 단계에서는 후소샤 교과서에서 일본군 '위안부' 문제가 없기 때문에 수정요구가 어렵다는 의견이 있었으나, 이미경 국회의원의 강력한 요구로 포함되었다. 여성부는 교과서대책반에 참여하면서 적극적으로 일본군 '위안부'에 대한 한국교과서의 서술내용을 강화해달라는 요구를 하였다. 그 결과 2002년도판부터 일본군 '위안부' 문제에 대한 불충분한 설명으로 인한 오해의 소지를 없애고, 사진자료를 삽입하는 등 예전보다 풍부한 설명을 담고 있다. 여성부 자료, "중고교 국사교과서 일본군 '위안부' 관련사항 수정요구"(2002.2.27).

사용되었다.[13] 7차 교육과정에서 국정 국사교과서는 중학교(8~9학년), 고등학교(10학년)에서 사용되고 있다. 중학교의 경우 정치사 중심으로 이루어져 있고, 고등학교의 경우 분류사를 채택하여 정치, 경제, 문화, 사회 등 네 가지 분류체계를 갖추고 있다. 국정교과서의 문제점은 제도상의 문제는 차치하고, 내용면에서 정치사 중심으로 이루어져 다양한 스펙트럼이 파고들어 갈 틈이 전혀 없다는 점이다.[14]

그러면 국정교과서에서 일본군 '위안부' 문제를 중심으로 어떻게 서술되고 있는지 <표 1>을 살펴보자.

첫째, 남성적인 관점에서 바라본 서술내용이다. 1979년부터 2001년까지 일본군 '위안부' 문제의 기술은 "여성들까지도", "부녀자들까지도", "젊은 여성들까지도"라는 수식어를 사용하고 있다. '어떻게 여성들까지도 침략의 희생물이 되었는가'를 강조하는 대목이다. 여기에는 여성들은 보호받아야 할 대상이고, 남성들은 보호해야 할 주체라는 의식이 내재되어 있다. 성 역할 구분에 근거한 남성중심적 인식은 "우리나라 여성들까지"(1982, 1991)라는 표현에서 민족주의적인 관점이 뚜렷해진다.[15]

---

13) 남지대, "고교 국사교과서 근현대편의 서술과 문제점", 『역사비평』 1998 여름호, 289쪽 ; 서중석, 앞의 글, 209쪽 재인용.

14) 중학교 국사의 경우, 전근대사 부분에서는 본문서술이 아닌 탐구과제에서 삼국시대 무령왕비의 복식(중, 45쪽), 조선시대의 죽은 남편을 그리는 아내의 편지(중, 145쪽) 정도이다. 이 정도의 서술로는 당시 여성들의 시대상을 추측조차 할 수 없으며, 생활사적인 접근이라고 백번 이해한다고 하더라도 왕비의 옷이나 귀걸이 등을 고증하거나, 남편에 대한 애절한 사모(思慕)의 편지를 삽입하는 것은 여성의 역할을 매우 전통적인 성별역할에 근거하여 이해한 것이다. 근현대사 부분에서 여성의 가시화는 주로 일제식민지 수탈 부분에서 일본군 '위안부' 문제에 관한 서술과 사진(중, 261~262쪽), 도움글로 유관순 열사의 항일투쟁(중, 267쪽), 근우회(중, 287쪽) 등이 언급된다. 이것은 일제 식민지 시대의 여성상을 수탈과 저항의 측면에서 다룸으로써 지나치게 단순화시키고 있다. 신영숙, "젠더의 관점에서 본 역사교육과 한국사교과서", 교과서운동본부, 『21세기 한국사교과서와 역사교육의 방향-제7차 교육과정을 중심으로』, 2002. 신영숙은 중학교 국사와 고등학교 국사, 근현대사 검정교과서 4종을 중심으로 여성의 가시화 정도를 분석하였다.

15) 한국내 '위안부' 문제해결에 동참하는 그룹 중에 민족주의 성향이 강한 경우,

페미니즘은 가부장제와 민족주의, 국가주의가 결합될 때 가장 최악의 시나리오가 된다고 본다. 전쟁을 작동시키는 권력시스템은 남성성을 극대화하여 남성들을 전쟁터로 내몰았다. 전쟁시 여성은 효과적인 동원대상이 되어 필요시 육체 노동력으로(근로정신대), 성적 노동력으로('위안부'), 예비인력(모성을 독려하여 자식을 군대에 내보내는)으로 차출되었다. 그리고 여성들에게 강요된 이데올로기는 전쟁시 부상당한 병사를 위로하고 고쳐주는 '백의의 천사' 종군간호사와 성적 서비스로 그들을 위안해주는 '맨발의 천사' 일본군 '위안부'로 대별했던 것이다.

둘째, 내용이 적고 설명이 부족하다는 점이다. 1979년부터 1991년까지의 서술은 "침략전쟁의 희생물"이라고 말하면서 너무 내용이 적어 여성들이 어떻게 희생되었는지 그 실체를 알기 어렵다. 이를 설명할 수 있는 사진이나 도움글조차 없다. 1991년도 고등학교 교과서에는 아예 내용조차 삭제되어 있다. 비로소 1996년도부터 일본군 '위안부'라는 용어가 등장하였으나 내용이 적기는 마찬가지이다. 2002년 7차 교육과정 교과서에서 읽기자료를 첨부하여 이해하기 쉽게 배려하였다.

셋째, 용어상의 혼란이다. 1996년에 처음 등장한 일본군 '위안부'라는 용어는 정신대라는 용어와 함께 사용되어 마치 정신대와 일본군 '위안부'의 개념이 혼재된 것같이 여겨진다. 피해자들 상당수가 본인은 정신대로 끌려갔다고 생각하고 있고, 이들 중 일본군 '위안부'가 된 것은 사실이나, 두 가지 개념을 문맥상 함께 사용함으로써 불필요한 오해를 불러일으킬 필요는 없을 것이다.

일본이 한국의 여성들을 강탈해갔으니, 한국 역시 일본의 여성들을 강탈해야 한다는 극단적인 논리를 펴는 경우가 있다. 400차 수요시위로 기억된다. 이때 많은 대학생들이 동참했다. 이 대학생들 중에서 일본군 '위안부' 문제가 피해자들이 살아계실 때 하루빨리 해결되어야 한다고 목소리를 높이면서, 한국의 여성들이 당했으니, 일본의 여성들도 당하게 해야 한다는 말을 서슴지 않았다.

발행 연도	중학교	고등학교
1979	심지어 **젊은 여성들까지도** 산업시설과 전선으로 강제로 끌어갔다	
1982	뿐만 아니라 우리나라의 **여성들까지 침략전쟁의 희생물**로 만들었다.	**여성들까지 침략전쟁의 희생물**로 삼기도 하였다.
1991 (5차)	뿐만 아니라 우리나라의 **여성들까지 침략전쟁의 희생물**로 만들었다.	삭제
1996 (6차)	이때 **여성까지도** 정신대라는 이름으로 끌어가 **일본군의 '위안부'**로 희생되기도 하였다.	이때 **여성까지도** 정신대라는 이름으로 끌어가 **일본군의 '위안부'**로 희생되기도 하였다.
1999 (6차)	이때 **여성까지도** 정신대라는 이름으로 끌어가 **일본군의 '위안부'**로 희생되기도 하였다.	일제는 우리나라의 청장년과 **부녀자까지도** 일본, 중국, 동남아시아, 사할린 등지로 **강제동원**하여 전쟁에 투입하거나 노역에 종사하게 하였다
2002 (7차)	일제는 여성들도 근로보국대, 여성근로정신대 등의 이름으로 끌고가 노동력을 착취하였다. 더욱이 많은 수의 여성을 **강제로 동원**하여 일본군이 주둔하고 있는 아시아 각 지역으로 보내 **군대 '위안부'**를 만들어 비인간적인 생활을 하게 하였다. [도움글] 군대'위안부' [사진] 일본군 위안소	젊은 여성들을 정신대라는 이름으로 **강제동원**하여 군수공장 등지에서 혹사시켰으며, 그중 일부는 전선으로 끌고 가 **일본군 '위안부'**로 삼는 만행을 저질렀다. [읽기자료] 일본군 위안부의 실상: 정대협 교육자료 인용

가장 정확한 문제인식을 담은 것은 일본군 성노예제라는 용어이다. 아직까지 피해자들이 받아들이기 어려운 상황을 고려하여 본격적인 용어로 채택되고 있지 않으나 국제사회에서는 이미 성노예(sexual slavery)라는 용어가 공용화되고 있는 상황이다.17) 최근 미국에서 기업 '위안부'에 대한 자료가

---

16) 이 표는 이아현의 글, "역사교육에서 본 일본군 '위안부' 문제-한일역사교과서 서술을 중심으로", 중앙대 역사교육과 석사논문, 2001을 기본으로 추가하여 작성하였다.

17) 라디카 쿠마라스와미, 유엔인권위원회 특별보고서(1997. 4). 게이 맥두걸, 유엔인권소위원회 특별보고서(1999.8) 등 다수 국제기구 보고서들은 성노예라는 말을 사용하고 있다.

입수되어 기업 '위안부' 피해자들이 조만간 나타날 가능성을 고려한다면,[18] 일본군 '위안부'보다는 더 포괄적인 용어가 만들어져야 할 필요가 있을 것이다.

<7차 교육과정과 일본군 '위안부' 문제>

7차 교육과정은 국정교과서가 가지고 있는 획일성, 무미건조함을 바꿔보려는 시도가 곳곳에 배어 있다.[19] 책의 편집 또한 시원시원하고 사진이나 자료를 많이 배치하여 학생들이 읽기 쉽도록 시각적 효과를 배려하고 있다. 또한 눈에 띄는 것은 각 단원마다 읽기자료나 도움글 등의 다양한 섹션을 배치하여 읽기 중심의 한계를 극복하고 보기 중심의 구성으로 전환하였다.

7차 교육과정의 근현대사 검정교과서에 나타난 일본군 '위안부'에 대한 서술을 보면 <표 2>와 같다. 몇 가지 점에서 긍정적이다. 우선 과거와 비교해볼 때 내용적 서술이 풍부해졌다는 점이다. 4개 교과서 중 2개 교과서가 일본군 '위안부'를 소항목으로 설정해놓았으며, 읽기자료나 도움글, 사진자료 등을 통해 일본군 '위안부' 문제의 이해를 돕고 있다. 국정에서 오해의 여지를 불러일으켰던 근로정신대와 일본군 '위안부' 문제를 명확히 구분하였다.

---

18) 태평양전쟁 당시 일본군뿐 아니라 일본 기업들도 한국인 여성들을 이용해 '기업 위안소'를 운영했음을 보여주는 문헌과 사진 등이 1월 3일 서울대 정진성(鄭鎭星) 교수와 미국 UCR 장태한 교수에 의해 공개되었다. "일본의 미쓰이(三井), 미쓰비시(三菱) 같은 기업들이 일본정부의 장려·묵인에 따라 노무자 대상의 기업 위안소를 일본 본토에서 운영했다"고 밝혔다. 정 교수 등에 따르면 기업 '위안부'의 규모는 노동자 1000명당 40~50명으로 총 1만5000~2만여 명에 달했다는 것이다. 『조선일보』, 『한국일보』 2003년 1월 3일.

19) 교육인적자원부가 국회에 제출한 자료에 의하면(2002), 한국 근현대사의 검정 배경을 다음과 같이 설명한다. "국사교과서가 오랫동안 국정 단일본으로 발행됨에 따라, 단일한 교과서로만 제공하여 풍부한 역사적 사고력 함양에 걸림돌이 되고 있다". 7차 교육과정에 의하면, 8-9학년(중학교) 국사, 10학년(고등학교)은 1종이며, 중학교 사회, 고등학교 11~12학년 선택교과인 한국 근현대사, 세계사는 2종 교과서이다.

그러나 보완해야 할 점이 여전히 보인다. 첫째, 여전히 국정교과서가 가지고 있는 남성적인 시각을 그대로 이어받고 있다. "여성까지도"라는 표현이라든지(중앙, 금성), "몸을 더럽혔다는 이유로", "씻을 수 없는 고통", "끔찍한 범죄행위" 등의 표현이 그 대표적이다. '위안부' 문제를 남성적 시각으로 보고 있다는 것을 보여준다. 특히 피해자 할머니의 삶을 읽기자료로 보여줌으로써 피상적인 이해에서 벗어나고자 했던 집필자의 의도가 정조관념에서 크게 벗어나지 못했다는 아쉬움이 있다.[20]

둘째, 일제의 수탈부분이 강조되어, 인권침해라는 문제의 본질이 명확히 드러나지 않는다는 점이다. 일본군 '위안부' 문제는 근현대사 부분에서 Ⅱ단원 민족독립운동의 전개, (1) '일제의 침략과 민족의 수난' 항목에서 기술된다. 교육과정 준거안은 일제의 침략과 민족의 수난을 설명하는 9개 항목 중, "중일전쟁 이후 일제는 한국의 청년들을 지원병, 징용, 징병 등으로 끌어가고, 심지어는 종군 '위안부'를 강제동원하는 등의 반인륜적 만행을 저질렀음"을 설명한다고 되어 있다.[21] 4개 교과서 모두 일본군 '위안부' 문제를 민족말살정책의 한 사례로 다루었다. 물론 이 문제는 일제의 전시동원체제와 황민화정책에 밀접히 연관되어 있다.[22] 그럼에도 불구하고 일본군 '위안부' 문제는 결코 민족문제라는 차원에서 해결될 수 없는 복합다단한 지점을 가지고 있다. '위안부' 문제는 민족문제, 여성문제, 계급문제, 국가문제 등 여러 지점이 교차해 있기 때문에 민족수난의 측면에서 접근한다면 이 문제의 본질을 지나치게 단순화하게 된다.

셋째, 지나치게 민족적 감정을 불러일으키는 용어들이다. "가장 수치스러

---

20) 박정애, "한국 역사 교과서를 통해 본 일본군 '위안부' 문제", 정대협 편,『한일 역사교과서를 통해 본 전쟁과 여성』심포지엄 자료집, 2002년, 16쪽.
21) 교육부, "국사교육 내용전개의 준거안" (2000.2).
22) 신주백, "전쟁과 평화에 대한 기억의 차이, 그리고 역사교육", 교과서운동본부와 역사문제연구소 편,『화해와 반성을 위한 동아시아 역사인식』, 2002, 역사비평사, 88쪽.

운 범죄행위", "천인공노할 만행" 등의 표현은 매우 자극적일 뿐 아니라 민족적 감정을 불러일으킨다. 이러한 용어는 준거안에서도 나타난다. 다른 단원을 설명하는 것과는 달리, 유난히 '민족의 독립운동' 단원 중 '민족의 수난'이라는 항목에 있어서, "무단통치를 자행했음", "종군 '위안부'의 강제동원과 같은 반인륜적 만행을 저질렀음을 설명한다"[23]는 표현은 객관적이지 않은 표현이다. 또한 가장 정확한 용어를 사용해야 할 준거안조차 종군 '위안부'라는 용어가 사용되고 있다.

넷째, 이전의 교과서와 달리 근현대사 검정교과서에는 일본군 '위안부' 문제의 이해를 돕기 위한 자료가 많이 배치되어 있다. 주로 피해자들의 증언과 수기, 그리고 자료사진 등을 배치하고 '위안부' 문제에 대한 역사적 사실만이 아닌, 현재의 쟁점과 시민단체의 활동 등 다양한 내용이 서술되고 있다는 점에서 매우 긍정적이다. 그러나 평화와 인권의 관점에서 이 문제를 다룰 필요가 있다. 특히 일제 식민지 전쟁 시기에 일어난 일본군 '위안부' 문제가 어떻게 여성의 삶을 파괴했으며, 전쟁이 민중들의 삶에 어떤 영향을 미쳤는지를 평화와 인권의 차원에서 서술해야 할 필요성이 있다는 것이다. 이럴 때 시민단체의 활동이나 국제사회의 연대활동 등이 비로소 참다운 의미를 갖게 되기 때문이다. 또한 이럴 때 전쟁을 미화하고 식민지 전쟁의 타당성을 용인받으려고 했던 후소샤 교과서를 극복하는 서술이 될 것이다.

---

23) 교육부, 앞의 글.

〈표 2〉

출판사	본문서술	기타
중앙교육	<u>Ⅲ. 민족독립운동의 전개 - 1.일제의 침략과 민족의 수난 - 4.경제수탈의 심화-일제말기 전시 수탈의 심화</u> 일제는 여성정신대근로령을 내려 우리나라 여성들까지도 강제로 동원하였다. 이들은 군수공장에서도 일하기도 하였으나 중국과 동남아시아의 전쟁터로 끌고가 일본군 '위안부'로 희생된 경우도 있었다.	[읽기자료] 할머니의 삶 ……험난함을 이겨내고 고국으로 돌아왔어도 **몸을 더럽혔다는 이유로** 주위의 따가운 시선을 받아야만 했다.
대한	<u>Ⅲ. 민족독립운동의 전개 - 1.일제의 침략과 민족의 수난 - 4.경제수탈의 심화-4.3 순가락까지 빼앗기고 전쟁터로 내몰리다</u> 또 전쟁 막바지에는 여성정신대근무령을 만들어 수십만 명의 여성들을 군수공장에서 일하게 하였으며 그중 많은 젊은 여성을 전쟁터로 보내 군대'위안부'가 되게 하였다. <u>5. 아직도 진행중인 군대'위안부' 논쟁</u> '위안부' 문제가 역사의 수면 밑에 가라앉게 된 배경을 설명하면서 정대협의 최근활동을 소개하고 있다.	[자료1] 피해자의 증언 [자료2] 자료사진-위안소규칙 [자료3] 2000년법정 판결문 [과제] '위안부' 문제에 관한 토론과제-여성의 지위
두산동아	<u>Ⅲ. 민족독립운동의 전개 - 1.일제의 침략과 민족의 수난 - 4.경제수탈의 심화</u> 간악한 일제는 여성도 근로보국대, 여성근로정신대라는 이름으로 끌고이 노동력을 착취하였다. 더욱이 많은 여성들을 일본군이 주둔하고 있는 아시아 각 지역으로 보내 '위안부'로 희생시키는 **천인공노할 만행**을 저질렀다.	[도움글] 군'위안부'-훈할머니 ……종군 '위안부'로 끌려갔다가 극적으로 생존하여 우리나라를 방문한 훈 할머니…… [수기요약글] 김복동할머니
금성	<u>Ⅰ. 한국 근현대사의 이해-2. 근대사회의 특성-2 민족사의 수난과 독립운동</u> ……수많은 젊은이들이 전쟁터의 총알받이가 되었으며, 수십만에 이르는 사람들이 일본, 중국, 남태평양 군도 등지에 있는 광산, 공장, 건설 현장의 노동자로 끌려갔다. **여성까지도** 전쟁의 수단으로 이용되었다. <u>Ⅰ. 한국 근현대사의 이해-3. 민족독립운동의 전개-1.일제식민통치와 민족의 수난-전쟁동원과 군'위안부' 징용</u> ……정신대라는 이름으로 동원된 여성들 가운데 일부는 일본과 조선의 군수공장으로 보내져 강제노역을 당하였고, 또 다른 여성들은 전쟁터로 보내져 군'위안부'로 이용되었다. ……그러나 일본은 아직도 이에 대한 국가적 책임을 명백히 하지 않고 있어 국제적인 해결책은 여전히 미완으로 남아 있다.	[역사의 현장] 수요시위 사진자료

4. 한국의 현장 속에서 바라본 일본군 '위안부' 문제

위에서 한국 교과서에서 어떻게 일본군 '위안부' 문제가 기술되고 있는지, 어떤 변천을 해왔는지를 살펴보았다. 이제는 이론적 측면이 아닌, 학교 현장이나 시민단체활동 속에서 어떻게 실제로 일본군 '위안부' 문제가 교육되고 있는지를 살펴보려고 한다. 실제로 교과서에 아무리 일본군 '위안부' 문제를 가장 이상적으로 기술한다 하더라도, 실제 교사들이 입시위주의 교육으로 인해 시간을 할애하지 못하거나, 교사들의 의식수준이 그 내용을 소화하지 못한다면 그 또한 심각한 문제가 아닐 수 없다.

1) 교사들의 수업실천사례를 통해 본 일본군 '위안부' 문제

현재 한국과 일본의 교사들은 다양한 교류활동을 지속적으로 전개하고 있으며, 평화와 인권 관련 수업실천 사례 교류모임이 정례적으로 이루어지고 있다는 사실은 매우 고무적이다.[24]

일본군 '위안부' 문제에 관한 최근 5건의 수업사례를 통해 교사들이 어떤 문제인식을 가지고 수업을 진행하는지, 학생들의 반응은 어떠했는지를 살펴보겠다.[25] 여기서 분석대상으로 삼은 5건의 수업사례 중 2건은 고등학교, 나머지 3건은 중학교의 수업사례였다. 수업 내용도 매우 다양하여 파워포인

---

24) 한일 교사교류는 크게 세 부류로 나눌 수 있다. 1) 자매결연 학교를 통해 이루어지거나, 2) 역사교사들이 중심이 된 교류 - 이 중 한일합동교육연구회나 진주역사교사모임과 치바현 역교협 회원들이 중심이 된 교류는 십여 년의 역사가 있고, 일본역사교육자협의회와 전국역사교사모임은 2001년부터 정기적인 교류를 통해 한일공동교재 작업을 진행하고 있다. 이외에도 대구역사교사모임과 히로시마 일교조 간의 교류가 진행되고 있다. 3) 이외에 자치단체 간의 교류 영향으로 교사와 활동가가 중심이 되어 전남과 충남이 일본과 교류하고 있다.

25) 송영심, "ICT를 활용한 일본군 '위안부' 역사수업"(2002, 서울 중동중학교) ; 김민수, "극화수업으로 한 일제시대 여성들의 삶"(2002, 부산 금정여자고등학교) ; 강원순, "종군 '위안부'와 바람직한 한일관계"(2001, 사천 남양중학교) ; 류호순, "종군 '위안부' 문제"(2001, 경기도 경화여자상업고등학교), 문주영, "일본군 '위안부' 수업을 준비하면서"(2001, 서울 광장중학교).

트를 이용하거나, 극화수업 등 학생들의 자발적 참여에 근간한 수업이 이루어지고 있었다.[26]

<표 3>에서 보는 바와 같이, 교사는 일본군 '위안부' 문제를 통해서 바람직한 한일관계를 모색하고자 이 문제를 주제로 선택하였다. 5명 교사 모두 수업을 진행함에 있어 일본군 '위안부' 문제의 역사적 사실을 학생들에게 인식시킨 후, 한일협정이나 친일파 문제 등 관련사건이나 자료를 통해 문제해결을 위한 학생들의 역사적 상상력을 높이려 했다. 이 중 3명의 교사들은 수업목적을 전쟁중 여성인권 침해에 초점을 맞추어 일본군 '위안부' 문제를 살펴보았다. 이에 비해 나머지 2명은 '위안부' 문제와 한일회담을 연결시켜 학생들로 하여금 어떤 방식이 '위안부' 문제를 해결하고 바람직한 한일관계를 만들어가는 것인지를 고민하도록 하였다.

강원순 교사의 수업안이다. 그는 "종군 '위안부'와 바람직한 한일관계"를 주제로 3차시를 할애하여 중학생을 대상으로 수업하였다. 그는 일본군 '위안부' 문제를 주제로 선택한 이유를 "종군 '위안부' 문제도 현재의 한일관계에 있어 반드시 풀어야 할 문제로, 종군 '위안부' 제도가 실시되었던 당시로부터 시작하여 그들이 겪은 삶을 파악하고 올바른 문제해결이 보다 나은 한일관계를 형성하는 길임을 인식해야 할 것이다"라고 설명한다. 그가 '위안부' 문제를 한일관계에서 반드시 풀어가야 할 주제로 생각한 것은 과거사 해결을 현재의 한일관계를 풀 수 있는 중요한 과제로 설정하기 때문이다.

그는 현행 국사교과서대로 민족말살정책과 징용, 학도병, 징용 등 한국민의 수탈에 대한 이해를 돕고, '위안부'제도에 대한 역사적 사실을 피해자들의 증언이 담긴 비디오를 사용하여 해방전부터 해방후까지 비교적 상세하

---

26) 2001년 여성부가 후원하고 전국역사교사모임에서 시디롬으로 제작한 일본군 '위안부' 국사수업 보조교재 "니들은 우째 구경만 하노!"는 풍부한 자료와 수업사례를 담고 있다. 특히 일본군 '위안부' 문제로 체험학습, 테마소풍 등 학교현장에서의 경험을 싣고 있는 이 보조교재는 각 학교마다 배포되었다.

게 학생들에게 상기시켰다. 그리고 한일청구권 협정을 예로 사용하여 무엇이 문제인지를 살펴보게 하였다. 그리고 현재 양국정부의 태도와 양국 교과서의 내용을 동시에 비교하여 학생들에게 제시하였다.

그 결과 학생들의 평가는 다음과 같았다. "알면 알수록 일본인들이 미워지고 할머니들이 가엾다", "일본이 만행을 저지르고도 반성의 기색이 없어 울분이 터진다", "눈치보는 정부가 아닌(한국정부를 지칭 : 필자) 맞싸우는 정부가 되어 일본의 사죄를 받아내야 한다". 이러한 학생들의 반응은 교사의 평가서에 그대로 반영된다. 교사는 학생들이 매우 진지한 태도를 보여주었다고 말하면서도 '위안부' 문제를 통해 한일관계를 개선해보려고 했던 본인의 의지와는 달리 현재 상태에서 한 발자국도 나가지 못했다고 안타까워했다.

강원순 교사 수업안의 문제점은 우선 종군 '위안부'라는 용어가 반복되어 사용된다는 점이다. 둘째, 바람직한 한일관계 모색을 위해 다양한 자료가 제시되어 있으나, 자료배치나 수업설명이 주로 배상요구에 초점이 맞추어져 있다. 결국 바람직한 한일관계 모색을 위해 배상이 갖는 중요성과 함께 한일 시민연대를 가능케 하는 평화와 인권적 측면에서 '위안부' 문제가 갖는 의미를 많이 부각할 필요가 있다. 평화와 인권적 측면을 부각하는 것은 '위안부' 문제가 전시중 성폭력, 중대한 인권침해임을 고려하여 학생들이 가해와 피해라는 이분법적인 구도에 빠지지 않도록 하며, 한일 간 양심적인 시민세력(혹은 민간단체)들 간의 연대를 통해 새로운 한일관계 모색을 꾀하기 위한 중요한 접근이다.

다음은 송영심 교사의 수업안이다. ICT(Information & Communication Technology)를 활용한 일본군 '위안부' 역사수업이라는 제목이 붙어 있는 이 수업안은 우선, 학습목표에서 '위안부' 문제가 아직까지 해결되지 않은 이유가 무엇인지, 그리고 전쟁에서 짓밟혀진 여성인권의 문제를 동시에 제시하였다. 특히 남자중학생들 대상으로 진행되는 수업이기 때문에 민감한 성인식을 어떤 식으로 접근해야 할지가 교사의 고려대상이 되었다.[27] 총 4차시에 걸쳐 수업이 진행되었는데 '위안부'에 대한 이해(용어, 현황 등)와 각 그룹별 발표(극화, 파워포인트와 슬라이드 등 이용)가 중심이 되었다.

이 수업에서 돋보이는 것은 한일 양국의 대립점을 비교하는 것보다는 일본 내의 양심세력(타와라 요시후미)과 우익세력(사카모토 다카오)을 비교함으로써 일본인이 모두 나쁘지 않다는 것을 간접적으로 확인시켜준 일이다. 또한 '위안부' 제도의 끔찍한 장면만이 아닌, 아프가니스탄의 전쟁, 파키스탄 내전시 여성에 대한 집단 성폭행 사진을 보여주어 전쟁의 참혹함을 동시에 알려내려고 노력하였다. 이뿐 아니라, 러시아 무용수에 대한 한국의 인권유린의 예도 사용함으로써 인권의 중요성을 전달하고자 하였다.

교사는 전쟁과 여성인권, 그리고 평화와 공존을 모색하는 인식을 만들고자 하는 점에서 충실하게 수업을 준비했다고 보여진다. 그러나 학생들이 수업을 진행하는 동안 알게 된 전쟁 상황에서 빚어진 참혹상이 드러났을 때 학생들의 일본에 대한 반감은 너무나 컸다. 송영심 교사는 평화를 지향하는 수업, 여성인권을 생각하는 수업을 하고 싶었지만 그 결과는 만족스럽지 못했다고 고백했다. 오히려 일본만큼 힘을 키워 당한 만큼 갚아주고 싶다는 학생이 있을 정도였다고 한다.

<표 3>에 제시된 5건의 수업실천사례에서 학생들은 일본에 대한 부정적 이미지와 함께 제대로 대응하지 못하고 있는 한국정부의 무성의를 질타하

---

27) 정재정, "일본군 '위안부'에 대한 한일 역사 교과서의 서술현황과 개선방안", 정대협 편, 『일본군 '위안부' 문제의 책임을 묻는다』, 2001, 풀빛. 그는 일본군 '위안부' 서술을 둘러싼 일본내 찬반 논쟁을 다음과 같이 소개하고 있다. 교과서에서 '위안부' 서술을 삭제하라는 반대론은 중학생에게 성적행위를 가르치는 것은 바람직하지 않다는 것에 기반한다. 이에 찬성하는 찬성론은 '위안부' 서술자체는 학문적 검증을 마쳤으며, 이 일이 아무리 부끄러운 일이라 하더라도 역사적 사실은 사실로서 가르쳐야 한다고 주장한다.

는 평가를 하였다. 좀더 극단적인 경우는 2건의 사례에서 일본에 대한 강한
적대감이 표출되었다. 이상에서 보듯이, 학교현장에서 이루어지는 수업에서
교사의 문제인식이 곧바로 학생들의 반응과 비례하지는 않는다. 특히 교사
가 평화교육 차원에서 이 문제를 접근한다고 하더라도 학생들에게 깊이 박
힌 가해와 피해의 이분법적인 생각을 극복하는 일이란 쉬운 일이 아니다.

〈표 3〉

수업 대상	수업목적	수업내용	학생반응
중학교 (강원순)	'위안부' 문제해결과 바람직한 한일관계	민족말살 정책 - '위안부'제도의 역사적 사실 인식 - 한일협정에 대한 이해 - 현재의 상황	일본에 대한 강한 적대감과 한국정부의 무성의에 대한 질책
중학교 (문주영)	올바른 과거청산과 일본군 '위안부' 문제 해결	'위안부' 문제 - 친일파 - 극동군사재판 - 일본의 전후처리 - 일본의 역사교과서 논쟁(극화수업)	과거청산을 하지 않은 일본에 대한 강한 질책과 아울러 한국 내 친일파 문제에 대한 자성의 목소리도 있음
중학교 (송영심)	'위안부' 문제와 전쟁·여성인권	'위안부' 문제 - 각 모둠별 발표(파워 포인트, 극화) - 문제해결과 전쟁과 여성 인권문제	일본의 문제와 한국의 문제를 대비, 일본에 대한 질타와 함께 한국정부의 강력한 개입 요구, 전시중 여성인권 탄압 분노
고등학교(김민수)	일제시대 여성의 삶을 통해 본 여성인권과 평화	'위안부' 할머니 수기, 독립운동가 여성들의 수기를 선정 - 모둠별로 극화수업	일본에 대한 책임요구와 함께 일본에 대해 제대로 요구하지 못하는 한국정부에 대한 비판
고등학교(유호순)	일본군 '위안부' 문제와 바람직한 한일관계	'위안부' 관련수업 - 모둠별 모의 한일회담(극화수업)	일본에 대한 부정적 이미지와 편견, 한국은 경제적으로 성장하지 못해서 '위안부' 문제가 해결되지 않음

　　앞에서 살펴본 수업실천사례는 앞서 한국교과서에 서술된 일본군 '위안
부' 문제에 대한 남성중심적이고 민족주의적 입장보다는 한층 앞선 문제인
식을 가지고 수업을 이끌고 있다. 문제는 이같은 수업을 모범적으로 실천하
는 교사의 수가 너무 적다는 데 있다. 그리고 대부분의 교사들은 교과서 안
에 얽매어 민족주의적 시각에 머물러 있거나, 입시위주라는 교육에 떠밀려

그다지 시험에 비중이 높지 않은 이 부분을 그냥 지나치고 만다는 사실이다. 앞으로 필요한 것은 교과서의 기술을 젠더적 관점을 가지고 정확히 기술하는 것과 아울러, 균형있는 시각을 학생들이 갖도록 하는 것이다. 일본과 일본군이 갖고 있는 집단적 성격을 이해하고, 양심적으로 활동하는 시민단체들 간의 연대를 통한 노력 등을 통해 합리적인 의식을 갖게 하여 무조건적인 반일감정으로 흐르지 않도록 조절하는 일이 필요하다.

2) 시민단체의 교육활동을 통해 본 일본군 '위안부' 문제

일본군 '위안부' 문제가 한국을 비롯한 세계에서 관심을 불러일으켰던 요인 중의 하나는 피해자 증언이 가지고 있는 강력한 힘에 있다. 피해자의 '입'을 통해 전세계에 알려진 일제 식민지 시대 여성에게 가해진 일본군의 가해사실은 세계를 충격 속으로 몰아넣기에 충분하였다. 피해자의 생생한 증언만큼 확실한 교육방법은 없다. 열마디의 설명보다 백마디의 말보다 피해자의 증언 한마디, 아니 피해자의 존재자체가 더 힘이 있고 영향력이 있다는 것을 필자는 수많은 경험을 통해서 확인하였다. 1990년 정대협의 창립, 1993년 나눔의 집이 만들어진 이후 수많은 사람들이 피해자의 증언을 듣기 위해 직접 찾아오거나 피해자들을 초청했다.

시민단체들에 의한 본격적인 교육활동은 1998년 나눔의 집 역사관 개관, 1999년 정대협 교육관 개관을 통해 이루어지기 시작하였다. 이 시기는 '위안부' 문제해결 운동이 가시적인 성과를 거두었고, 보다 대중적이고 범국민적인 운동이 이루어지기 위해서는 피해자들에 관한 자료를 모으고 전시하는 일과 함께 체계적인 교육활동이 필요했다. 역사관과 교육관의 개관은 본격적인 '위안부' 문제에 관한 교육의 장을 열어놓았다.[28] 1999년 이후 양

---

28) 정대협은 2000년, 2001년 두 번에 걸쳐 일본의 오비린대 대학생들과 한국의 대학생들이 참여하는 1박2일 프로그램을 가졌다. '전쟁과 여성인권의 측면'에서 '위안부' 문제를 비롯하여 여성문제를 함께 생각하고 토론하는 시간이었는데, 프로그램을 시작할 때 한일 대학생들의 생각의 차이가 있었으나, 교육이 끝났을

시민단체에서 진행되는 교육활동은 <표 4>에서 보는 바와 같이 매우 활발하다.

〈표 4〉

	2000년		2001년		2002년	
	국내	해외	국내	해외	국내	해외
정대협	25(571)	13(184)	20회(1045)	13회(272)	18회(488)	7회(97)
나눔의집	60회(5055)	72회(2828)	50회(2149)	80회(3931)	52회(2872)	92회(3920)

<표 4>에서 보는 바와 같이 교육참여자들 대부분이 국내의 초·중·고등·대학생들이며, 해외는 주로 일본 시민단체나 교사들이 많다. 특히 해외에서 오는 사람들은 양심적인 지식인계층으로 이 문제에 대해 누구보다 미안해하고 사죄의 뜻을 전하며 평화에 관해 깊은 이해를 가진 사람들이 대부분이다.

정대협 총무로 있으면서 교육에 직접 참여했던 필자로는 시민단체의 교육이 훨씬 더 영향력이 있다고 본다. 물론 대상의 차이는 있다. 시민단체를 찾아오는 방문자라면 당연히 이 문제에 대한 관심이 있다는 점에서 다를 것이다. 그러나 학교현장에서 볼 수 없는 피해자의 생생한 증언과 몸으로 뛰고 있는 사람들의 현장감 있는 교육, 거기에 수요시위 등 피해자들이 직접 참여하는 시위현장으로의 동참은 참여자로 하여금 관념적 접근이 아닌, 있는 실체 그대로 보고 판단하게 한다는 점에서 매우 유익하다.

그러나 문제는 있다. 교육활동의 연륜이 짧다보니, 다양한 교육방법론이

때에는 서로를 충분히 이해하고 한일 간의 미래를 위한 진지한 성찰의 시간을 가졌다. 나눔의 집은 2002년 8월부터 2박3일 간 경기도 하남고등학교와 경화여고가 참여한 가운데 특별프로그램 '피스 로드(Peace Road)' 프로그램을 가졌다. 나눔의 집에서 피해자 할머니들과 함께 '평화의 불 만들기', '증언듣기', 서대문형무소 관람, 수요시위 참가 등의 다양한 프로그램을 가졌다.

개발되지 못했다. 우선 일회성 교육에 치우치다보니 단시간에 이 문제를 집중적으로 전달하게 되고, 그 결과 강의식 교육이 되기 쉽다. 또한 문제접근 방식도 주로 한국의 식민지 시대라는 역사적 맥락 속에서 접근하기 때문에 여성인권의 문제를 총체적으로 드러내지 못할 수도 있다. 또한 연령별을 고려하지 못한 획일적인 교육프로그램 또한 문제이다.

5. 마치면서

이상에서 한국사교과서와 한국 교육현장 속에 나타난 일본군 '위안부' 서술과 교육내용을 중심으로 살펴보았다. 한국사교과서에 나타난 일본군 '위안부' 문제에 관한 서술은 '수탈'과 '저항' 그리고 '가해'와 '피해'라는 대립구도 속에서 이 문제를 파악하고 있다. 왜 이 문제가 발생할 수밖에 없었는지에 대한 사회구조 문제와 인식체계의 문제는 어디에서도 발견할 수 없다. 또한 이것이 왜 전쟁범죄요, 인권침해인지를 설명하지도 않고 관심도 없다.

교사들의 수업실천사례에서 드러났듯, (교사의 의도와는 무관하게) 학생들의 반응이 '치떨리는 일본인', '분노에 찬 한국인'이라는 대립적인 감정을 갖는 것이 역사교육의 목적이 되어서는 안 된다고 본다. 정확한 역사적 사실에 대한 이해에 기초하지만, 가해와 피해라는 구도를 넘어서서, 이 문제가 어떻게 한국의 근현대사와 연결되어 있으며, 이 문제를 위해 헌신하는 사람들은 누구이며, 우리는 어떻게 이 문제를 풀어가야 할 것인가?를 끊임없이 묻는 교육이어야 한다. 다시 말해 일본군 '위안부' 문제에 관한 서술과 교육은 평화교육, 인권교육이어야 한다는 사실을 재확인할 필요가 있다.

한국사교육의 목적처럼 애국심을 함양하고 우월한 민족의식을 고취하는 것으로는 '위안부' 문제의 고리를 끊어내는, 다시는 이러한 일이 일어나지 않도록 하는 재발방지적 측면을 고려하기 힘들기 때문이다. 역사교육은 민족적 이해를 뛰어넘어 보편적인 인권과 평화의 가치를 재확인하고, 평화교육과의 만남을 통해 살아있는 역사교육을 시도해야 한다.[29] 그런 점에서 교과서문제는 교사와 연구자 그리고 시민단체들이 함께 풀어야 할 과제인 것이다.

---

29) 정현백, "역사교육과 평화교육의 만남-서독의 사례를 중심으로", 역사교육 80, 2001. 정현백은 서독의 교육사례가 민족적 이해를 뛰어넘어 보편적인 인류애 내지는 인권을 시사해주는 사례라는 점에서 높이 평가한다. 한국의 평화교육이 통일문제와 관련해서 이루어지고 있는 현실을 비판하면서, 한반도의 현실과 동아시아의 갈등국면을 고려할 때, 역사교육을 통해 한국인의 '평화에 대한 감수성'을 개발하려는 노력은 아무리 강조해도 지나치지 않는다고 주장한다.

제2차 세계대전시 일본군의 비인도적인 폭행
— 일본군이 저지른 중국인 여성에 대한 참혹한 박해를 중심으로

뻰쉬우위에(卞修躍, 중국 사회과학원 근대사 연구소)

요지

제2차 세계대전중, 일본군은 중국 등의 아시아 각국에서 대단히 심각한 비인도적인 폭행을 저질렀다. 이들의 행위는 좁은 의미에서의 전쟁범죄라는 것뿐만 아니라, 뚜렷한 비인간적 특징을 가지고 있다. 일본군 병사는 여러 가지 비인도적인 폭행으로 피해국 국민들의 생명과 존재를 빼앗는 동시에, 자신의 인간성과 인류로서의 자격과 존재를 잃어버렸다. 이 글에서는, 제2차 세계대전중 일본군 병사가 행한 살육, 대규모 강간, 후안무치한 모욕 행위 세 가지 시점으로, 일본군의 심각한 폭행의 하나인 중국인 부녀자에 대한 박해 사실과 비인도적, 비인간적 특징을 밝히는 것을 시도하고자 한다. 그리고, 일본군의 인간으로서의 이성과 도덕성 상실을 설명하고, 근대 일본 사회에 있어서 일본민족의 병적인 성격과 이상한 심리를 말하려고 한다.

일본군의 비인도적인 행위와 일본이 행한 침략전쟁에 대하여 일본인이 열광적인 지지를 한 사실에 근거하면, 필자는 일본 국민 한사람 한사람에게 일본군이 행한 전쟁범죄 죄악에 대한 책임이 있다고 생각하고 있다. 또한, 역사가로서 역사를 바르게 보고, 죄악을 판가름하고 전쟁범죄를 추궁하는 일은, 모든 협의의 민족주의에 사로잡히지 않고, 인류의 이성과 정의를 지키고, 오늘의 세계가 공동으로 마주하고 있는 인도(人道)와 인권(人權)의 신념에 완전히 일치한다고 확신한다.

넓은 의미에서 인류의 존재와 생명의 가치는 상대화할 수 있다. 전쟁은 인류 자신의 모든 범죄와 죄악 가운데 가장 죄가 무거운 행위이다. 전쟁은 항상 살육과 약탈, 강간 등의 비인도적인 범죄가 함께 한다. 인간성의 일면이 전쟁중에 폭로되며, 민족문화의 수준과 성격, 그 정신까지도 드러난다. 전쟁의 역사를 연구한다는 것은, 전쟁중에 발생한 범죄행위와 거기서 확실해진 인간의 선악, 문명의 진보와 민족의 성격을 연구하며, 전쟁중의 민중의 고뇌와 문화의 파괴, 도덕의 붕괴 등 우리들 인류 자신의 문명의 수준과 역사에 대한 바른 인식을 확립시켜, 그러한 비극이 다시 일어나는 일을 예방해 인류의 정의를 지키고 사람들의 화해에 적극적이고 중요한 의의를 가지고 있다. 그것에 의해, 국가이든 정부이든 또한 일반 국민과 관료, 역사가라도 전쟁의 역사를 부정하거나 전쟁범죄를 애매하게 하는 일은 할 수 없게 된다.

죄악이 심판으로부터 벗어나지 않도록 전쟁범죄도 필연적으로 규탄된다. 역사를 정시해 죄악을 심판하고 전쟁범죄를 추궁한다. 이것은 편협한 보복이나 민족주의가 아니고, 인류의 이성과 정의를 지키고 오늘의 세계가 공동으로 마주하고 있는 인도와 인권의 신념에 완전히 일치하는 것이다. 이것은 또한 우리들 역사가의 책무이기도 하다. 우리들은 오늘날 중국·일본·한국 등의 나라들과 밀접한 관계를 가진 동남아시아 근대사의 공동이해와 인식을 모색하고 있다. 상호간의 이해를 찾는 일이 최종적인 상호 화해를 실현하고 동아시아의 평화를 추진할 수 있을 것이다. 그러나, 말할 필요도 없이 중국이나 한국과 일본이 일찍이 서로 밀접한 관계를 가져온 근대의 역사는 저마다 다른 역할을 행하고 다른 지위에 기반해 있었다. 이러한 역사에 대하여 3개국이 공동이해를 모색하고 공동의 인식을 가진다는 것은 커다란 장애와 난관을 함께 해야 함을 의미한다. 우리들 3개국의 학자들이 한자리에 모여 희망을 실현하기 위해 노력하고 추구하는 일은 역시 가치있는 일일 것이다.

필자는 공통의 역사인식은 역사에 대한 공동이해에 기반하지 않으면 안 된다고 생각한다. 역사에 대한 공통이해는 역사사실에 대한 인식의 일치에 기반하지 않으면 안 된다. 만약, 역사사실에 대한 사람들의 인식이 공유화되지 않거나, 또는 각자가 저마다의 민족의, 국가의, 정당의 입장이나 이념에 기반하면, 역사사실의 취사선택과 의도적인 개찬과 속임수를 낳아, 공유화된 역사인식을 모색하고자 하는 우리들의 바람은 물거품이 되고 말 것이다. 이러한 신념에서 시작해, 한・중・일 3개국이 공통된 역사인식 구축을 가능하게 하려면 3개국이 함께 경험한 역사의 사실을 명확하게 하지 않으면 안 된다고 필자는 생각한다. 예를 들어, 가해든 피해든 침략이든 저항이든 범죄 혹은 재난이든, 3개국 사람들이 전쟁 역사의 역사적 책임에 기반한 역사사실을 밝히지 않으면 안 된다. 이 역사적 책임이라는 것은 국가, 정부, 그리고 국민 한사람 한사람에 이르기까지 모두가 지지 않으면 안 되는 책임인 것이다.

다시 말해 이 글의 핵심은, 일본에 의한 중국침략이 행해진 기간에 있어서, 일본군이 광범위하게 행한 전쟁범죄 중 하나인 중국인 여성에 대한 비인도적 박해에 관한 토론을 심화시키는 데에 있다.

1. 일본군의 중국인 부녀자에 대한 제멋대로의 살육

일본이 중국에 전면적으로 침략한 기간, 일본군이 중국의 영토에 침입한 직후부터 중국인민에 대한 대규모적이며 잔혹한 전쟁범죄를 개시했다. 중국인 부녀자에 참혹한 박해를 가해, 인류 문명사상 희유의 오점을 남겼다.

침략전쟁 동안 일본군은 셀 수 없을 정도의 중국인 부녀자를 죽음에 이르게 했다. 1937년 7월부터 1945년 8월까지의 8년 간, 일본군은 가는 곳마다 침공하고 무수한 중국인을 무고하게 살해했다. 중국의 북 헤이롱지앙(黑龍江)에서 남 하이난다오(海南島), 동은 해변, 서는 총칭(重慶)에 이르기까지 광대한 토지가 일본군에 의해 침략되어 수천만 명의 중국주민이 살해당했다. 이 수천만 명의 희생자 중에는, 당연히 중국인 여성이 포함되어 있다. 일본이 일으킨 8년 간의 전면적인 침략전쟁에 의해 3500만 명이 사상(死傷), 그 중에서 1000만 명을 넘는 여성이 일본군에 의해 희생당했다고 중국의 한 전문가는 지적하고 있다.

8년 동안 일본군은 중국에서 수만 건도 넘는 중국인 학살을 행했는데, 비교적 대규모적인 학살만 해도 4천 건을 넘는다. 필자는 사료총서의 『항일전쟁』의 편집작업에 참가한 일이 있는데, 제7권은 『일본군의 죄행』이며, 그 일부에는 일본군이 중국에서 행한 전쟁범죄의 사료가 수록되어 있다. 사료는 일본군이 침공한 장소, 병력 및 각지에서 행한 죄행을 성(省)별, 시간적으로 정리하고, 잔인한 전쟁범죄를 모아서 한 권으로 정리하고 있다. 정리된 죄행은 4천여 건에 이르며, 1건마다의 희생자는 적어도 30~50인, 많은 경우에는 수천 명에서 수만 명의 규모에 이른다. 거의 모든 경우, 중국인 부녀자의 살해가 확인된다. 또한, 사료는 우리들에게 일본군이 중국 국토에서 행한 전쟁범죄를 밝히는 것을 가능하게 해, 그 범위는 광대하며 당시 중국의 26성(省), 국토의 3분의 2를 점하고 있다. 우리들은 조금도 과장하지 않고 일본이 중국에 대해서 8년 간 행한 전면적인 침략전쟁, 일본군이 중국에서 너무나 잔인하고 참혹한 살육을 행해, 무고한 중국인민이 살해된 8년 간이었다고 말할 수 있다.

중국인민에게 행한 폭행 가운데, 일본군은 상상할 수 있는 모든 잔인한 수단을 취했다. 이것들은 인간성의 결여를 최고로 드러내고 있는 것이다. 필자는 일찍이 8년 간의 항일전쟁 동안 일본군 병사가 중국인민에게 행한 잔인한 살해방법은 250종류에 이른다고 분석한 바 있다. 그 대부분은 인류의 이성으로는 도저히 상상도 할 수 없는 내용들로 중국인 여성들에게 행해졌다. 일본군이 중국인 부녀자에 대해 전문적으로 행한 잔학한 수단은 수십 종류에 불과하지만, 그 모든 것이 사람들을 격분시키기에 충분한 것이었다. 중국의 부녀자는, 일본군에 의해 강간이나 윤간되어 죽음에 이르렀다. 어떤 사람은 강간 후 살해당하고, 또 어떤 사람은 일본군에 의해 음부에 봉이 꽂혀 죽었고, 유방을 절단당해서 죽은 사람, 신체가 둘로 찢겨지고, 신체의 일부가 잘려나가고, 심장이 후벼파지고, 팔과 다리가 갈기갈기 찢겨지고, 피부가 벗겨져 떨어져나간 사람 등등…….

일본군은 마음내키는 대로 중국인 여성을 무참히 살해했으며, 장소·시간·대상을 불문하고 병사 개개인의 취향에 따라 살해 수단이 수시로 '발명'되었다. 일본의 본격적인 중국침략이 행해진 8년 동안, 일본군 병사 한사람 한사람은 세계에서도 가장 '뛰어난' 살육방법을 만들어낸 '창조자'였으며, 그들이 중국인에게 행한 갖가지 살인수법은 인류역사상 가장 잔혹한 살해방법의 '집대성'이라 할 수 있을 것이다. 중국여성은 일본군에 의해 도처에서 수시로 그러한 갖가지 살해방법으로 희생되었기 때문에 정확한 희생자 수를 제시하는 것은 곤란하다. 그러나 우리는 8년 간의 항일전쟁 동안 희생된 무고한 중국여성은 천만 이상이 될 것이라고 판단하고 있다. 침화일본군이 중국인에게 행한 비인도적 폭행은 절정에 이르렀다고 말할 수 있다.

2. 일본군의 중국인 부녀자에 대한 대규모적인 강간

8년 간의 침략전쟁 시기, 일본군은 중국인에 대해 극히 참혹한 살상을 저질렀으며, 중국인 부녀자에 대해 전무후무한 규모의 강간을 저질렀다. 백만에 이르는 중국여성이 일본군으로부터 인면수심의 강간과 윤간을 당하였는데, 일본군의 이러한 행위는 인류 문명사상 최고의 오점이 되었다.

독일군과 비교해도 일본군은 확실하게 저속하다. 독일의 파시즘은, 게르만 민족 우월성의 이념에 기반하여 혈족혈통의 순결을 지키기 위해, 일반적으로 침략한 하등한 민족과의 관계를 가지지 않았다. 그들은 다른 국가의 영토를 점령하면 그 민족의 재산을 약탈하고 타민족의 육체와 생명을 말살하여, 세계에서 제일 우수한 게르만 민족이 생존, 발전하는 공간을 확보하는 일을 최고의 목적으로 했다. 그렇기 때문에 유태인 여성이나 그들이 점령한 기타 유럽국가의 여성에 대한 대규모적인 강간 사건은 발생하지 않았다. 군국주의 일본은, 파시즘 독일과 함께 근대 이래 문명국이라고 칭하여 왔다. 자국의 민족을 아시아뿐만 아니라 세계 속의 우수한 민족으로 보았고, 그 문화와 역사에 대해 타국을 압도하는 고등한 문명이라고 보아왔다. 그러나, 근대사에 있어서 일본의 국민과 일본민족은 천황의 병사가 되어 손에 칼을 쥐고 해외침략의 길을 갈 때면 그들은 모두 인간성을 상실하고 인류의 윤리도덕을 저버린 채 금수보다도 못한 행태를 보였다.

일본군 병사가 피해국 여성에게 무차별적으로 가한 강간행위에 대한 방임은, 전쟁기간에 당시 전쟁지도자들에 의해 '충성스럽고 용맹한 전사'에게 주는 포상으로 간주되어 군대의 사기를 진작시키고 전투력을 제고하는 기본정책으로 확립되었다. 그리하여 침화일본은 이를 군대 내에서 장기적이고도 보편적으로 집행하였다. 일본군 병사는, 위로는 사단장으로부터 아래로는 병졸에 이르기까지 모두 중국여성을 강간하고 살해하고 능욕하는 것을 즐겼다. 제2차 상하이(上海)사건 후, 일본군은 난징에 진군했다. 당시, 그들 사이에 "중국의 닭을 먹고, 중국인 아내를 범하고, 개같은 중국인을 죽인다"라는 말이 유행했다. 일본의 종군기자는 직접 목격한 후 柳川병단의 진군이 대단히 신속했던 것은 약탈과 강간이 묵인되었기 때문이었다고 인정했다. 또한, 당시의 상해파견군 제16사단장인 나카지마 고초코(中島今朝吾)는 中支那방면군 사령관인 마츠이 이시네(松井石根)에게 군기문란에 대해, '강간은 전장에 있어서 어쩔 수 없는 일이다'라고 발언했다.[1]

일본군이 광범위하게 실시한 '위안부'제도는, 근현대 군사사상 일본의 독특한 군제도이며, 또한 국가정책이기도 했다. 8년 간의 침략전쟁에 있어서, 일본군은 국가의 용인 아래 조직적이며 계획적으로 '위안부'제도를 만들어 냈다. 예를 들어, 상하이(上海), 난징(南京)·티엔진(天津)·산뚱(山東)·안호이(安徽)·지앙시(江西)·싼시(山西)·허난(河南)·하이난(海南) 등에서, 일본군이 점령한 지역에는 규모의 차이는 있을지언정 위안소가 설치되어, 유괴와 강제, 납치 등의 파렴치한 수단에 의해 중국의 무수한 부녀자를 위안소에 모아, 일본군 병사의 성노예로 만들었다. 일본군의 '위안부'제도에 관해서는, 일본군이 보편적으로 실시해온 것과 중국여성을 여러 방법으로 모은 것이, 근년의 국내외 연구자에 의해 적지만 밝혀지게 되는 커다란 성과가 나오고 있다. 연구를 통해서 우리들은 일본군의 '위안부'제도가 보편적으로 이루어졌으며, 이 성범죄는 결코 일부 일본군 병사나 소수 장교에 의해 이

---

1) (日)洞富雄, 『南京大虐殺』中文版, 231~232쪽.

루어진 것이 아니라는 증거를 축적하고 있다. 또한, '위안부'제도가 일본의 정부와 군에 의해 정비되어, 국가로서의 조직적, 고의적인 전쟁범죄인 것을 판명하고 있다. 이처럼, '위안부'제도는 확실하게 일본이 의도를 가지고 성립시킨 것이며, 수백만의 일본군 병사가 중국인 부녀자에 대해서 대규모 강간을 행한 범죄제도였으며, 인류사상 가장 추하고 잔혹한 군제도이며 국가 정책이었다.

일본군 가운데, 병사의 성욕 배출구가 있는 것은 당연하다라는 견해도 있다. 또한, 제도와 정책의 '지지'와 '격려'에 의한 '위안부'제도는 일본군 병사의 성행위에 대한 규범을 잃게 하고 일본군의 전투력을 향상할 목적으로 이용되었을 뿐만 아니라 일본군 병사들의 끝나지 않는 욕구를 더욱더 자극했다. 이렇게 해서, 일본군은 중국을 침략한 직후부터 중국인 부녀자에 대한 성범죄를 되풀이해, 일본군으로서도 통제가 안 되었으며, 강간은 일본군의 '전매특허'가 되었다. 일본군 병사는 시간과 장소를 가리지 않고 중국인 부녀자에 대한 폭행을 가했다. 8년 간의 항일전쟁 동안 일본군이 침략한 각 도시와 촌락에서 대규모 강간이 연발했다.

여기서, 우리들은 일본군에 의해 행해진 무수한 강간사건의 일부분을 열거함으로써 일본군이 중국을 침략한 8년 동안 중국에서 조직적·체계적으로 위안소를 설치해 중국인 부녀자를 강간한 전쟁범죄를 밝히고자 한다.

통계에 의하면, 상하이에서 1937년 11월 6일, 일본군은 찐산(金山)현 팅린(亭林)진 근교에서 152명을 살해했고 195명의 여성을 강간했다.[2] 1937년 8월부터 1945년 8월까지 일본군은 칭푸(靑浦)현만에서도 1540명을 강간했다.[3]

지앙쑤(江蘇)성에서는 1937년 11월 13일, 일본군은 창수(常熟)시 일대에서 374명을 강간했으며,[4] 11월 23일 우시뚱팅(無錫東亭)에서는 504명의 부녀자를 강간했다.[5] 일본군은 12월 1일 지앙인(江陰)에 침공해서, 1945년까지 8년

---

2) 上海, 『金山縣志』, 371쪽.
3) 上海, 『靑浦縣志』, 532쪽.
4) 江蘇, 『常熟市志』, 693쪽.
5) 江蘇, 『無錫文史資料』 第4輯, 93쪽.

동안 지앙인(江陰)시민 2만 명을 살해했고 부녀자에 대한 강간은 이루 헤아릴 수가 없다.6) 1937년 12월 9일, 시내에 침공한 일본군은 동굴이나 지하실 등에 기관총을 난발해 그 안에 있는 모든 사람들을 다 죽였다. 일본군은 연령과 병자, 임부 등을 불문하고 강간했으며, 윤간에 의한 사망자가 극히 많았다. 적십자 한 기구가 수용한 주검만 3천 구에 달했는데, 남자주검은 대부분 길에서, 여자주검은 거의 침상에 있었다. 이후, 일본군은 구 무묘의원 내에 관동무기원(武妓院)을 설치해 병사의 성욕을 만족시켰다. 또한, 병사는 근교에서 약탈과 강간을 일삼았다.7)

1937년 12월 13일, 일본군은 난징에 침공해서 난징대학살을 저질러 30만 명이 넘는 중국인을 살해했다. 동시에 일본군은 난징에서 전례 없는 대규모 적인 강간을 저질러, 5주간도 지나지 않은 동안 약 2만 명의 중국인 여성을 강간했다.8) 일본군이 난징에서 행한 강간에 관해서는『라베(拉貝)의 일기』에서도 자주 보인다. 당시, 일본군 제114사단의 일등병이었던 다도고로 고조(田所耕三)는 이렇게 말한다.

여성은 최대의 피해자이다. 연로한 여성이든 젊은 여성이든 전부 희생되었다. 여성을 차에 태우고 촌락에 옮겨, 병사들에게 나누어주었다. 한 사람의 여성을 15명에서 20명이 강간했다. 창고 주변에 자리를 골라 나뭇잎 등을 깔았다. 병사들은 중대장의 도장이 찍힌 종이를 꼭 쥐고 훈도시를 벗고서 자신의 순서가 돌아오는 것을 기다렸다. 강간을 하지 않은 병사는 없었고, 대부분이 강간 후에 여성을 죽였다. 여기저기서 강간 후 도망가려고 하는 여성을 뒤에서 쏘아 죽인 것이다. 만약 죽이지 않으면 자신에게 화가 돌아왔기 때문이다. 죽이지 않고 싶어도 역시 죽이고 말았다. 그것은 난징에 헌병이 거의 없었기 때문이었다.9)

---

6) 江蘇,『江陰文史資料』第6輯, 39쪽.
7)『侵華日軍罪行實錄』, 77쪽.
8)『遠東國際軍事法定判決書』.
9) (日)小俣行男,『日軍隨軍記者見聞彔--南京大虐殺……』, 55～56쪽.

12월 16일, 일본군은 이쩡(儀征)현을 점령했다. 불완전한 통계에 근거한 것만으로도, 일본군은 점령 직후에 400명을 살해했고, 200명이 넘는 여성을 강간했다.[10] 1938년 2월 19일, 일본군은 재차 지앙쑤(江蘇)성 리인(溧陰)현에 침공해, 약탈과 여성에 대한 폭행을 되풀이했다. 일본군은, 여성을 윤간한 후에 진지까지 끌고 들어가, 억지로 옷을 벗기고 알몸인 상태로 감금했다. 밤이 되면 일본군 병사가 와서 그녀들을 강간했다. 불과 얼마 안 되는 기간에 감금된 중국인 부녀자는 50명이 넘고, 이들 여성들은 전원이 일본군 병사에 의해 강간당하고 살해되었거나 익사당했다.[11]

1939년, 일본군은 지앙쑤성 쉬이(盱眙)에서 천 명을 넘는 여성을 잡아들여 강제로 이송했다. 밤에는 일본군 장교와 병사에 의해 강간당하고, 거부하는 여성은 칼로 살해되어 사망자가 헤아릴 수 없을 정도였다.[12] 1940년 5월, 일본군은 롱화(龍華)진에서 소탕을 실시해, 교회에서 20여 명의 여성을 끌고 나와 방에 가두었다. 야간에는 일본군 장교가 원하는 대로 윤간했다. 그 안에는 13세의 소녀도 있었지만, 일본군 병사에 윤간당한 후, 칼에 찔려 방밖으로 버려져 사망했다.[13] 1943년 4월부터 1945년 5월까지, 일본군은 지앙쑤성 치뚱(啓東)현 동남지구 일대에서 871명의 여성을 강간했다.[14] 일본이 중국을 침략한 8년 동안, 지앙쑤성 우쩐(武進)현에서 2,570여 명이 강간당했고,[15] 옌청(鹽城)현에서도 500명 이상이 희생되었다.[16] 또한 찌엔푸(建福)현 내에서도 986명이 강간당했다.[17]

쩌지앙(浙江)성에서는, 1937년 11월 5일, 일본군이 항쩌우(杭州)만 찐산(金山) 입구에 상륙해, 당일로 바이샤(白沙)만 취엔꽁팅(全公亭) 연해 일대에서 200명이 넘는 여성을 강간했다.[18] 1939년 6월 23일, 일본군은 쩌우산(舟山)

---

10) 江蘇, 『儀征縣誌』, 465쪽.
11) 『野獸在江南』前級日報出版, 1938년 10월 출판.
12) 『抗日戰爭』(資料集) 第7卷 『日軍暴行』, 187~188쪽.
13) 『日軍侵華罪惡實錄』, 2쪽.
14) 江蘇, 『啓東縣誌』, 29쪽.
15) 江蘇, 『武進縣誌』, 670쪽.
16) 江蘇, 『鹽城縣誌』, 517쪽.
17) 江蘇, 『建福縣誌』, 618쪽.

을 침입해 띵하이(定海)를 6년 동안 점령하였으며, 그 동안 주민 900여 명을 살해하고 수많은 여성들을 강간했다. 시내에는 위안소가 여기저기 설치되어, 중국인 여성 100명 이상이 그곳에서 일본군 병사의 성욕 배출구가 되었다.[19] 1942년 5월 17일, 일본군은 찌엔더(建德)현 창러(長樂)진을 침공해, 하루 동안 100명 이상의 여성을 강간하고, 그 중 한 젊은 여성은 유방이 잘려나가고 말았다.[20] 5월 29일, 일본군은 쩌지앙성 인(鄞)현 따쟈오(大皎)촌에서 촌민 11명을 살해, 40명 이상의 여성에게 폭행을 가했다.[21] 탕시(湯溪)현에서는, 침략전쟁 8년 동안 1805인의 부녀자가 강간당했다.[22] 게다가, 롱요우(龍游)현에서는 1820인의 여성이 강간당했다.[23] 찐화(金華)현에서는 1942년 하반기에만 1370명이 넘는 여성이 강간당했다.[24] 1942년 7월 7일, 坂垣사단이 칭티엔(青田)현에 침공해, 40여 일 동안 현내의 334명을 강간했다.[25]

지앙시(江西)성에서는, 1939년 3월 9일, 찡안(靖安)이 점령되어 8월 1일까지 100인 이상의 여성이 강간당했다.[26] 1942년 5월, 잉탄(鷹潭)이 점령당해, 많은 중국인 여성이 일본군에 강간당한 후에 살해당했다. 5월 12일, 일본군은 똥시(東溪)촌에서 7명의 여성을 잡아, 알몸으로 나무에 묶은 후, 윤간했다. 6월 1일, 일본군 일개부대가 펑지아(彭家), 위시앙(余項), 후링(虎岭)을 다니면서 24명을 강간했다. 어떤 일본군들은 잉탄에 가는 도중 2명의 젊은 여성을 강간한 후 총살했다. 5월에서 6월에 걸쳐, 일본군은 강가의 아이지아(艾家) 등지를 세 차례 침입해, 34명을 강간하고 음부에 대나무봉을 찔러 살해했다.[27] 1942년 5월, 난창(南昌)의 일본군은, 위지앙(余江)현에 침공해 4개월 이내의 기간에 4천 명이 넘는 여성을 강간했다.[28] 동년 6월 8일, 일본군

---

18) 『鐵證---侵華日軍在浙江暴行紀實』, 273쪽.
19) 浙江, 『定海縣誌』, 634~636쪽.
20) 浙江, 『建德縣誌』, 362쪽.
21) 『鐵證--侵華日軍浙江暴行紀實』, 271쪽.
22) 同上, 300쪽.
23) 同上, 300쪽.
24) 同上, 300쪽.
25) 浙江, 『青田縣誌』, 535쪽.
26) 江西, 『靖安文史資料』, 2쪽.
27) 江西, 『鷹潭文史資料』 제1輯, 55쪽.

은 총런(崇仁)으로 침입해서 점령기간 동안 320명 이상의 중국인을 살해하고 수백 명의 여성을 강간했으며, 강간당한 후 살해당한 여학생은 30명을 넘는다.[29] 1944년 6월과 7월, 일본군은 두 번에 걸쳐 평향(萍鄕)에 침공했다. 그 결과, 29,017명이 살해당하고 강간당한 여성은 6,389인을 넘었다.[30] 1939년에서 1945년까지, 일본군은 지앙시(江西)성 까오안(高安)현에서 15,300여 명의 부녀자를 강간했고,[31] 항일전쟁중에 일본군은 세 차례 칭지앙(淸江)에 침범하여 1,083명의 여성을 강간했다.[32]

허난(河南)에서는, 1937년 11월, 일본군이 점령한 안인(安陰)에서 무고한 주민 2,000여 명이 학살되었다. 일본군에 의해 잡힌 여성은 10대부터 70대까지에 이르고, 강간당하고 조금이라도 저항하려고 하는 여성은 곧바로 잘려 죽였다. 일본군이 돌아갈 때, 두 대의 차에 여성을 태우고 돌아가 '위안부'로 만들었다.[33] 일본이 침략한 8년 동안 꿍(鞏)현에서 여성 480여 명이 강간당했다.[34] 1938년 2월 8일, 일본군은 푸인(濮陰)현을 점령하고, 시내의 여성을 찾아다니며 강간했다. 여성의 비명은 밤새 이어졌다. 어느 어린 여성은 강간당한 후 걷는 일이 불가능해졌다. 또한 어느 여성은 기절해 의식불명이 되었다.[35] 동년 2월 24일, 일본군은 치(淇)현을 점령하고 시내에서 대규모적인 강간을 했다. 그 희생이 된 것은, 늦게 도망가는 젊은 여성들이었다. 어느 젊은 여성은 실내에 갇혀 칼로 위협당하며 9명의 일본군 병사에게 폭행당해 자살하고 말았다.[36] 그 기간에 허난(河南)성 온(溫)현에서는, 3,663인의 여성이 강간당했다.[37] 1944년 일본군은 쉬창(許昌)현에 침공해, 일본이 패하기까지 8,868명의 여성을 강간했고,[38] 통쉬(通許)현에서는, 1,288

28) 江西, 『余江縣誌』, 211쪽.
29) 江西, 『崇仁文史資料』 제1輯, 57쪽.
30) 江西, 『萍鄕縣誌』 제1輯, 110~112쪽.
31) 江西, 『高安縣誌』, 387쪽.
32) 江西, 『淸江縣懸』, 405~406쪽.
33) 『侵華日軍在河南的暴行』, 23쪽.
34) 河南, 『鞏縣誌』, 221쪽.
35) 『侵華日軍河南的暴行』, 89쪽.
36) 同上, 94쪽.
37) 同上, 94쪽.

명의 부녀자를 강간했다.[39]

광활한 산시(山西), 허베이(河北), 산뚱(山東), 허난(河南)에서 일본군이 범한 전쟁범죄는 셀 수가 없었다. 그 중에서도, 중국인 여성에 대한 강간은 누구나 알고 있다. 일본이 침략한 8년 동안, 36.3만 명의 여성이 강간당했다. 산시로부터 허베이에 걸친 일대에서 10만 명 정도, 허베이와 산뚱 일대에서 4.29만 명에 이른다. 일본군에 의해 성폭행당한 여성 중 성병에 감염된 수는 산시, 허베이, 산뚱, 허난을 합쳐 12.2만 명이다.[40]

후난(湖南)성에서는, 1942년 10월 19일, 위에양(岳陽)에 주둔하고 있던 일본군이 7일 간에 걸쳐 홍산(洪山)참변을 저질러, 홍샨, 쿤샨(昆山) 등 수십 개의 마을에서 1,800명 이상을 살해했고, 600명이 넘는 여성을 강간했다.[41] 1943년 5월 9일, 일본군은 한셔우(漢壽)현 광자오(廣窖)지역에서 4일 간에 걸쳐 대규모적인 학살과 강간을 행했다. 그 결과 3만 2천 명 이상이 희생되었고, 성폭행당한 여성은 2천 명을 넘었다.[42] 불완전한 통계이지만, 창더(常德)에서의 전투기간에 일본군은 창더시민 3,300명을 살해하고, 5,000명 이상의 여성에게 폭행을 가했다. 또한, 창더(常德) 주변의 각 현에서는 35,180명 정도의 여성이 강간당했으며, 그 중 4,200명은 살해당했다.[43] 1944년 6월 21일에 시앙향(湘鄕)이 점령된 후 1년 2개월 동안, 일본군은 시내의 여성 1,655명을 강간했다.[44]

하이난(海南)다오에서는 1939년 2월 14일, 일본군은 싼야(三亞)에 상륙해 야향(崖鄕)을 공격, 점령했다. 이로부터 1945년 일본이 항복하기까지, 시내의 774명의 여성에게 폭행을 가했다. 시내에는 10개 이상의 위안소가 설치되어, 하이난 각지의 농촌으로부터 끌고 온 320여 명의 여성이 '위안부'가 되어, 일본군 병사의 성배출구가 되었다.[45] 이들 중 현재까지 건재한 여성도

---

38) 河南, 『許昌縣志』, 268쪽.
39) 酒南, 『通許文史資料』第1輯, 4~5쪽.
40) 『日寇侵華暴行錄』, 連合出版社, 1951.
41) 湖南, 『岳陽文史資料』第6編, 129쪽.
42) 『日本帝國主義在華暴行』, 263쪽.
43) 同上, 266~267쪽.
44) 湖南, 『鄕文史資料』 1, 50쪽.

존재한다. 1942년 7월, 일본군은 둔창(屯昌)현을 점령하고, 그로부터 3년 간 433명의 여성을 폭행했다. 1939년 7월, 야(牙)현을 점령한 일본군은 패전까지 6년 간 7,560명이 넘는 여성을 강간했다. 린까오(臨高)현에 있어서 일본군에게 강간당한 여성은 천 명을 넘고, 신용(新勇), 린즈(臨志), 찌아라이(加來) 3개소에 위안소가 설치되어, 현지의 여성 수백 명이 강제적으로 '위안부'가 되었다.[46]

이상 열거한 내용은, 일본군이 중국인 부녀자에게 가한 폭행의 일부에 지나지 않는다. 일본군은, 모든 영토에서, 모든 마을에서, 모든 도시에서, 중국인 여성에게 계속적인 폭행을 가했다. 연구자들의 누계에 의하면, 항일전쟁기에 '위안부'가 된 중국여성은 2,30만 명이라고 보여지며, 위안소에서 일본군 장병에게 폭행당한 사람의 수배에서 수십 배의 여성들이 위안소 이외의 장소에서 강간당했다. 결국, 일본군이 행한 하나하나의 군사행동과 중국의 농촌에서 행한 소탕에 의해 살육이 행해질 때마다, 중국인 여성에 대한 대규모적인 강간이 발생했다고 말할 수 있을 것이다. 또한, 일본이 중국을 침략한 8년 동안 거의 매일, 수백에서 수천을 넘는 수의 강간이 이루어졌다고도 말할 수 있다. 8년 동안 일본군이 침공한 중국의 모든 장소에서, 일본군의 비인도적인 폭행이 기록되어 있는 것이다.

3. 일본군의 중국인 부녀자에 대한 모욕

일본군은, 살육과 강간을 할 때 상상할 수 있는 모든 수단을 동원해 중국인 여성을 모욕했다. 이것은 야수와 같은 행위이며, 일본군과 근대 전체에 있어서 일본민족의 병적인 잔혹성과 광기의 성격, 그리고 가장 기본적인 인간성마저도 잃어버린 이상한 심리상태였다고 말할 수 있다. 이하는, 일본군이 행한 살육과 강간에 관한 몇 가지의 예이다.

---

45) 『鐵蹄下的腥風血雨 --日軍侵瓊暴行實錄』.
46) 同上.

1937년 9월 23일, 일본군은 산시(山西)성 링현(靈縣)성을 점령해, 600명이 넘는 주민을 살해했다. 그리고, 시내의 여성들을 모아 옷을 찢어버리고 알몸이 된 여성들을 때리는 등, 조직적으로 강간을 해, 조금이라도 반항하는 사람은 그 자리에서 살해했다.[47] 이것은, 일본군 병사의 심리상태가 병적이었다는 전형적인 예이며, 강간만으로도 중죄이지만, 윤간은 더욱더 죄가 무겁고 분격할 수밖에 없다. 일본군 병사는 부끄러움을 모르는 것뿐만 아니라, 그 수단을 점점 교묘하게 하여 중국인 여성을 모욕했다. 인류의 이성을 전부 잃어버렸다고 말할 수 있을 것이다.

1942년 7월 31일, 일본군은 쩌지앙(浙江)성 쏭양(松陽)현을 점령했다. 8월 2일, 일본군은 5, 60명의 노파를 남문의 강변에 모아, 칼로 위협하며 그녀들을 강에 몰아넣었다. 일본군 병사들은 떼지어서 그것을 응시하며, 노파들이 강속에서 버둥거리는 것을 즐겼다.[48] 노인을 존경하는 것은 인류 공통의 기본적인 도덕이며, 중국의 유가(儒家)는 역대로 사람은 누구나 늙는다는 것을 강조해왔는데, 전통 일본사회도 중국의 유가문화의 영향을 깊게 받아왔고 유가도덕규범이 일본의 각 방면에 침투해 있다고 할 수 있을 것이다. 그러나 일본사회의 개개 구성원이 중국에 왔을 때, 그들은 철저하게 인류의 가장 기본적인 도덕규범은 내팽개쳐버렸다.

1937년 12월 7일, 일본군은 안호이(安徽)의 라이안(來安)현을 점령해 주민을 학살, 여성을 폭행했다. 시내의 13,4세부터, 60세를 넘는 노파까지가 일본군에게 발견되면 희생되었다. 일본군은, 중국인 여성을 폭행한 후, 유방을 잘라내고 알몸의 여성을 채찍질했다.[49] 1939년 4월 27일, 일본군은 칭양(青陽)현을 소탕하고 주민을 모욕하고 죽였다. 결혼한 직후의 주민을 일본군이 잡아서, 옷을 벗기고 발로 차고 총으로 위협하고 칼을 사용해 억지로 사람들 앞을 걷게 하고, 그것을 즐겼다. 그녀는 너무나 부끄러워 몸을 구부려 땅에 엎드리는 수밖에 없었다. 두 사람의 일본군 병사는 그녀를 끌어안고 병

---

47) 『侵華日軍在山西的暴行』, 15쪽.
48) 浙江, 『松陽文史資料』第1輯, 38쪽.
49) 『'皇軍'的獸行』, 戰時出版社, 1938年.

사들 속으로 데리고 가, 모든 수단으로 모욕을 가했다. 강간이 끝나면 일본군은 잔인하게도 그녀의 음부에 칼을 꽂아 죽이고 말았다. 촌지앙(村江)이라는 성을 가진 여성은 7, 8명의 일본군 병사에게 붙잡혀 옷이 벗겨지고 큰 소리로 욕을 듣고, 후에 윤간당한 후 음부에 대나무가 꽂혀졌다. 촌지앙은 너무나 지독한 모욕을 견디지 못하고 살 의욕을 잃고 자살하고 말았다.50) 1945년 5월 15일, 일본군은 잉상(潁上)현 징무(井牧)촌에 침공해 주민을 학살했다. 일본군은 수십 명의 젊은 여성을 모아 억지로 그들의 옷을 칼로 찢어내 칼에는 찢겨진 옷들이 너덜거렸고, 그들의 몸에서는 선혈이 흘러내렸다. 병사들은 이 여성들을 떼지어 윤간했다.51)

1940년 4월 22일, 일본군은 푸지엔(福建)성의 푸쩌우(福州)를 점령한 후, 매주 수요일과 금요일을 행락일로 정했다. 일본군 병사들은 시내에서 놀고 부녀자를 폭행했으며, 어린아이들과 환갑을 넘긴 노파도 희생이 되었다. 그 외에도 일본군은 야간에 인가에 침입하면 여성을 찾아 남편이나 아버지, 가족의 면전에서 강간했다. 그야말로 야수와 같았다. 어느 농촌의 여성은 농작물을 시내에 팔러 나가는 중에 일본군에게 강제로 옷을 빼앗겨 구경거리가 되었다. 어떤 여성은 대낮의 시내에서 일본군 병사의 성배출구가 되었다.52)

1930년대 11월 11일, 일본군은 후난위에(湖南岳)를 점령했다. 먼저, 초대소를 설치해 현지 여성을 강제로 위안부로 만들었다. 많은 일본군 병사는, 떼지어 민가에 뛰어들어 70세가 넘는 노파로부터 10대 어린아이까지 손에 잡히는 대로 폭행했다. 일본군은 인간의 길을 내던지고, 강제로 아버지에게 딸을 강간시키고, 아들에게 어머니를 강간하게 했으며, 그들은 그 옆에서 박수치며 즐겼다.53) 인간의 도(道)란, 인간이 동물로부터 진화한 수백만 년의 경험에 의해 확립된 것이며, 인류의 가장 기본적인 규범의 하나이며 인간과 야수를 구별하는 것이다. 인간의 길에서 벗어나는 일은, 다시 말해 야

---

50) 安徽, 『靑陽史話』 第4輯, 110~112쪽.
51) 安徽潁上縣, 『愼城春秋』 第1집, 20쪽.
52) 福建, 『福州文史資料』 第4輯, 56~57쪽.
53) 『湖南文史資料選加』 第8輯, 81쪽.

수의 행동이었다는 것이다. 일본군 병사가 중국인 여성에게 행한 폭행은, 완전히 인간의 길에서 벗어난 일이라고 할 수 있다.

1942년 6월, 일본군은 지앙시(江西)의 샹라오(上饒)에서 60여 명의 부녀자를 붙잡아, 시산(西山)사당에 가두고 강간한 후, 그녀들을 알몸인 채로 시산사당 앞에 있는 100단의 계단을 올라가고 내려가게 하며 그것을 즐겼다.[54] 7월 상순의 어느 날, 일본군의 어느 부대가 2명의 젊은 여성을 윤간한 후, 칼로 위협해서 그녀들을 알몸인 채로 땅에 엎드려 말처럼 기게 하고 즐겨, 동작이 조금이라도 느려지면 바로 폭력을 휘둘렀다. 다른 부대도 각지에 출몰해서, 미처 도망가지 못한 3, 40명의 여성을 붙잡아 실내에 가두어놓고, 그녀들의 옷을 벗겨내고, 냄비 밑의 그을음을 한사람 한사람의 얼굴과 전신에 칠한 후 기름을 칠해 즐겼다. 그리고, 여성들을 저수지에 빠트려 귀신놀이를 시키고, 최후에는 집단 강간을 했다.[55]

1938년 5월, 일본군은 허난(河南)의 용청(永城)현을 점령한 후, 여성들을 강간하고, 노인도 어린아이도 가리지 않고 강간했다. 병사들은 강간하는 동시에 사진을 찍어 '기념'했다.[56] 1944년 4월 21일, 일본군은 신쩡(新鄭)현에 침공했다. 30명 정도의 주민을 살해하고, 한 여학생을 나무에 묶어서 주민들의 구경거리가 되게 했다. 그 후 칼로 옷을 찢어내고 개를 풀어 물게 해, 여학생은 너무나 심한 폭행에 기절했다. 일본군 병사는 봉을 음부에 꽂아 그 자리에서 비참하게 살해했으며 그 후에도 영내로 많은 여성을 붙잡아 와서 강간했다.[57] 5월 10일, 일본군은 허난의 바오펑(寶豊)현 관음당에 침입해 어린아이에서 노인까지 1,000명 정도를 남문밖에 끌어모아, 그 가운데 십수 명의 부녀자를 골라 주민들 앞에서 강간했다. 게다가, 청년에게 자신들의 여동생이나 누나를 폭행하도록 강요했으며, 하루에 80명 정도의 주민이 학살되었다.[58] 범죄라는 것은, 본래 빛이 없는 밀실에서만 이루어지는 것이

---

54) 江西, 『上饒縣志』, 325쪽.
55) 江西, 『上饒文史資料』 제4輯, 37, 39쪽.
56) 『侵華日軍在河南的暴行』, 123쪽.
57) 河南, 『新鄭縣志』, 198쪽.
58) 河南, 『寶豊文史資料』 第1輯, 81~83쪽.

다. 그러나, 일본군 병사는 밝은 장소에서 즐기면서, 폭행을 보이면서 범죄를 행했다. 그들은 의도적으로 자신이 죄책감 등이 없음을 과시하고, 자존심과 수치심이라는 것을 가지고 있지 않았다.

1940년 4월 6일, 일본군은 하이난(海南)성 딴현(儋縣) 신롱(新隆)촌을 급습하였다. 주민 79명을 붙잡아 남녀를 일렬로 마주 세웠다. 그리고 옷을 벗기고 마주한 남녀에게 강간하도록 명령했다. 명령에 따르지 않는 사람은 죽였다. 주민의 인샤오홍(尹小紅), 리홍뉘(黎紅女), 인이청(尹義成) 등 10명 정도의 남녀는 저항했으나 살해당했다. 그 후, 일본군은 또 쑤쟈오잉(蘇姣英), 쑤웨이잉(蘇尾英) 자매를 데리고 가, 20명 이상의 일본군 병사에게 윤간시키게 했다.[59] 얼마 안 되는 기간에, 민족의 병태를 숨김없이 드러내, 인류의 이성을 완전히 잃고, 인류로서의 도덕을 잃어버렸다. 결국, 당시 민족의 심리상태는 병적이고 인류 이성을 배반한 것이라고 말할 수 있을 것이다.

이처럼, 일본군이 중국인 부녀자에게 행한 공전 규모의 대학살은 무수한 잔인한 수단에 의해 행해졌고, 여성에 대한 끔찍한 폭행을 가했던 것이다. 그리고, 중국인 여성에게 온갖 수단으로 모욕을 주고, 보통의 인간으로서는 상상도 할 수 없는 행위를 했다. 이것은 적군의 섬멸과 생명을 빼앗는 것이라는 전쟁 목적을 넘어서고 있고, 전쟁이라는 것으로는 설명할 수 없는 수준의 죄행이다. 결국, 일본군이 중국에서 범한 여성에 대한 살육과 강간, 모욕 등 각종의 비인도적인 행위는, 전쟁범죄라는 범위를 넘어서고 있으며, 야수의 행위였다고 표현하는 것이 적당하다. 전쟁중 중국인 여성이 당한 박해는 인간의 언어와 문자로는 표현하는 일이 불가능한 것이었다.

4. 일본국민은 자신들의 책임을 정시하지 않으면 안 된다

여러 해 동안 유행하는 일반적인 논조는 다음과 같다. 전쟁중 일본과 일본군이 중국인민에게 가한 갖은 폭행에 대해서는 소수의 일본 군국주의자

---

59) 『鐵蹄下的腥風血雨--日軍侵瓊暴行實錄』, 397쪽.

가 책임져야 하며, 일본이라는 국가가 중국이라는 국가에 행한 심각한 전쟁 범죄 또한 이 극소수의 군국주의자가 전쟁책임을 져야 한다. 일본의 일반국민은 일본 군국주의의 해를 입었고, 극소수 군국주의자에게 속아 중국침략의 길을 간 것으로, 그들도 마찬가지로 전쟁중 거대한 재난을 만난 피해자이다. 이러한 견해는, 일본 국민과 중국 인민은 같이 전쟁 피해자이며, 따라서 일본이라는 국가가 행한 침략전쟁에 대해서는 국가의 군대가 범한 전쟁 범죄이며, 국민에게는 책임이 없다는 의미를 포함하고 있다. 일본이라는 국가가 과거에 행한 침략의 역사를 정시해, 전쟁범죄를 반성하고, 일본의 침략과 일본군의 잔학행위에 의해 상처받은 아시아 국가들과 사람들이 납득하는 형태의 사죄와 진지한 태도로 죄를 인정하는 일은, 일본이라는 국가의 대표인 천황과 일본정부에 해당하는 것이라고 생각해, 일본 국민의 전체적인 태도와 무관하다,라는 것이다. 이것은 우리들이 항일전쟁사와 일본의 침략전쟁사를 연구해, 일본이라는 국가의 전쟁범죄와 일본군의 폭행을 묻고, 국가로서의 반성에 주목해서 전쟁책임 추구의 동향을 생각하는 데 있어 하나의 커다란 문제점이라고 말할 수 있다.

어떤 면에서 말하면, 전시중의 일본 국민은 일본 군국주의의 피해자였고, 소수의 일본 군국주의자들에게 속았던 것이다. 그리고, 일본이라는 국가가 아시아에 행한 전쟁에 의해, 생명과 재산을 잃어버린 일본인도 전쟁 피해자라는 것이다. 그러나, 일본의 일반 국민의 피해는, 일본에 의해 받은 중국인민의 피해와는 완전히 다른 피해이다. 양자가 상호 동등한 존재와 관계라는 것은 있을 수 없다.

물론, 일본의 일반 민중은 피해자이다. 가해자라는 것은 자국의 군대이다. 전시중 일본의 민중이 군국주의에 의해 민족주의로 기울어져, 그들은 확실하게 자신들의 가해행위를 인식하는 일이 불가능했고, 국가가 발동한 침략전쟁을 찬미해 군국주의 일본이라는 국가와 일체화한 것 또한 사실이다. 이렇게 해서, 일본의 대외침략이 확장된 것이다. 중국에서 죄를 범한 병사들과 중국인 여성에게 폭행을 가한 병사들은, 일본사회가 만들어낸 것이며, 그 사회의 일원인 동시에 일본 민족의 한 사람이기도 하다. 그들은 자신들의 민족문화와 사회도덕, 개인의 심리라는 배경이 있으며, 자신의 국가와 부모, 그리고 연장자와 형제자매를 가지고 있다. 그들은 평화로운 일본국민으로서는, 한 사람의 근면한 노동자일지도 모른다. 연장자를 공경하고 부모와 아이들을 중요하게 여기며, 형제자매를 지키는 존재일지도 모른다. 그러나, 중국의 토지에 발을 들여놓고 중국인민과 만나는 때에는, 그들은 한사람 한사람이 악마로 변신해, 손톱만큼의 이성조차 가지지 않는 인간의 길에서 벗어난 짐승이 되었다. 상술한 것처럼, 일본군이 중국인 부녀자에게 행한 잔혹한 살육과 무치한 모욕 등의 비인도적 범죄 속에서, 우리들은 인간이 가져야 할 기본적인 일체의 소양을 잃어버려, 인류의 이성과 도덕규범을 잃어버린 상태에서, 비인도적인 수단에 의해 중국인민을 학살하고, 중국인 여성을 폭행하는 등 중국의 무고한 사람들의 생명을 빼앗은 일을 볼 수 있다. 그리고, 이와 같은 비인도적인 폭행을 행할 때마다, 한 인간으로서의 인간성을 완전히 잃어버렸다. 이것은 인류의 일원으로서 최소한의 자격조차 가지지 않은 악마이거나 야수라고 불려야 하는 것으로, 어떤 말이 적절할지 모를 정도이다. 당시 일본 국민의 피해는, 일본 군국주의 사상을 받은 것에 있으며, 일본이라는 국가가 일으킨 전쟁에 의한 손해였다고 말할 수 있다. 또한, 자신이 일본 군국주의와 같은 국민심리였다는 것과 대외 침략을 찬미했다는 피해이다.

따라서, 일본의 전시 아래에서의 국민의 피해라는 것은, 일본의 일반 민중이 피해자였다는 것만 아니라 가해자이기도 했다는 것이다. 이 피해에 대해서 제3자는 간섭하는 것이 불가능하다. 일본 국민이 받은 피해와 가해의 책임은, 자신들과 국가에 의해 지어지지 않으면 안 된다.

전쟁중의 중국을 비롯한 아시아 각국 인민의 피해와는 상대적으로 일본 국민은 피해자로서의 신분에서 가해자로 바뀐다. 일본이라는 국가가 일으킨 침략전쟁에 의해, 일본의 국민 전체가 동남아시아를 침략하는 일본군의 강력한 뒷방패가 되었던 것이다. 일본 국민은 군국주의의 교육과 대외침략의 국책을 동일하게 인식하고 있었고, 심리적으로, 인적으로, 경제적으로, 그리고 여론적으로도 일본의 침략과 피해국 인민에 대한 잔혹한 박해를 전

방위적으로 지지해왔다. 따라서, 한 사람의 병사에서 일본군 전체에 이르기까지, 그리고 보통의 일본인에서 일본 국민이라는 전체로서의 국가와 민족까지가, 전쟁중에는 일본 군국주의와 파시즘국가로서의 의식형태의 지배하에서 순순히 일본 군국주의자의 조종을 받았으며, 의식적으로 전시의 기형적인 일본 민족심리를 인정한 동시에 각자가 타국 사람들에 대한 멸시와 증오의 심리를 가지고 있었다. 이것은 극히 잔혹한 광폭 주체로 결성되어 아시아 각국 인민에 대한 인류사상 없었던 박해와 학살을 단행해, 아시아의 물질적 문명과 정신적 문명에 셀 수 없는 손실을 가져왔던 것이다. 우리들은, 제2차 세계대전중 일본 국민 전체가 중국과 아시아 인민에게 가해를 준 하나의 주체라고 생각한다. 일본의 국민 한사람 한사람이 일본군이 해외에서 범한 전쟁범죄에 책임이 있으며, 이 책임은 일본 국민이 전쟁 피해자라고 하더라고 사라지는 일이 불가능하다. 따라서 모든 일본인이 깊게 반성하고 정면에서 책임을 지지 않으면 안 되는 것이다.

전시의 천황 개인 혹은 일본 군국주의자 몇 사람이 역사의 모든 책임을 질 수는 없다. 그들이 할 수 있는 일이라면, 후세에 영원히 어리석은 이름을 남기는 일과 전후의 전쟁재판에 의해 판결받은 형사책임뿐이다. 제2차 세계대전중 일본이 중국과 아시아 각국에 행한 전쟁범죄와 잔혹한 폭행의 끝없는 죄행은, 가해자인 일본군 병사 한사람 한사람, 그리고 일본군 전체와 일본이라는 국가, 국민 전원만이 질 수 있는 것이 가능하다. 따라서, 일본정부의 수상과 각료의 성의없는 발언은 공론에 불과하다. 국가로서의 일본과 국민 전체가 신중하게 자신의 민족이 중국 등 아시아 각국에서 범한 가해의 역사와 마주 대해, 중국 인민에 대한 가해자로서 일본 국민이 전쟁범죄 책임을 반성하지 않으면 안 된다. 그리고, 전시의 이상한 민족심리와 개인의 심리상태를 비판적으로 인식해, 군국주의와 파시즘주의 국가로서의 의식형태를 근절하지 않으면 안 된다. 일본정부는 침략전쟁에 관한 자료를 공개하여, 일본이라는 국가로서의 전쟁범죄와 폭행의 책임을 질 필요가 있다. 게다가, 아시아 각국의 인민에게 진지한 태도로 죄를 인정하고 사죄하여, 피해자 및 그 유족에게 손해배상을 하는 것으로, 일본과 아시아 각국과의 상

호이해와 안전으로 평화로운 아시아·태평양의 국제관계질서를 만들어내
지 않으면 안 되는 것이다.

교과서문제와 '남녀공동참가'

— 우익내셔널리즘 세력에 의한 '여성인권' 공격의 실태에 대해

요네다 사요코(米田 佐代子, 전 역사과학협의회 대표위원)

들어가기

'새 교과서를 만드는 모임'에 의한 후소샤의 중학역사교과서는, 내외의 채택 반대운동에 힘입어 2001년에는 도쿄도와 에히메(愛媛)현의 일부 양호학교에서 채택되는 것으로 그쳤다. 그러나 '만드는 모임'과 그에 동조하는 세력은, 계속해서 2005년의 채택을 목표로 공세를 강화하고 있다.

최근의 동향으로 주목되는 것은 그들의 공격이 교과서문제로 한정되는 것이 아니라, 남녀평등을 지향하는 '성차부정(젠더프리)'과 '남녀공동참가' 문제에까지 미치고 있다는 데 있다. 지금까지 우익 내셔널리즘 세력은 교과서의 채택률 저하라는 상황을 맞이했다(본 포럼 난징회의의 니시노 루미코 보고 참조). 그들은 2002년에 들어와서 각지의 지방자치체에서 '부부별성반대'나 '남녀 공동참가조례' 반대운동을 전개, 이른바 '역류'의 흐름을 만들고 있다. 교과서에서 '위안부'기술을 없애고 아시아 여성의 인권을 짓밟은 세력은, 일본 국내에서도 여성의 권리를 적시하고, 여성의 인권 전반에 반대하고 있다.

이러한 상황은, '여성의 인권'을 묻는 '젠더'의 문제가 여성만의 문제가 아니라, 유사법제를 시작으로 하는 일본의 군사대국화를 추진하는 세력에게 중요한 정치문제가 되고 있다는 것을 나타내고 있다. 여기서는 1) 자치단

체의 '역류'의 실태, 2) 우익 내셔널리즘 세력에 의한 '남녀공동참가'의 논리, 3) 국가의 남녀공동참가계획과 그 모순이라는 세 가지를 중심으로 살펴보고, 이후의 과제를 검토하고자 한다.

1. 자치단체의 '역류' 실태

2001년 교과서 채택시 채택의 권한을 가진 자치단체의 교육위원회가 중요한 역할을 수행했다. 앞에서 지적한 대로 도쿄도와 에히메현에서는 교육위원회가 도현립학교 일부에서 사용할 것을 결정, 나아가 작년 8월에 에히메현에서 2003년도 신설 중고일관교(공립)에서의 채택을 결정하기에 이르렀다. 그러나 다른 한편 도쿄의 구니타치시나 스기나미구 등 많은 자치체에서는 '새로운 교과서' 채택 움직임이 강해지기는 했지만, 지역주민, 교육 관계자 등이 서명활동이나 요청행동에 나선 결과 불채택을 실현시켰다. 이것은 주민생활과 밀착된 자치체에서는 주민의 목소리를 어느 정도 반영하는 것이 가능하다는 경험이 되었다. 동시에 '만드는 모임' 쪽에도 '교과서 채택에 대해 직접 권한을 가진 교육위원'의 역할을 중시, '단체장의 정치 자세가 (채택의) 가부를 결정한다'는 판단하에 2003년 통일 지방선거에서 '교과서 문제에 이해가 있는 단체장을 지원', '식견 있는 교육위원을 뽑도록' 하는 등의 방침을 걸고 '다음 채택'을 목표로 하고 있다(새로운 교과서를 만드는 모임 '제5회 정기총회의안서' 2002년 7월). 이처럼 교과서문제는 검정이라는 국가 차원의 문제만이 아니라, 그 채택을 둘러싸고 도도부현 및 시구동마을이라는 자치체의 문제가 주목되었다고 이야기할 수 있다. 그 자치체에서 작년부터 큰 문제가 되고 있는 것이 '남녀공동참가' 시책에 대한 공격이다.

일본정부는 1985년 '여자차별철폐조약'의 비준 뒤, 그를 기반으로 한 국내법 정비를 시행해왔다. 그 중 하나가 1999년 국회에서 만장일치로 성립된 '남녀공동참가사회기본법'이다. 그것에 의해 국가는 각 자치체에 같은 취지를 담은 '남녀공동참가조례'를 책정하도록 지도, 조언해왔다. 2002년 12월의 시점에서 47도도부현 중 40도도부현이 책정이 끝난 상태다(명칭은 자치제에 따라 다름). 현 시점에서는 자치제의 조례에, 몇 가지 중요한 차이가 보이기는 하지만 거의 동법의 취지에 따라 책정되어왔다.

그런데, 2002년에 치바(千葉)현 회의에 제안한 '치바현 남녀공동참가조례' 안에 대해서는 이상할 정도로 반대운동이 집중되었다. 특히 초점이 된 것이 '성 및 아이를 낳아 기르는 문제에 대해 이해를 넓히고 스스로의 의사결정이 가능하도록 성교육의 충실 및 촉진'을 꾀하려 한 '성의 자기결정권' 삭제를 요구하는 논의가 그것이다. 시민운동으로 선출된 도모토 아키코(堂本曉子) 치바현 지사는 이 항목의 삭제에 동의하지 않았지만, 치바현 의회의 최대 파벌인 자민당 현의단은 2002년 9월과 12월 의회에서 두 번에 걸쳐 조례성립을 저지하고 있으며, 2003년 2월의 현의회에 독자 안을 제출하려는 준비를 하고 있다.

치바시에서도 '치바시남녀공동참가 하모니조례' 책정에 있어 남녀 공동참가 간담회가 제언했던 것은 '여성 및 남성이 성별에 의한 고정적인 역할분담을 전제로 한 사회의 다양한 제도나 관행에 속박되는 일 없이'라는 내용이었으나, 시가 만든 안에서는 '성별로 남녀에 대한 기대가 달라지는 것은 역사적, 문화적 전통에도 뿌리를 내리고 있으며, 일방적으로 부정되어서는 안 된다' 라고 정반대의 취지로 변경되는 경과가 있었다. 이에 대해 시민들의 비판이 있었고, 그 결과 제정된 조례에서 삭제되었다. 다른 한편 2002년 6월 야마구치(山口)현 우베(宇部)시에서 책정된 '우베시 남녀 공동참가추진조례'에서는 '기본이념'으로 '남녀가 남성다움, 여성다움을 일방적으로 부정하는 일 없이' 내지는 '전업주부를 부정하는 일 없이'라고 한 문언이 들어가는 등 이상하게 구성되어 있다.

이들 문언은 후소샤의 역사, 공민교과서에서 전개하고 있는 여성멸시, 성역할 고정화 용인의 논조와 축을 같이하고 있다. 특히 공민교과서에서는 여성의 사회진출 또는 선택적 부부별성지향 등을 '가정의 유대를 약화시키는 것'으로 보고, '육아, 가사에 전념하는 전업주부라는 형태도 가족 협력의 한형태'라고 하는 등의 기술이 눈에 띄며(후소샤, 『새로운 공민교과서』 시판본),

이는 자치체의 '남녀공동참가조례' 책정을 둘러싼 반동적 움직임에 '새로운 교과서를 만드는 모임' 세력이 깊이 관여되어 있음을 보이고 있는 것이다.

2. 우익 내셔널리즘 세력에 의한 '성차부정(gender free)' 공격의 논리

이러한 움직임은, 국회에서 벌어진 '성차부정' 공격에도 대응된다. 야마다니(山谷) 에리코 중의원의원(당시 민주당, 현재는 여당의 보수신당)은 작년 4월 14일 중의원 청소년에 관한 특별위원회에서 문부과학성 소관의 재단법인 일본 여성학습재단이 발행한 팸플릿 "새로운 양육지원 미래를 키우는 기본?"에서 '여자아이들의 오히나사마, 남자아이들의 고이노보리'(아이들을 위한 일본의 전통적 행사·역자)에도 반대하고 있는 것처럼 질문하였으며, 5월 29일에 있었던 중의원문부과학위원회에서도 후생노동성 소관의 재단법인 모자위생연구회 작성의 "사춘기를 위한 러브&바디 BOOK"에 대해 '중학생에게 중절을 장려'한다고 왜곡하여, 도야마(遠山)문부과학성 장관은 '중학생에게 이 정도까지라는 생각이 안 드는 것은 아니지만'이라는 확실하지 않은 답변으로 일관, 150만 부가 인쇄되어 자치체 등에 배포된 것을 회수하여 '절판'되었다. 11월에는 참의원 내각부위원회에서 반도 마리코 남녀 공동참가국장에 의해 '젠더프리(성차부정) 부인'의 움직임이 가속되었다.

야마다니 의원의 언동은 결코 개인적인 것이 아니다. 2001년 9월에는 '부부별성반대'를 걸고 '일본여성회의'[회장-안자이 아이코(安西愛子) 전 참의원의원]가 발족되었는데, 이것은 '만드는 모임'과 연동하여 헌법개악을 목표로 하는 '일본회의' 여성부이며, 2002년 10월에 있었던 설립 1주년 기념집회에서는 '젠더프리(성차부정) 교육에 반대해갈 것을 확인했다'고 보도되고 있다(『산케이신문』 2002년 10월 27일자). 또한 '만드는 모임'은 '일본문화의 재평가운동'을 활동 기둥으로 두고 있는데, 그 하나로 기획된 '역사, 문화강좌'에도 '일본문화의 감성과 성차부정 교육'이라는 테마가 있다.

게다가 중앙교육심의회의 '새로운 시대에 걸맞는 교육기본법과 교육진흥 기본계획의 양태에 관하여'라는 중간보고가 나왔던 2002년 11월 도쿄에서 '일일중앙교육심의회(교육기본법, 공청회)'가 개최되었는데, 방청자에 의하면 공평하게 선출되어야 할 열 사람의 의견 발표자 중 명확하게 '재검토 반대' 입장을 취한 사람은 한 사람, 그 취지에서 봤을 때 반대라고 생각되는 사람 이 둘, 그리고 일곱 사람이 교육기본법 재검토(개악) 찬성이라는 '이상한' 인 선이었다고 한다. 치바현에서는 조례 반대운동에 참가하고 있는 멤버 두 사 람이 의견 발표를 했고, 전 민생위원 여성은 '전후애국심을 가르치지 않았 던 것이 교육의 실패. 가정의 복권은 중요. 남녀공동참가는 교육 현장을 혼 란시키고 있다'고 주장했다. 또한 도쿄도에 살고 있는 주부도 '전후, 전통적 인 가정 상(像)을 잃어버린 것이 가정교육 저하의 원인. 성차부정의 과도함 을 위험하게 생각한다. 단오절이나 히나 축제까지 부정하는 남녀공동참가 는 너무한 것이다'라고 발언, 교육기본법 개악을 지지했다['어린이와 교과서 전국네트21', "사무국 통신"(NO.21 2002년 12월 3일)].

우익 내셔널리즘 세력이 '성차부정은 가정을 파괴한다'고 하여 '가정의 복권'을 주창하고 있는 것은, 샌프란시스코 강화조약 발효 이후 일본의 본 격적인 재군비를 목표로 개악론이 등장했을 때를 상기시켜준다. 1953년 발 족한 자유당헌법조사회는, 군비포기를 규정한 일본국 헌법 제9조 개정과 함 께, 가족제도폐지를 명기한 제24조도 개정해야 한다며 '가족제도부활'을 내 걸고 회장 기시 노부스케(岸信介)는 "'집'의 정신을 기반으로 국가가 형성되 고, 국제적 진출의 근원이 된다"고 발언했다. 그에 대해, 1954년부터 56년에 걸쳐 '가족제도부활반대연락협의회'가 대규모의 반대집회를 열어, 개헌 단 념을 실현시켰다.

그러나 지금의, '가정의 복권' 논리는 단순히 복고적인 '가족제도부활'이 아니다. 이제까지 '국제 여성의 해'나 '여자차별철폐조약'이 유엔에서 채택 되어 발효되었다. '개인'으로서의 여성의 인권은, 1995년 제4회 세계여성회 의 이후 국제적으로도 합의된 개념이며, 2000년 여성국제전범법정에서, 과 거 도쿄재판에서 심판되지 않았던 '성폭력', '성노예'로서의 '위안부' 문제가 전쟁범죄로 명확히 규정되었던 것도, 이러한 인권인식의 전진이 토대가 되고 있다. 이러한 '여성의 인권' 인식을 저지하는 것으로, 다시 국가에 봉사하는 여성을 만들려는 것이, 현재의 공격이 노리고 있는 부분이다. 치바현 내에서 배포된 반대파의 문서에는, '남녀공동참가'는 '부부별성', '전업주부의 배척', '가족이나 부부라고 하는 단위를 부정', '세대단위로부터 개인단위로'라는 주장을 통해 '국가해체, 가족해체'를 목표로 하고 있다며, 페미니즘은 '마르크스주의의 영향'을 받고 있다는 비난까지 등장하고 있다 ("일본시사평론", '남녀공동참가특집' 2001년 5월 18일자).

3. 국가의 남녀공동참가정책과 그 모순

그러면, 국가의 남녀공동참가정책은, 그들의 공격에 정당한 반론을 할 수 있는가. 일본정부는 1985년 여자차별철폐조약을 비준한 이래, 조약의 취지에 따른 시책을 추진해왔다('남녀공동참가'라는 표기에 대해, '왜 남녀평등으로 하지 않는가'라는 비판이 있으며, 1985년 성립된 남녀고용에 대해서도 '평등'이라 말하지 않고 '균등'을 고집한 것에 대한 비판이 있으나, 국가의 공적 기관 등은 모두 이 용어로 통일시켜 사용하고 있다). 현재는 내각총리대신을 본부장으로 하는 '남녀공동참가추진 본부'와 내각 관방장관을 의장으로 하는 '남녀공동참가회의'가 설치되어, 내각부 남녀공동참가국이 시책의 기획입안, 조정실시를 하고 있다. 이들 시책에서는 지금까지의 세제(稅制)나 사회보장제도가 '남편이 세대주이자 생계유지자, 부인은 피부양자'라는 '세대단위'를 기준으로 했던 것을 고쳐 '개인 단위'로 바꾸고, 여성의 경제적 자립과 사회참가의 가능성을 확대하는 방향이 포함된, 또한 '성추행'이나 '가정 내 폭력' 등의 '성폭력'에 대해서도 일정한 변화가 이루어지고 있다.

그러나 문제는 일본의 여성운동이 추구해온 방향과 일치되어야 할 이 시책이 고이즈미 내각하에서 이른바 '구조개혁'에 따라 이루어지려고 하는 데 있다. 2002년 6월에 있었던 세제조사회보고 '바람직한 세제 구축을 향한 기본방침'에서는, 샐러리맨의 부인(전업주부)만이 적용되어왔던 배우자 특별공제폐지를 내놓아, 그 근거로 '남녀공동참가사회의 진전'을 이야기하고 있는데, 실제로는 대폭적 증세를 노린 이 조치에 대해 반대 의견이 올라오고 있다. 또한 후생노동성은 연금산출의 모델 세대를 남편만 일하는 '한쪽만 일하는' 세대에서 부부의 '맞벌이' 세대를 기준으로 했는데, 결국 그것은 여성이 압도적 다수를 점하는 파트타임 노동자에 대해서도 연수 65만 엔 이상이면 후생연금에 가입시켜, 적립금을 부담시키려는 구상이다. 마찬가지로, '전업주부우대', '여성자립저해'라는 목소리가 높았던 '주부연금(샐러리맨에 부양되는 결혼 생활을 지속한 부인에 한해, 적립금 부담 없이 노령 기초 연금 수급자격 획득)'도 폐지의 방향이기는 하지만, 이러한 '연금개혁'에 대해서는, '여성의 라이프 스타일의 변화'에 대응하는 연금개혁의 과제를 제기했다는 의미를 인정하면서도, 국민부담증가를 용인하는 것에 의해 구조개혁의 '손바닥 안에서 놀고 있는 시나리오'가 되고 말았다는 비판도 있다(일본부인단체연합회 편, 『여성백서2002』).

이처럼 국가의 남녀공동참가 정책은 한편으로는 여성의 자립을 촉구한다는 요소를 가지면서, 다른 한편으로는 국책에 여성을 동원하는 방향으로 수렴되는 위험을 내포하고 있으며, 진정한 남녀평등, 여성의 인권확립과는 맞지 않는다는 모순을 가지고 있다. 정부의 '구조개혁'은, 글로벌화에 대응하여 규제완화, 자유경쟁을 촉진, '강한' 기업과 개인만이 살아남는 '신자유주의 개혁'이다. 일본에서는, 일하는 남녀가 함께 불안정고용과 '과로사'를 일으키는 과중노동에 편입되어, 젊은층의 실업과 '프리타'(불안정고용의 한 형태-역자)가 확대되고 있다. 교육기본법 '재검토'에 대한 압력을 넣고 있는 중앙교육심의회 '중간보고'는 '개인과 공공의 균형의 결여'가 '마음의 위기'를 만들었다며, '우리나라와 국제사회가 직면하고 있는 다양한 과제의 해결에 공헌하려는 새로운 '공공(公共)'의 창조에 주체적으로 관여하려는 태도의 육성'을 요구하고 있는데, 이것은 경쟁에서 살아남은 '엘리트'에게는 '강한 국가'를 맡기고, 선별된 '약자'에게는 순종적인 국민으로서의 '공공'=국가에 봉사하는 역할을 요구하는 정책 외에 다름 아니다. 남녀공동참가본부장인

고이즈미 수상은, 자위대의 해외파견을 가속화시켜, 유사법제 성립의 집념을 불태우고 있으며, 세 번에 걸친 야스쿠니 신사참배의 강행으로 한국, 중국으로부터 비판의 표적이 되고 있는 인물이다. '역류'파는 그가 추진하고 있는 '신자유주의 개혁'을 비판하기는커녕 그 점에서는 정부와 일치하고 있다.

남녀공동참가정책의 모순은, '위안부' 문제를 해결하려 하지 않는다는 점에서도 나타나고 있다. 일본정부는 2002년 9월, 유엔에 '여자차별철폐조약 실시 현황 제5회 보고'를 제출했는데, '이른바 종군위안부 문제가 본 조약과 직접 관계가 있는 것은 아니'지만, '1994년 1월 제13회 여자차별철폐조약위원회의 심의 및 일본의 보고서에 대한 마지막 코멘트에 유의'하여 언급했다는 소극적 태도로, '아시아여성기금' 사업 이외의 구체적인 시책에 대한 언급이 없다. 유일하게 '교육분야에 있어서의 실천' 항목에서, '일본정부는 이른바 종군위안부 문제에 대해, 특히 우리나라의 다음 세대를 짊어질 젊은이들이 학교교육을 통해 우리나라의 근현대사 역사를 정확히 이해하는 것을 중시하고 있으며, 중학교 및 고등학교의 교과서에서 본문제가 취급되고 있다'고 쓰여진 것만이 있을 뿐이다(이 부분은 1998년 제4회 보고서와 완전히 동일).

그러나, 사실은 어떠한가. 2001년 검정에 합격한 중학교과서의 대부분은 정부의 압력에 의해 '위안부'문제의 기술이 후퇴되었다. 예를 들어 '많은 조선인 여성 등도 전장에 보내졌다'고 간접적으로 표현한 중학교과서에 대해서도 검정에서는 '이해할 수 없다'는 이유로 '많은 조선인 여성 등도 공장 등으로 보내졌다'고 수정되어, '위안부'가 아니라 '근로정신대'라고 한 경우도 있었다. 저자나 편집자가 조금이라도 '위안부'기술을 넣으려 노력해도 그것을 트집잡아 삭제하도록 하는 것은 정부이다.

고등학교교과서에서도, 2002년 4월 검정에 합격한 메이세이샤판의 "고교 일본사 B"는 '위안부' 문제에 대해서는 전혀 언급하지 않고, "'만드는 모임' 교과서의 고교판"('어린이와 교과서전국네트워크 21', "메이세이샤판 고교일본사 B 교과서 등 2001년 검정에 대한 견해", 2002년 4월 9일)이라고 평가되고 있다.

같은 보고서에 의하면 2001년 검정에서, 고교 일본사 교과서는 모두 '위안부'에 대해 기술하고 있으나, '세계사'나 '현대사회', '윤리' 등의 분야에서는 '위안부'에 관한 기술을 없앤 교과서가 나와 있다고 한다. 도대체 어디에 '우리나라의 근현대사에 대한 역사를 정확하게 이해하는 것을 중시한다'는 노력이 있다는 것인가.

결론-이제부터의 과제

이처럼 일본의 남녀공동참가정책은, 내외 여성운동의 성과를 반영한 남녀평등 실현을 요구하는 측면과, 국가정책하에서 여성의 국책동원의 측면이라는 모순된 두 면을 가지고 있다. 우익 내셔널리즘 세력의 '남녀공동참가' 공격은 이러한 모순을 확대하여, '개인'으로서의 여성의 인권을 '가족해체', '프리섹스 장려' 등으로 왜곡하는 것에 의해 남녀공동참가정책 전체를 반동적, 국가주의적인 방향으로 왜곡시키려는 것이다.

그러나 지금 요구되고 있는 '남녀공동참가'는, 결코 '고정화된 성 역할'을 용인하는 것이 아닐 뿐만 아니라, 전시기에 있었던 것과 같은, 여성을 '애국심'의 주역으로 하는 것이 아닌, 모든 인간의 인권보장을 토대로 하는 '개인'으로서의 여성의 인권실현을 지향하는 것이어야 할 것이다. 자치체에서 일어나고 있는 '남녀공동참가' 공격에 적절하게 반격하고, 시책이 철저하게 진행되도록 노력하는 그 적극적인 의의가 여기에 있다.

이미 일본에서는 '여성국제전범법정'을 성공시켰던 일본과 세계 각국 여성들의 운동, 그 보도를 왜곡시킨 NHK에 대한 재판의 제기, 후소샤의 '역사, 공민교과서'를 자치체에서 채택시키지 않았던 주민운동, 그리고 이시하라 신타로 도쿄도지사의 중대한 인권침해 발언인 '나이든 여자는 유해무익'이라는 '아줌마 발언' 항의 제소 운동, 직장의 여성차별에 대한 평등요구 재판도 시바신용금고, 노무라 증권, 스미토모 생명 등의 대기업에서 계속해서 승소하고 있다. '개인'으로서의 여성의 인권요구는 21세기의 '정의'로서 일본의 군국주의화를 저지, 동아시아의 평화구축에 큰 힘이 될 것이다.

3부

과거의 극복과 '화해'

한국 현대사 교육에서 한·일 간의 '과거사' 청산과 바람직한 관계의 모색

김한종(한국교원대학교 교수)

1. 머리말

한일 간의 과거사라고 하면 매우 폭넓은 개념으로 사용될 수 있다. 넓게 보면 고대부터 현재까지 양국의 상호관계가 모두 여기에 포함될 수 있다. 그 중에는 청산 대상이 아니라 이어받아야 할 바람직한 관계도 있고, 정반대로 전쟁이나 대립 같은 불편한 관계도 있다. 그러나 이 글에서 다루는 '과거사'는 일제의 식민지배와 그에 따른 한국인의 고통과 피해로 한정시키기로 한다.

그 동안 일제의 한국에 대한 식민지 지배가 한국이나 일본의 역사교과서에 어떻게 서술되었으며, 이를 어떻게 가르칠 것인가에 대한 논의는 종종 있었다. 그렇지만 이러한 '과거사'는 식민지배 당시의 문제만이 아니라 현대사의 문제로 이어진다. 그것은 현대사의 출발점인 1945년 당시의 사회가 식민지배라는 관계를 토대로 성립하였으며, 지배국과 종속국의 관계가 청산됨에 따라 양국은 이전 관계를 청산하고 새로운 관계를 모색해야 하였기 때문이다.

현대사 교육에서 과거사 문제는, 과거사의 청산과 바람직한 한일관계의 모색 방안으로 요약될 수 있을 것이다. 한일 간의 '과거사'를 청산한다고 할 때 필요한 것은 전후 처리와 보상, 그리고 이전의 한일관계를 매듭짓는 것이다.[1] 이와 관련하여 가장 중요한 문제는 전후보상과 한일국교 정상화이다. 과거사를 딛고 지향해야 할 새로운 한·일관계는 국제관계의 보편적인 가치인 평화의 추구라고 할 수 있다. 평화교육을 지향하기 위해서는 현대사 교육에서 특히 전쟁의 문제를 어떻게 다룰 것인가가 중요한 문제이다. 이 글에서는 위와 같은 문제들을 중심으로 한국의 현대사 교육에서 한일 간의 '과거사'를 어떻게 다루는가를 살펴보기로 하겠다. 다만 한일 간의 '과거사'가 독립 영역이나 주제가 아니라 역사교육 내용의 한 부분으로 다루어지는 것이므로, 한국의 현대사 교육 실태를 검토하고, 그 바탕 위에서 '과거사' 문제를 논하기로 하겠다.

이 글에서 검토 대상으로 삼는 것은 고등학교 한국사 교육에 해당하는 『국사』와 『한국근현대사』이다. 『한국근현대사』는 제7차 교육과정에 처음 생겨나 2003년 신학기부터 고등학교 2학년 학생들에게 적용되기 시작하는 과목이다. 그렇지만 필요할 경우, 중학교 『국사』나 『사회』, 고등학교 『세계사』에 대해서도 언급하기로 하겠다.

2. 한국의 현대사 교육 현황

한국의 역사교육에서도 오래전부터 현대사 교육의 필요성이 인식되어왔다. 1973년 공포된 제3차 교육과정 고등학교 국사과에서는 이미 "근대사와 현대사에 치중하되 세계사 및 타 교과와 관련시켜 지도하도록 한다(지도상의 유의점)"고 하여, 한국사 교육의 중심을 근현대사 교육에 두어야 한다고 말하고 있다. 이후 교육과정이 바뀔 때마다 매번 근현대사 교육이 강조되었다. 그러나 실제 학교현장에서 현대사 교육은 제대로 시행되지 못하고 있다는 비판을 받아왔다. 그 이유로는 대체로 다음 몇 가지 점들이 지적되고 있

---

1) 신주백은 화해와 반성을 위해 다루어야 할 문제로 전후보상과 원폭문제를 들고 있다. 전후보상문제는 동아시아 평화문제와 네트워크 구축의 밑거름으로, 핵문제는 세계평화운동의 핵심으로 보고 있다(신주백, 「전쟁과 평화에 대한 기억의 차이, 그리고 역사교육」, 일본교과서바로잡기운동본부·역사문제연구소 엮음, 『화해와 반성을 위한 동아시아 역사인식』, 역사비평사, 2002).

다.

첫째, 시간 부족 때문이다. 한국의 역사교과서는 통사체제로 서술되어 있기 때문에 현대사를 학년말에 가서야 배우게 된다. 자연히 현대사를 배울 때쯤이면 수업이 소홀해지기 쉬우며, 시간이 모자라 제대로 다루지 못하기도 한다.

둘째, 입시 문제이다. 중학교 국사교육에서 현대사는 3학년 말에 배우게 되므로 고등학교 입학 선발고사의 시험 범위에서 제외되는 것이 보통이었다. 또한 대학입학 학력고사나 수학능력시험에서도 제대로 출제되지 않았다. 때문에 학생들은 현대사 공부를 소홀히 하였으며, 입시부담을 느끼는 교사들도 현대사를 가르치기보다는 이전의 역사를 복습하고는 하였다.2)

셋째, 현대사 교육에 내포될 수 있는 이데올로기 문제 때문이다. 오랫동안 현대사 내용은 정부의 정책이나 특정 이데올로기에 영향을 많이 받았다. 1980년대 중반 이후에는 사회민주화가 전개되면서 현대사 교육의 이러한 성격이 많은 비판을 받았다. 이러한 논란의 과정에서 역사 교사들은 현대사를 가르치기를 꺼려한다.

넷째, 교사 양성과정의 문제이다. 오랫동안 대학의 역사교사 양성과정에 현대사 강좌가 포함되어 있는 경우는 별로 없었다. 따라서 역사교사 자신들이 현대사에 대해서 잘 모르기 때문에 현대사를 가르치기를 부담스러워한다.3)

이상과 같은 문제들로 인하여 학교현장에서 현대사 교육에 소홀하였다. 이에 대한 반성으로 한국 역사교육의 문제점을 지적하는 많은 글에서는 현대사 교육의 강화를 제창하고는 하였다.4)

---

2) 근래에는 이런 경향이 조금씩 바뀌어, 수학능력시험에 매년 현대사가 출제되고 있다. 다만, 현대사 전반보다는 해방 직후의 역사에 치중되는 경향을 보이고 있다. 이는 異論의 여지가 없는 문제만을 출제해야 하는 시험의 성격에도 그 원인이 있다.

3) 1990년대 들어서는 대학의 사학과나 역사교육과에서 현대사 강좌의 개설이 늘어나고 있다. 또한 한국현대사 책들의 출간도 늘어나고 있다. 따라서 이 문제는 점차 해소되고 있다고 보아야 할 것이다.

4) 특집 「근·현대사 교육을 재점검한다」, 『새교육』 통권 429호, 1990. 7 ; 특별기획, 「역사가 10인에게 듣는다」, 『역사비평』 계간 11호 1990년 겨울호.

현대사 교육을 강화하려는 보다 실천적인 노력들은 근래 교사들에 의해서 이루어지고 있다. 대표적인 역사교사 단체로 활발한 활동을 펼치고 있는 전국역사교사모임에서 기존의 중학교 국정 국사교과서에 대한 '대안교과서'를 표방하면서 만들어낸 『살아있는 한국사교과서』는 개항 이전의 전근대사를 1권, 개항 이후의 근·현대사를 2권으로 하여 동등한 분량으로 다루고 있으며, 2권의 내용 중 약 2/5를 현대사 서술에 할애하고 있다. 일부 역사교사들은 스스로 교과서 외에 '배움책'이라고 불리는 부교재를 만들어 수업시간에 현대사를 가르치는 데 적극적으로 활용하거나, 홈페이지 등에서 현대사 수업용 자료를 제공하고 있다.5) 이들 교사들은 기존의 국사교과서와는 달리 대체로 비판적인 시각에서 한국 현대사에 접근하고 있다. 그러나 교사들의 이러한 움직임은 수업시간에 교과용 도서 이외의 책을 사용하였다거나, 기존의 국사교과서와는 다른 시각을 학생들에게 전달하였다는 등의 이유로 교육당국의 제지를 받거나 보수적인 사회단체나 학부모의 반발을 사기도 하였다.

학교현장에서 현대사 교육이 확대될 수 있는 커다란 계기는 제7차 교육과정에 따라 고등학교 2, 3학년 심화선택과목으로 『한국근현대사』가 도입된 것이다. 『한국근현대사』는 심화선택과목으로, 2003년에는 고등학교 2학년, 2004년부터는 2, 3학년에 적용하도록 되어 있다. '한국근현대사'는 기준시간이 8단위로, 선택하는 학생들은 주당 4시간이나 3시간씩 1년을 배우게 된다.6) 교육과정에 따르면, 『한국근현대사』는 4개 단원으로 구성되어 있다. 1단원은 근현대사 전체를 개괄하는 도입단원의 성격을 띠고 있으며, 2단원부터 4단원까지는 시대순에 따라 개항기와 대한제국 시기, 일제 식민지배 시기, 해방 이후 현대사가 각각 1개 단원이다. 교육과정에 따라 서술된 교과

---

5) 박병섭 엮음, 『생각하는 힘을 길러주는 중학교 국사 3학년 배움책』, 1995 ; 김육훈, 『즐거운 국사시간(하)』, 2001 ; 한석주 엮음, 『역사가 살아 숨쉬는 수업을 위한 한국 현대사 배움책』, 2001 ; 김용택, 「현대사자료」, http://report.jinju.or.kr/educate/.
6) 2단위는 주당 1시간씩 1년을 배우는 것이다. 따라서 8단위 과목은 주당 4시간씩 1년을 배우도록 되어 있다. 다만 8단위인 경우, 사정에 따라 2단위를 줄일 수도 있다.

서들도 이와 같은 단원구성을 택하고 있으며, 320~400쪽의 분량 중 1/3 정도를 현대사에 할애하고 있다. 따라서 『한국근현대사』를 선택하는 학생들의 경우, 물리적으로도 상당한 시간 동안 현대사를 배우게 될 것으로 예상된다. 우여곡절은 있었으나, 『한국근현대사』는 9개의 사회과 심화선택과목 중에서 학생들이 가장 많이 배우는 과목 중 하나로 귀결되었다.[7]

3. '과거사' 청산과 한일협정

한국의 국정 국사교과서는 현대사 서술에서 '과거사'에 대해서 별다른 관심을 보이고 있지 않다. 그것은 이미 선행연구[8]가 지적하였듯이 한국사를 일국사(一國史)로 바라보기 때문일 것이다. 한국의 교육과정이나 교과서도 자국사를 인식하는 데 세계사적 맥락의 필요성을 무시하고 있는 것은 아니다. 오히려 세계사와 연관성을 가지면서 한국사를 이해할 것을 강조한다. 예를 들어 현행 제7차 교육과정의 다음과 같은 규정들은 이를 말해준다.

민족사가 세계사와 유기적인 관계 속에서 전개되었음을 파악하게 하고, 민족의 역사와 민족 문화가 가지는 특수성을 체계적으로 인식할 수 있도록 세계사적 보편성과 관련시켜 지도한다. (고등학교 국사, 교수·학습방법)

---

7) 한국의 일반계 고등학교 한 학년 학생 수는 40여만 명이다. 공식적으로 발표된 것은 아니지만 교과서 신청부수에 따르면, 이 중 고등학교 2학년 학생 중 14만 여 명이 올해 한국근현대사를 배우며, 나머지 학생들 중에도 상당수는 고등학교 3학년인 내년에 배울 것으로 예상된다. 선택과목을 2학년과 3학년 중 언제 이수하느냐는 학교별로 결정한다. 한국근현대사 교과서는 올해는 4종(금성출판사, 두산, 중앙교육진흥연구소, 대한출판사)이 사용되며, 내년에는 2종(천재, 법문사)이 추가되어 6종이 사용된다. 교육과정에 의거해서 집필을 하고 검정을 거쳤으므로 단원 구성은 거의 비슷하지만, 서술체제는 상당한 차이가 있으며, 근현대의 역사적 사실을 보는 관점들도 서로 다른 경우가 있다.

8) 김성보, 「한국·일본 역사교과서의 현대사 서술 비교」, 일본교과서바로잡기운동본부·역사문제연구소 엮음, 『화해와 반성을 위한 동아시아 역사인식』, 역사비평사, 2002.

역사의 흐름을 통해서 민족의 발전 능력 및 미래사회에 대처하는 능력을 기르고, 이를 세계사의 전개와 결부하여 파악하는 능력을 기른다. (고등학교 한국근현대사, 교수·학습방법)

이러한 취지에 따라 이미 제6차 교육과정부터 고등학교 국사 각 대단원의 첫번째 중단원에서는 그 단원에서 다루는 시대의 세계 상황을 개괄하고 있다. 제6차 교육과정 『국사』 현대사 부분의 첫번째 중단원은 '현대사회의 성립'이며, 제7차 교육과정 『한국근현대사』 현대사 부분의 첫번째 소단원이 '제2차 세계대전 이후의 세계'인 것은 이를 보여준다. 그러나 이와 같은 원론적인 언급과는 달리 국사교육과정의 단원별 내용이나 교과서 서술은 세계사적 연관성은 별로 없이 한국 내부의 문제에 입각하고 있다. 현대사의 변화를 세계사나 대외관계와는 관련 없이 국내 요인에 의해서만 설명하고 있는 것이다. 이러한 서술 방향은 『한국근현대사』 교과서도 전체적으로는 마찬가지이다. 다만 현대사 서술이 『국사』 교과서에 비하여 훨씬 자세한 검정교과서이므로, 교과서에 따라 일부 세계사적 관점이 곁들여지는 경우가 있는 정도이다.

그런데 한국 역사교육에서 '과거사' 청산과 관련된 논의는 찾아보기 어렵다. '과거사' 청산이 가장 활발히 논의되었음직한 해방 직후에도 '과거사'가 무엇이고, 어떻게 청산해야 할 것인가에 대한 구체적 논의는 별로 없었다. 역사교과서 역시 전후 처리와 보상 문제에 대해서는 별다른 관심을 보이고 있지 않다. 일본의 역사교과서들이 이 문제를 상당히 비중 있게 다루는 것과는 대조적이다.

이러한 현상은 전후 한국과 일본의 역사전개와 관련이 있다. 패전과 도쿄재판을 겪었던 일본의 경우는 전후 처리 문제가 역사 흐름의 핵심적인 축이었다. 전쟁에 대한 책임과 보상, 패전의 수습 방향이 곧 현대사의 흐름을 결정하였다. 따라서 전후 처리와 보상에 대한 관심이 높은 것은 자연스러운 귀결이었다. 이에 반해 해방 직후의 한국현대사에서는 새로운 국가 건설의 방향과 분단과 전쟁으로 이어진 사회적 상황이 역사적 관심의 초점이었다.

한국전쟁 이후에는 전후복구가 중요한 과제였으며, 1960년의 4·19혁명과 1961년의 군사쿠데타라는 커다란 사회적 격변을 거치면서 국내의 정치적 변화가 현대사의 핵심적인 관심거리가 되었다. 한일 간의 '과거사' 문제가 역사 흐름의 중요한 요인으로 자리잡을 여건이 아니었던 셈이다.

또 하나 한국과 일본은 '전후사' 청산의 주체와 객체(적당한 표현인지는 논란의 여지가 있겠지만)가 다르다는 점도 고려되어야 한다. 일본의 경우, '전후사' 청산의 주체와 객체가 모두 과거의 가해자였지만, 한국의 경우 주체는 피해자이고, 객체는 가해자이다. 때문에 '과거사' 청산을 둘러싼 논의는 일본의 경우 '가해자들 사이의 반성'의 문제인 반면, 한국의 경우는 '피해자가 가해자에게 제재를 가하거나 반성을 요구하는' 문제인 것이다. 그런데 한국민의 경우 '친일세력'으로 일컬어지는 일부 가해자가 존재하기는 하였지만 대부분은 피해자였다.

그러나 이런 점을 고려하더라도 한국현대사에서 '과거사'에 대한 관심이 거의 없다는 것은 여전히 재고할 여지가 있다. 해방된 시점에서 한국현대사의 출발점이 일제의 식민 지배가 만들어놓은 '과거사'의 산물인 까닭이다. 또한 현대 세계의 역학 속에서 한일관계는 한국현대사에서도 중요한 하나의 요인이 될 수밖에 없으며, 이는 어떤 형태로든 '과거사' 청산을 바탕으로 형성될 수밖에 없는 것이기도 하였다.

한일 간의 '과거사'를 정부 차원에서 공식적으로 매듭짓고자 하였던 것이 한일국교 정상화였다. 따라서 국교정상화를 위한 한일회담은 한일 간의 '과거사' 청산을 위한 가장 중요한 사건이었다. 현행 중학교 『국사』 교과서와 제6차 고등학교 『국사』 교과서의 한일국교정상화 관련 서술을 보면 다음과 같다.[9]

또 박정희 정부는 민주 우방과의 유대를 강화하는 한편, 중립국과 외교관계를 수립하기 위해 노력하는 등 적극적인 외교 활동을 전개하였다. 그리하

---

9) 현행 제7차 교육과정 고등학교 국사는 전근대사 중심이므로, 여기에서는 제6차 교육과정의 교과서 내용을 소개하였다.

여 오랫동안 숙제로 남아 있던 일본과의 관계를 개선하여 한일협정을 체결하였으며, 베트남에 국군을 파병하였다. (제7차교육과정 중학교『국사』교과서)

또, 일본과의 국교 정상화를 위해 한일회담을 추진하였는데, 이는 시민과 대학생들의 대일 굴욕 외교 반대에 부딪혀 이른바 6·3 시위를 유발시켰다 (1964). 이에 박정희 정부는 계엄령을 선포하여 시위에 참여한 시민과 대학생들을 억압하였다. (제6차 교육과정 고등학교『국사』교과서)

위 인용에서 보듯이 국정『국사』교과서는 한일협정이 체결되었다는 한 줄의 사실만을 서술하고, 이를 적극적인 외교활동의 성과라고 평가하고 있다. 이같은 내용은 정부의 대외정책을 긍정적으로 평가하는 중학교 국정『국사』교과서의 일반적인 서술 경향과 맥을 같이한다. 고등학교『국사』교과서의 경우는 박정희 정부에 의해 추진된 한일회담이 굴욕적인 것으로 인식되어 많은 국민들의 저항에 부딪혔다는 사실도 다루고 있다. 그렇지만 이를 구체적으로 '과거사' 문제와 연결시키지는 않고 있다. 또한 내용이 극히 간단하여 한일회담에서 논의된 주된 쟁점이 무엇인지는 알기 어렵다.

이에 반해『한국근현대사』교과서는 한일회담에 대하여 좀더 비판적인 논조로 자세히 서술하고 있다. 또한 교과서에 따라서 한일회담을 보는 관점이나 서술 방향에 조금씩 차이를 보이고 있다. 4종의 교과서 모두 박정희 정부가 경제성장 정책의 일환으로 한일국교정상화를 서둘러 추진하였으며, '과거사'에 대한 사과나 배상이 없는 한일회담이 한국민들의 격렬한 반대에 부딪혔다는 사실을 서술하고 있다. 교과서에 따라서 해결해야 할 '과거사' 문제를 좀더 구체적으로 나열하거나(대한), 한일협정의 핵심내용을 본문이나 여백에서 소개하기도 하였다(대한, 중앙, 두산). 오히라-김종필 회담의 구체적인 내용을 자료로 제시하여 회담에 임하였던 한일 양측의 입장을 보여주기도 하고(금성), 한일국교 정상화가 동북아시아에서 한·미·일 공동체제를 형성시켰다는 의미를 부여하기도 하였다(금성). 전체적으로 보아『한국근현대사』교과서들은 한일회담이 가지는 역사적 의미애서 '과거사' 청산의 문제를 비중 있게 다루고 있다. 그렇지만, 이때 제대로 청산되지 못한 '과거사' 문제가 이후 한일관계에 어떠한 영향을 주고 있는지에 대한 언급은 찾아볼 수 없다.

역사교사들이 만든 책이나 부교재에서도 한일협정의 의의를 비판적으로 접근하고 있다. 교사들이 저술한『살아있는 한국사교과서』에서는 '과거사' 문제와 관련해서 한일협정이 가지고 있는 문제점을 다음과 같이 밝히고 있다.

경제개발을 위해서는 자본이 필요하였다. 박정희 정권은 자본을 마련하기 위해 일본으로 눈을 돌렸다. 35년 간의 식민통치 책임을 면제하는 대신, 일본으로부터 경제개발에 필요한 자본을 가져오려고 하였던 것이다. 국민들의 격렬한 반대 속에 1965년 6월, 한·일협정이 정식으로 조인되었다. (『살아있는 한국사교과서』2, 215쪽)

한일협정을 이러한 관점에서 보는 서술은 '배움책'들에서도 나타난다. 5·16 쿠데타의 중요한 명분으로 경제개발을 내세웠던 박정희 정권이 경제개발에 필요한 외국자본을 끌어들이는 데 급급하여 '과거사' 문제에 대해서는 대강 넘어감으로써 결국 일제의 식민통치에 면죄부를 주었다는 것이다. 이러한 관점에서 보면, 한국과 일본 사이에 '과거사'가 제대로 청산되지 못하고 아직도 논란이 되고 있는 것은 한일협정에서 이 문제를 제대로 다루지 못한 데 기인한다고 할 수 있다. 그러나 이들 책에서도 한일회담에서 '과거사' 문제가 어떻게 다루어져야 하는지를 구체적으로 서술하고 있지는 않다.

4. 바람직한 한·일관계의 모색과 전쟁 서술

'과거사'의 극복과 화해는 궁극적으로 바람직한 방향의 새로운 한일관계를 모색하기 위한 것이다. 이와 같은 관계로는 동북아시아 각국 사이의 평등한 상호질서, 반전(反戰)과 평화정착을 위한 연대를 떠올릴 수 있다. 그러나 한국의 현대사 교육에서 지향해야 할 동북아시아 관계나 한일관계에 대한 상(像)은 보이지 않는다. 일반론적으로 '국제화', '글로벌' 시대임을 주지시키면서, 그 속에서 한국의 역할을 강조하고 있을 뿐이다.

글로벌 시대를 맞이하여 세계 시민이 갖추어야 할 시민성이 무엇인지를 알고, 미래 시민이 되기 위해 준비하는 자세를 가진다. (제7차 교육과정 사회, 학년별 내용 9학년)

글로벌 시대의 역사의식이 주체성을 견지하면서도 개방적 민족주의에 기초해야 하는 이유를 말할 수 있다. (제7차 교육과정 고등학교 국사, 영역별 내용)

글로벌 사회에서의 국제이해와 협력의 중요성을 인식하고, 지구촌의 현안 문제에 대한 세계적 시각과 함께 개방적이고 진취적인 자세를 가진다. …… 글로벌화의 역사적 과정과 공간구조의 변화를 이해한다. (제7차 교육과정 고등학교 인간사회와 환경, 영역별 내용)

한국의 현대사 교육에서 주변 국가들과 어떤 관계를 맺어야 하는가에 대한 서술이 보이지 않는 것은, 이를 '역사'가 아니라, '정치'에서 다룰 몫이라고 생각하기 때문일 수도 있다. 실제 일본의 공민 과목에 해당하는 일반사회를 다루는 중학교 3학년 '사회' 교육과정에서는 '지구촌 사회와 한국'이라는 대단원 아래, '지역간의 교류와 갈등'이라는 단원을 두고, "다원화와 개방화에 의한 경제 및 문화교류 기회의 증대로 지구촌 시대에는 그 어느 때보다 국제적 협력과 국제활동에 대한 참여가 필요한 것을 인식한다"고 학습내용을 규정하고 있다. 그렇지만 이러한 내용은 원론적인 수준으로, 역사적 맥락 속에서 '과거사'를 극복하고 바람직한 한일관계를 어떻게 정립해야 하는지에 대해서는 알기 어렵다.

동아시아 3국의 바람직한 관계가 평화를 위한 연대에 있음을 염두에 둔다면, 전쟁과 평화의 문제를 어떻게 다루는가는 이와 관련된 한국 현대사 교육의 방향을 알아볼 수 있는 잣대가 될 수 있다. 한국 현대사교육에서 다루고 있는 대표적인 전쟁은 한국전쟁(한국 교과서의 용어로는 '6·25전쟁')이다. 한국전쟁에 대하여 한국의 역사교과서에서는 비교적 많은 분량을 할당하여 서술하고 있으며, 그 피해에 대해서도 유념하고 있다. 특히 『한국근현대사』 교과서들은 전쟁을 보는 관점에서는 차이가 있으나, 4종 모두 구체적인 자료를 싣거나 수치를 제시하면서 전쟁의 피해를 강조한다. 그렇지만, 이와 같은 전쟁의 피해가 발생하게 된 원인을 분단이라는 민족 내부의 모순에서 찾고 있으며, 평화를 위한 국제관계 수립이나 연대의 필요성과 연결짓지는 않고 있다.

한국전쟁을 제외하고는 한국현대사와 직접적으로 관련된 유일한 전쟁은 베트남전이다. 그렇지만 국정 『국사』 교과서는 베트남전에 대해서 무관심하다. 고등학교 『국사』 교과서는 6차와 7차 교육과정을 막론하고 베트남전을 아예 다루지 않고 있으며, 중학교 『국사』 교과서에는 위에서 인용한 한일협정 관련 서술에서 보듯이 단지 '베트남에 국군을 파병하였다'고만 서술하고 있다.

이에 비하면 『한국근현대사 교과서』들은 4종 모두 베트남전에 대하여 상대적으로 많은 분량을 할당하였다. 4종의 교과서들은 공통적으로 한국이 베트남전에 참전한 대가로 미국에서 군사 및 경제 원조를 얻었다는 사실을 지적한다. 그렇지만 이에 대한 평가나 베트남전에 대한 다른 서술에서는 상당한 차이가 난다.

> 한편 베트남 전쟁이 확대되면서 미국과 베트남은 한국군의 베트남 파병을 요청하였다. 박정희 정부는 처음에는 비둘기 부대를 보내어 베트남을 지원하였으나, 곧 전투 부대인 맹호·청룡·백마 부대를 증파하였다. 베트남 파병을 계기로 우리나라는 베트남 특수를 누리게 되었는데, 이는 1960년대 중반부터 우리나라가 경제 발전을 이룩하는 데 도움이 되었다. (두산, 294쪽)

미국의 참전 요청을 받은 박정희 정부는 1965년에서 1970년대 초까지 베트남 전쟁에 군대를 파견하였다. 정부는 파병의 대가로 우리나라의 안보와 경제발전에 도움을 줄 것을 요구하였고, 미국은 한국군 현대화를 위한 장비를 제공하고, 베트남 주둔 한국군에게 필요한 보급 물자와 장비를 한국에서 구입하며, 한국에 대한 기술 원조 강화와 차관 제공 등을 약속하였다. (대한, 273쪽)

한편 박정희 정부는 미국의 요청에 따라 베트남에서 공산 세력을 격퇴하기 위하여 1965년부터 1973년까지 전투부대를 베트남에 파견하였다. 베트남 파병 역시 국민들의 반대에 부딪혔으나, 정부는 파병의 대가로 국군의 전력 증강과 경제개발을 위한 차관 제공을 미국으로부터 약속받았다. 베트남 파병은 많은 장병의 희생을 가져왔으나, 우리 건설업체의 해외진출과 인력수출 등으로 우리나라의 경제성장에 큰 도움이 되었다. (중앙, 303쪽)

베트남 파병은 6·25전쟁 당시 우방이 우리를 지켜준 데 대해 보답하고 민주주의를 수호한다는 명분으로 이루어졌다. 그 대가로 경제개발에 필요한 기술과 차관을 미국에서 들여오고, 파병된 군인들의 송금과 군수품 수출, 베트남 건설사업 참여로 어느 정도 외화를 얻을 수 있었다. 그러나 베트남에 끼친 피해와 한국군의 희생 또한 적지 않았다. 베트남전 참전으로 한국과 미국 간의 정치·군사적 동맹관계는 더욱 강화되었다. (금성, 286쪽)

위 인용들에서 보듯이 『한국근현대사』 교과서들은 미국의 원조가 한국의 경제발전에 어느 정도 도움을 주었는가에 대한 평가에서 차이가 있다. 그냥 도움이 되었다고 표현하거나(두산), 그에 대한 특별한 평가를 내리지 않기도 하고(대한), 큰 도움이 되었다고 보기도 하며(중앙), 어느 정도 외화를 얻을 수 있었다는 정도로 평가하기도 한다(금성). 또 베트남전 참전에 대해서 아무런 문제를 지적하지 않은 채 경제발전에 도움이 되었다고만 서술하기도 하고(두산·대한), 국민들의 반대에 부딪혔으며 많은 장병의 희생을 가져왔다는 문제점을 지적하면서도 결과적으로 경제성장에 큰 도움이 되었다는 긍정적 평가를 내리기도 한다(중앙). 이에 비해 많은 베트남인들에게 피해를 주었으며 파병된 한국군의 피해도 적지 않았다는 문제점 지적에 비중을 두는 경우도 있다(금성). 이 교과서에서는 베트남전의 결과 한국과 미국 간의 정치·군사적 동맹관계가 강화되었다는 의미를 부여하고, 본문 서술과는 별도로 '라이따이한과 고엽제'라는 베트남전이 가져온 후유증과 관련된 읽기자료를 제시하고 있다. 그렇지만『한국근현대사』교과서들도 베트남전에 대한 서술을 반전(反戰)이나 평화를 위한 모색과 연결시키지는 않고 있다.

베트남전은 국사교육뿐 아니라, 세계사교육과도 관련된 주제이다. 1종(국정)도서인 6차교육과정『사회 2』교과서10)에서는 동남아시아사 항목에서 베트남전을 다루고 있다.

> 프랑스의 지배에서 벗어난 베트남도 이념적 대립 때문에 남북으로 갈라지게 되었다. 남쪽에는 민주주의 정권이 들어서고, 북쪽에는 호치민의 공산정권이 들어섰다. 남쪽 정부에 대한 공산 게릴라의 공격으로 베트남 전쟁이 일어나자, 이를 돕기 위해 미국과 한국을 비롯한 연합국이 참전하였다. 이 전쟁은 공산주의자들의 승리로 돌아갔다(1975). (제6차 교육과정 중학교『사회 2』)

베트남전을 남북분단과 이데올로기 대립의 산물로 보면서도 직접적인 전쟁의 책임을 공산 게릴라들에게 돌리고 있다. 그런데 제7차 교육과정 고등학교 세계사 교과서들은 본문에서 베트남전에 대해서 별도로 서술하고 있지 않다. 다만 냉전을 다루는 항목에서 냉전체제의 산물로 베트남전이라는 역사적 사실이 있었음을 언급하는 정도이다. 고등학교 세계사 교과서에서 베트남전을 따로 서술하지 않는 것은 교육과정에서 이를 다룰 만한 별도의 항목이 없기 때문일 것이다. 따라서 냉전체제를 언급하는 속에서 '베트남전'이라는 단어가 나오는 정도일 뿐이다. 이런 점을 고려하여 한 교과서(금성출판사)에서는 냉전체제를 다루는 항목에서 베트남전을 '냉전체제에 희생

---

10) 제7차 교육과정에서는 중학교 사회가 검정도서로 바뀌었다.

된 베트남'이라는 제목으로 별도의 읽기자료로 싣고 있다. 이 교과서 역시 베트남전을 냉전체제의 산물로 보고, 베트남을 미국과 중국·소련의 지원을 받는 동·서 양 진영의 각축장이라고 여긴다. 그러나 120만여 명에 달하는 사망자, 국토의 초토화, 고엽제의 후유증, 베트남전의 피해상을 소개하였다. 그러나 이러한 전쟁의 피해를 국제평화 문제와 연결짓지는 않고 있다. 다만, 고등학교 세계사 교과서는 제일 마지막에 인류가 나아가야 할 방향을 다루는 소단원을 설정하여, 평화와 공정한 글로벌화의 필요성을 제시하고 있다.

한국전쟁이나 베트남전에 대한 대부분의 교과서 서술에서 보듯이, 한국의 현대사 교육에서는 전쟁의 문제를 정부의 정책이나 겉으로 드러난 전쟁 결과를 중심으로 다루고 있다. 사회나 인간생활에 어떠한 영향을 미치는가 하는 관점에서 전쟁을 바라보고 있지 않으며, 대량 살상, 파괴, 적대감 등 전쟁이 가지고 있는 본질적인 폐해에 대해서는 별다른 관심을 쏟지 않는 경우가 많다. '과거사' 서술에서 일제의 침략전쟁의 '전쟁의 문제'는 배제하고 '일제가 일으킨 문제'로만 보고 있는 것과 마찬가지이다. 물론 중·일전쟁이나 태평양전쟁의 일차적 책임은 일제의 제국주의 침략정책에 있다. 그렇지만, 전쟁이 내포하고 있는 본질적인 해악을 염두에 두지 않는다면, '좋은 나라'에 의한 '좋은 전쟁'은 바람직한 것이 될 수 있다. 그리고 이 '좋은 나라', '좋은 전쟁'은 국제사회의 이해관계에 의해 결정되고는 한다. 이 경우 한국과 일본 사이에 '과거사'를 청산하는 문제는 바람직한 새로운 관계의 모색보다는 과거의 관계를 둘러싼 공방에 그칠 우려가 크다.

5. 맺음말

이상에서 살펴본 바와 같이 한국의 현대사 교육에서는 과거 한국과 일본 사이의 '과거사' 문제를 의미있게 다루고 있지 않다. 따라서 '과거사' 청산을 바탕으로 한 새로운 한일관계의 모색도 보이지 않는다. 원론적인 입장에서 국제평화와 협력을 강조하고 있을 뿐이다. 한·일협정에 대한 서술에서도 '과거사' 문제가 어떻게 다루어져야 하는지 언급하지 않고 있다. '과거사' 서술에서는 일제의 침략전쟁을 비판하고 있지만, 한국전쟁이나 베트남전과 같은 전쟁 서술에서는 전쟁이 가지는 본질적인 문제점을 지적하거나 평화를 위한 바람직한 국제관계의 모색과 연결짓지 못하고 있다.

한국의 현대사 교육이나 교과서가 이러한 성격을 띠는 것은 국제관계의 맥락 속에서 역사를 바라보는 것이 아니라, 국내 상황만으로 역사의 흐름을 이해하려고 하기 때문이다. 민족주의 내지 민족중심의 역사 서술도 하나의 원인이라고 할 수 있다.[11] 그러나 한국과 일본 사이의 상호 교류가 활발해지고 연관성이 커질수록 이른바 '과거의 불행했던 관계'를 극복하고 양국 사이에 바람직한 관계를 정립하는 것은 불가피하다. 이는 역사에 대한 올바른 인식을 바탕으로 바람직하지 못한 '과거사'를 극복하고 새로운 화해를 모색할 때 가능하다. 그리고 새로운 한일관계는 상호평등에 바탕을 두고 동아시아의 안정과 평화에 기여할 수 있는 연대가 되어야 할 것이다.

---

11) 근래 한국 사회와 역사학계에서는 민족중심의 역사서술이나 역사교육을 둘러싼 논쟁이 활발히 벌어지고 있다. 포스트모던적 입장을 취하고 있는 학자들은 민족을 강조하는 역사교육이 국가주의의 경향을 띠며, 비인간화로 흐를 가능성이 있다고 비판하면서, 보편적 인간의 존재에 토대를 두어야 한다고 주장한다. 그러나 다수의 한국사학자들은 역사교육과 교과서 서술의 문제점에 대한 이러한 지적을 일부 받아들이면서도, 이는 민족주의 역사교육 자체의 문제라기보다는 유사민족주의(類似民族主義) 또는 사이비 민족주의 역사학과 역사교육 때문이므로, 오히려 참된 민족주의 사관과 역사서술이 문제를 해결하는 길이라고 주장한다. 이런 관점에서는 오히려 포스트모던적 역사인식이 서구 중심의 사고방식에 매몰되어 있다고 비판한다. 양측의 관점에 대해서는 다음의 글들을 참조. 집중토론 「한국 역사학·역사교육의 쟁점」, 『역사비평』 56, 2001년 가을호 ; 특집 「탈/국가·탈/민족 역사서술에 대해 듣는다」, 『역사비평』 58, 2002년 봄호.

쇼와(昭和)천황의 전쟁책임에 대하여

야스다 히로시(安田 浩, 치바대학 교수)

여기서는 쇼와천황의 전쟁책임 문제 가운데 정치행위와 정치책임 형태의 특징과 정치책임을 묻는 방법론에 관해 논하겠다.

1. 연구가 진전됨에 따라 밝혀진 사실

(1) '두 가지 성단(聖斷)'이라는 신화가 붕괴되기 시작함

1989년 쇼와천황의 사거(死去) 전후에 저널리즘은 쇼와천황의 전쟁책임을 부정하기 위해 천황의 이미지에 대해서 빈번히 언급하였다. 쇼와천황의 이미지는 천황 스스로의 의지로 정치결정을 한 것은 2·26사건과 '종전(終戰)'이라는 두 가지의 특별한 사태뿐이었고 그 후로는 '입헌군주'로서 대신(大臣)들의 보필(輔弼)에 따랐다는 것이다. 제2차 세계대전 직후에 천황의 전쟁책임을 추궁하는 것을 피하기 위해서 만들어진 이러한 천황의 이미지는 전쟁 후 일본에서 일부의 지배이데올로기로 이어져왔지만 쇼와천황의 죽음과 더불어 새롭게 대중적으로 널리 퍼졌다. 그 후 10여 년이 경과했으며 상황도 바뀌었다.

먼저 쇼와천황의 사거전후에 천황의 구체적인 언동을 기록한 궁중측근자나 정부고관의 일기 등의 새로운 사료가 공식적으로 간행되어 사료상황이 크게 바뀌었다. 대표적인 사료로 내대신(內大臣)이었던 마키노 노부아키(牧野伸顯), 시종차장(侍從次長)이었던 카와이 야하치(河合彌八), 시종무관장(侍從武

官長)이었던 나라 타케지(奈良武次)의 일기를 들 수 있다. 일본의 쇼와천황에 관한 연구는 새로운 사료를 통해서 전쟁책임을 밝히는 것을 목적으로 크게 진전되었으며 천황의 정치행동도 더욱 구체적으로 밝혀졌다. 이러한 상황을 배경으로 '쇼와'가 역사화해가는 과정 속에서 기본적으로 쇼와천황은 정치에 관여하지 않았다는 부자연스러운 이미지는 흔들리기 시작했으며 보다 객관적이고 자유롭게 쇼와천황에 대해서 논할 수 있게 되었다. 사회적으로 외교적으로 큰 문제가 된 후소사(扶桑社)의『새 역사교과서』에 천황의 이미지가 반복해서 쓰여진 것은 일본국민들 안에서 붕괴되기 시작한 '두 가지 성단'이라는 신화를 어떻게 해서든지 유지하려는 시도로 볼 수 있다.

(2) 일미 정치지배층의 '합작'으로 '신화'의 창출을 명확히 함.

일본에서 쇼와천황에 관한 연구가 진전됨에 따라 미국이나 다른 나라에서도 일본연구 가운데 쇼와천황에 관한 연구가 진전되고 있다. 또 하나의 특징으로 외국의 이러한 연구가 역으로 일본 내의 연구뿐만 아니라 국민의 역사인식에도 큰 영향을 미치고 있는 점을 지적할 수 있다. 외국의 일본연구로는 퓰리처상 수상작품이며 일본어로 번역되어 많은 독자를 얻은 존 다우어(John W. Dower)의『패배를 껴안고(敗北を抱きしめて)』나 허버트 빅스(Herbert Bix)의『쇼와천황』이 대표적이다. 이러한 연구에서 주목할 만한 점은 '국체(國體)'보호유지를 목적으로 한 일본의 정치지배층과 점령정책을 원만히 실행하기 위해 천황의 권위를 이용하려고 했던 미국과 점령군의 정치지배층은 서로 의도하는 것은 달랐지만 쇼와천황의 전쟁책임 면책과 보필의사에 따라서 불만족스러운 결정에도 재가(裁可)한 '입헌군주'라는 신화 창출이라는 점에서 두 세력의 의도는 일치했으며 또한 이는 두 세력의 전략적 합작산물이라는 것을 강조하고 확인시켜준 점이다.

쇼와천황의 전쟁책임에 대한 면책공작 과정에 관한 연구도 사거 후에 간행된 새로운 사료인『쇼와천황 독백록』의 위치설정에 관한 연구와 토노 마코토(東野眞)의『쇼와천황 두 개의 '독백록'』에 수록된 영어판 '독백록'의 발견으로 두드러지게 진전된 분야이다. 하타 이쿠히코(秦郁彦)는 『쇼와천황의 '전쟁책임'을 검증한다』에서 쇼와천황의 전쟁책임을 부인하는 입장에서 쇼와천황이 군사지휘자였다는 측면을 중시하고 전쟁책임을 예리하게 추궁하고 있는 빅스의 『쇼와천황』을 비판하고 부정하고 있다. 하타 이쿠히코는 빅스를 비판하기 위해 피터 웨츨러(Peter Wetzler)의 『쇼와천황과 전쟁』을 인용하고 있지만 피터 웨츨러는 저서의 일본어판 서문에 "전쟁 전에도 전쟁 후에도 천황의 행동이나 전쟁중의 '죄'를 감추려는 음모는 전혀 없었다는 것을 전제로 논해왔지만" 토노 마코토의 전개서를 통해서 "틀림없이 그런 음모가 있었다"는 것이 밝혀졌다고 썼다. 쇼와천황을 전쟁책임이 없는 '입헌군주'로 그려낸 것은 동경재판의 대응책으로 일미 쌍방의 지배층이 만들기 시작했다는 사실도 이미 밝혀졌다.

2. 쇼와천황의 행동양식 ― 기회주의로 귀결

(1) 근대 천황제의 정치체제와 천황의 권력

쇼와천황의 정치행동 양식을 어떻게 이해할 것인가? 빅스의 쇼와천황 이미지는 일본의 역사연구자의 견해에 의거한다. 그 이미지는 군사에 강한 관심을 가진 능동적 군주로서 자신의 의지로 중요한 정치적 군사적 결정에 관여한 존재라는 것이다. 한편 피터 웨츨러는 "천황은 정치지도자들의 논쟁을 해결하고 의견을 일치시키고 행동계획을 만들어내는 프로세스의 당사자"이지만 천황의 역할은 "일본의 다원주의적인 엘리트의 한 사람으로 참가하는 것"이었으며 궁극적인 기준인 '황실의 가장'이라는 입장에서 행동했다고 한다.

필자는 이러한 두 가지 견해와 다른 견해를 가지고 있다. 근대 천황제라는 정치체제는 복잡하게 구성된 국가(보필)기구의 다원성과 대항이라는 측면과 형식적으로 천황의 존재는 국가의사의 최종결재자라는 두 가지 측면으로 특징지어진다. 또한 근대의 천황은 기본적으로 보필 의사에 따라 행동하는 수동적인 군주였지만 제한적으로 자신의 의사로 친정(親政)적 권력을 행사하는 능동적 군주의 존재라는 것이 필자의 견해이다. 쇼와천황의 행동양식도 이러한 범주 안에 있다고 생각한다.

(2) 친정(親政)을 당연시하는 것에서 행동을 억제하는 것으로

쇼와천황이나 마키노(牧野)내대신(內大臣)을 중심으로 한 궁중측근들은 메이지헌법 체제에서 천황은 대권을 보유하는 최종결정자이며 제한적인 친정을 실시하는 것이 당연하다고 생각하고 있었다. 이는 장쭤어린(張作霖)폭살사건을 처리하는 과정에서 1929년 타나카 기이치(田中義一) 수상에 대해 불신임 태도를 보이고 결국 사직하게 만든 사건을 통해서도 알 수 있다.『쇼와천황 독백록』에서 쇼와천황은 타나카 기이치 수상 사직사건에 대해 "내각에서 상주(上奏)하는 안건에 대해 내가 반대 의견을 가지고 있다고 하더라도 재가(裁可)하기로 결심했다"고 썼다. 이것은 전쟁 후의 회상이며 또한 천황이 사건 직후에 친정을 실시한 것에 대해서 반성했다고는 생각되지 않는다. 하마구치 오사치(浜口雄幸) 내각 때에도 런던군축조약 문제에 대해 내각의 조약체결 방침을 지지했다는 점과 또한 궁중 측근자를 통해서 은밀히 간섭했다는 사실도 밝혀졌다.

천황의 친정적인 권력행사가 억제된 것은 만주사변 시기였다. 천황과 궁중세력은 군부가 내각의 통제를 따르는 것을 거부하고 있었기 때문에 만일 내각을 지지하고 개입한다면 군부의 반발이 강해질 것이라고 생각했다. 또한 급진파 군인이 쿠데타를 구상하고 있다는 것도 알았다. 국제연맹탈퇴 문제에서도 국제적 고립을 우려하는 쇼와천황이 친정적인 권력행사로 어전회의를 열어 사태를 타개하려고 했던 것에 대해 원로인 사이온지 킨모치(西園寺公望)와 마키노 내대신은 '입헌군주'의 책임자로서 간섭하는 것은 좋지 않다고 이를 제어했다. 이러한 사실에서도 자신의 의사가 관철되지 않더라도 재가(裁可)를 하려는 '입헌군주'의 이미지가 성립한다.

(3)삼국동맹 문제에서 보이는 기회주의적인 행동양식

기본적으로 쇼와천황은 보필에 의존하면서도 제한된 친정을 행사할 수 있는 군주라고 자기자신을 생각했지만 이러한 친정은 같은 논리로 제한될 수밖에 없었기 때문에 쇼와천황의 행동양식은 보필기관과의 역학관계에 의해 규정되었다. 따라서 현저하게 기회주의적이 될 수밖에 없었다. 이러한 면이 단적으로 나타난 것이 일독이(일본, 독일, 이탈리아) 삼국동맹 체결문제이다.

원로 사이온지와 내대신 마키노와 같이 쇼와천황은 국익추구를 위해서 대외노선 선택의 기준을 대영미 협조에 두었다. 이러한 천황의 의사는 군부의 동아시아 먼로주의노선과 모순되고 대립하고 있었지만 천황은 자신의 의사와 다르게 진행되는 일독이 협정의 교섭과정에서 육군성 대 해군성 및 외무성의 논쟁과 협의에 그 결과를 맡기고 지켜보는 수동적인 군주의 자세를 취했다. 그러나 쇼와천황은 1939년 그 태도를 바꿔 적극적인 행동을 취했다. 그 이유는 독일이 공동의 가상적으로 상정하고 있었던 소련과 갑자기 독소 불가침조약을 체결하는 배신행위를 함으로써 일본의 삼국동맹 추진파가 타격을 입고 히라누마(平沼)내각이 사임했기 때문이다. 그 후에 구성된 아베(阿部)내각 때에 천황은 수상에게 "육군대신은 우메즈(梅津) 아니면 하타(畑)" 둘 중에 한 명을 택하고 "외교방침은 영미와 협조하는 방침"을 취할 것을 지시했다. 여기에서도 쇼와천황은 자신이 신뢰하는 사람을 육상(陸相)으로 정하며 '육군 혁정(革政)'을 시키려고 했고 외교는 대영미 협조방침으로 추진할 것을 지시한 능동적인 군주의 태도를 보였다. 다음 내각조직에서도 일독동맹론을 억제하는 의미로 해군인 요나이(米內)를 임명했다.

그러나 1940년 독일은 서부전선의 총공격에서 파죽지세로 진격했으며 일본 내에서도 삼국동맹 체결파가 급속히 세력을 넓혀나갔다. 한편 육군은 육상을 사임시키고 요나이 내각을 쓰려뜨리려고 했지만 천황은 이에 대해 적극적인 반응을 보이지 않았다. 요나이 수상에게 "상어신임(尙御信任)"(역주 ; 변함없이 신임하고 있다)의 천황 자신의 의사를 전달하면서 내외정세에 비추어 내각경질은 어쩔 수 없다고 했다. 이렇게 해서 9월 코노에(近衛) 내각은 일독이 삼국동맹을 체결하기로 결정했고 천황이 그 결정을 재가함으로써 쇼와천황과 군부 사이에 마지막으로 남아 있던 불일치도 해소되었다. 쇼와천황은 군부에 입각한 '대원수'로서 기본적으로 일원화되었다.

3. 정치책임을 논하는 방법

(1) 메이지헌법 체제 – 정치시스템 문제

하타 이쿠히코는 전개서에 전쟁 전과 전쟁중 천황에게 한 질문과 감상과 조언은 다방면을 언급하고 있기 때문에 "특정 관점에서 의도적으로 내용을 취사선택하면 신중한 평화주의적인 문인 지도자의 이미지와 유능하고 호전적인 군사 지도자라는 이미지의 상반되는 인물상이 그려져도 이상하지 않다"고 썼다. 쇼와천황의 언동을 둘러싼 사료와 연구가 풍부해지면서 '두 가지 성단(聖斷)'이라는 신화가 통용되기 어려운 상황에서 하타 이쿠히코의 주장은 '평화주의'를 지향하는 행동과 '호전적'으로 보이는 언동이 다 존재한다고 상대화시킴으로써 쇼와천황의 전쟁책임을 부인하려는 의도이다. 하타 이쿠히코가 천황의 전쟁책임을 부인하려고 전개한 결정적인 논리는 메이지헌법의 해석론이다. 메이지헌법 제3조는 천황에게 법적, 정치적 책임을 묻지 않는다고 규정하고 있으며 제55조는 국무 각 대신이 보필하고 그 '책임을 진다'고 규정하고 있기 때문에 천황은 결정권이 없는 명목상 군주였다는 주장이다. 메이지헌법 체제를 위와 같은 정치시스템으로 규정함으로써 부정할 수 없는 쇼와천황의 정치행위를 정치적 의미가 없는 것으로 하려고 한다.

원래 입헌군주제라는 제도는 군주의 권한을 제한하는 제도, 바꿔 말하면 제한적인 권한을 인정하면서 군주의 무답책(無答責)을 규정한 제도이기 때문에 정치적으로 무책임이라는 요소를 가지고 있다. 또한 메이지헌법은 군주의 권한을 행정권만이라고 제한하지 않았으며 '통치권을 총람(總攬)', 즉 천황이 모든 것을 장악한다고 규정했다. 그러나 한편 그 통치권은 '헌법의 조규(條規)'에 따른다는 것, 다시 말해 조규에 규정된 국가(보필)기관을 통해서 행사된다고 규정하고 있었기 때문에 정치권한과 책임의 소재가 어디에 있는지 판단하기 어려운 시스템이 되었다. 메이지헌법의 작성자인 이토 히로부미(伊藤博文)는 추밀원의 설치와 관련해서 위와 같은 시스템하에서 궁극적인 최종 정치결정은 어떻게 이루어지는가에 대해 다음과 같은 내용의 편지를 썼다.

우리나라 헌법이 가지고 있는 본래의 주의를 탐구하면 주권은 왕실에 있으며 궁극적으로는 '지존(천황)의 재단(裁斷)'을 가지고 '종국(終局)의 결정'을 하기 때문에 만일 정부와 의회의 협의가 이루어지지 않았을 경우에는 '성재(聖裁)'로 대신을 사임시키든가 의회를 해산시키든가 두 가지 방법밖에는 없다. 이 경우에 국가의 대세나 국민의 감정을 살펴서 시세(時勢)에 맞는 행동을 취하기 위해서는 선량한 권고를 할 수 있는 고문관이 있어야 한다. 이러한 이유로 추밀원의 설치를 제안한다[이노우에 다케시(井上毅)에게 보낸 이토 히로부미의 서간, 메이지21년 4월 20일].

일상적인 국가기관의 보필을 통해서(행정권은 내각, 입법권은 의회라는) 통치권의 행사가 이루어진다고 해도 국가기관끼리 충돌하여 조정이 불가능할 때에는 '통치권을 총람(總攬)'하고 있는 천황이 실질적인 의미를 가진 재단을 함으로써 최종 결정을 내릴 수밖에 없다. 그러나 이 경우에도 고문관이 '권고'를 함으로써 천황의 정치책임에 대해 논쟁이 발생하는 것을 피할 수 있다. 메이지헌법 체제는 그 책임이 애매해지는 무책임한 시스템으로 구성되었다.

(2)지도자의 책임문제와 지도자의 책임을 추궁하는 국민의 책임

제2차 세계대전에서 패배한 후 일본에서는 전쟁책임을 추궁하는 과정에서 당연히 제일 먼저 지도자의 책임을 추궁했다. 그러나 원래 메이지헌법

체제는 천황을 제한적이지만 최종결재자로 규정하고 있으면서도 정치책임은 추궁하지 않고 또 추궁할 수 없는 시스템으로 구축되었다. 따라서 정치지도자의 정치책임은 무엇인가, 또 어떻게 추궁해야 하는가 따위의 문제에 대해 일본국민의 인식은 매우 빈약했다. 또한 쇼와천황이 1940년까지 대외정책의 기본노선을 대영미 협조주의에 두고 있었다는 점, 군부의 노선에 불안감을 가지고 있었다는 점, 실질적인 정치결정에 대해 기회주의적인 행동양식으로 관여와 불관여를 선택했다는 점이 천황의 실질적 정치책임을 논하는 데에 '변명'할 여지를 주게 된 셈이다. 더욱 이러한 쇼와천황 측의 변명의 논리를 미국점령군이 점령정책을 원만히 수행하기 위해 전략적으로 이용했고 결국 천황을 면책했다.

그 결과로 전쟁 후에 일본국민이 지도자의 책임을 추궁하는 것은 극단적으로 말해 '임금 옆의 간신' 책임만을 추궁하는 수준을 넘지 못했다고 생각한다. 올 1월 고이즈미수상은 야스쿠니신사 참배와 관련해서 A급 전범이라도 죽은 사람의 책임을 추궁하는 것은 일본인 정서에 맞지 않는다는 취지의 발언을 했다. 이 같은 발언이 의미하는 것은 정치지도자의 책임은 도의적 책임 이전에 정치선택이라는 측면에서 개별적인 행위책임이며 또한 결과책임으로 추궁해야 하는 문제이고 시간이 지나도 추궁해야 하는 역사적 책임이라는 것조차 일반화되지 않았다는 것이라고 생각할 수밖에 없다. 필자는 현재 일본국민의 전쟁책임은 이러한 지도자에 대해 철저히 책임을 추궁하지 않았다는 점에 있다고 생각한다.

필자는 지도자의 책임을 구체적인 정치 시스템과 정치 그룹에 따라서 분석하고 또한 지도자의 책임과 국민의 전쟁=정치책임을 명확히 구별해서 무엇보다도 국민책임을 지도자의 책임을 추궁하는 역량 형성의 문제로 이해해야 한다고 생각한다. 필자가 이와 같은 견해를 기술한 것은 이것을 계기로 국경을 초월해서 공유할 수 있는 역사인식을 부분적으로 형성시킬 수 있다고 생각했기 때문이다. 지도자의 책임과 국민의 책임을 일체적으로 취급하는 분석방법은 결국 국가단위의 논쟁으로 귀착되기 쉽다. 따라서 지도자의 책임과 국민의 책임을 나누어서 각각 치밀하게 추궁할 수 있는 방법이 검토되어야 한다.

【참고문헌】

安田　浩,『天皇の政治史』, 青木書店, 1998年

Herbert Bix,『昭和天皇』上・下,　講談社, 2002年

Peter Wetzler,『昭和天皇と戰爭』, 原書房, 2002年

秦郁彦,『昭和天皇の'戰爭責任'を檢證する』,『中央公論』2003年 2月號

일본의 침화전쟁 손해배상책임 회피 경과에 대하여

멍궈샹(孟國祥, 중국 난징의과대학 사회과학부 교수)

전쟁배상문제의 해결은 패전국이 국제사회에서의 지위와 주권을 회복하는 전제이며 패전국으로서 피해국에 응당히 져야 할 의무와 책임이다. 일본은 명치유신 시기부터 주변 국가들을 침략하는 작전을 시작하였다. 중국에서만 해도 그 침략만행은 중화민족에게 커다란 인명재산피해를 안겨주었다. 1931년~1945년에 걸친 일본의 침화전쟁에서 중국국군은 약 3,500만 명이 사망했고, 직접적인 경제손실은 미화 약 6,000억 달러에 달했다.[1] 이처럼 일본의 침화전쟁은 중화민족에게 크나큰 인명피해와 재산피해, 그리고 정신적 고통을 던져주었을 뿐만 아니라 중국사회의 현대화 발전을 침체상태로 몰아넣어버렸다. 전쟁에서 패배한 일본은 중국에 대한 배상책임을 마땅히 져야 했음에도 불구하고 독일과 달리 일본정부는 그릇된 사관에 입각하여 국제정세와 아시아 각국 내정의 움직임을 이용하면서 전쟁에서 최대의 피해국인 중국에 대한 전쟁배상책임을 회피하였을 뿐만 아니라 전쟁으로 인한 민간인들의 손해배상청구도 아랑곳하지 않았다. 이 글은 일본이 중국에 대한 국가적 차원의 배상책임을 회피하는 것, 전후 처리문제를 무시하거나 거절하려는 일본의 입장을 살펴보고, 일본정부의 이러한 입장은 일본국민들이 전쟁책임을 인식하는 데 어떠한 영향을 끼쳤는가를 검토해보고자 한다.

---

1) 『人民日報』, 1995年 7月 7日.

1. 미국은 부일반공(扶日反共)으로 일본의 先期 철거배상계획을 종지시켰다.

일본침략만행으로 인한 손해배상을 청산하기 위하여 전쟁이 끝나기 전인 1939년 7월에 중국 국민정부행정원에서는 '항전손실조사방법'을 제정하였다. 장제스는 카이로회의에 참석하기 전부터 이미 손해배상청구제안을 준비하였다. 1944년 2월 5일 중국정부는 "행정원항전손실조사위원회"를 성립하였고, 이 위원회로 하여금 전쟁배상청구에 대비하기 위하여 9·18사변 이후 일본의 침략으로 인한 손실내역을 조사하도록 하였다. 같은 해 3월 9일 참사실에서는 '전후대일강화조약요강'을 기초하였는데, 이 강요에서는 일본으로 하여금 군사배상뿐만 아니라 배상과 채권, 손해보상, 투자 및 건설, 자원진흥 등의 형식으로 경제적인 배상책임도 함께 지도록 제기하였다.2) 1945년 7월 미·영·중 삼국은 '포츠담선언'에서 일본은 본국 경제유지와 실물배상지불에 필요한 공업을 소유할 수 있다고 규정하여 발표하였다.

일본이 투항한 직후 중국 국민정부는 손해배상청구에 커다란 관심을 기울였으며, 미국·소련과 여러 차례의 회담을 가졌다. 1945년 11월 13일 중국외교부에서는 '배상과 절도물 반환에 관한 기본원칙 및 진행방법'을 통과시켰고, 여기서는 다음과 같이 규정하였다. 일본의 배상은 실물배상을 위주로 하며, 중국은 기타 피해국에 비하여 피해 정도가 가장 심각하기 때문에 일본에게 손해배상청구우선권을 소유할 수 있다. 중국은 일본의 배상 총액에서 과반 이상을 차지하여야 한다. 중국 국내에 있는 모든 일본의 공적, 사적인 재산은 배상내역의 일부분으로 취급하여 중국정부에 이양하고, 일본 국내에서 배상으로 충당할 수 있는 각종 실물도 배상내역의 일부분으로 취급하여 중국정부에 교부하여야 한다.

당시 패전국의 배상문제는 패전국이 자기의 주권 범위 안에서 스스로 결

---

2) 中國第二歷史檔案館 檔案, 全宗號 761, 卷號 226.

정하는 상황이 못 되었다. 중국의 손해배상청구여부는 기타 동맹국의 결의에 따라 결정하게 되었다. 전후 일본문제처리를 대비하기 위하여 극동위원회와 동맹국관제일본위원회가 성립되었고, 동맹국관제일본위원회 주석에는 주일(駐日) 동맹군 최고사령관 맥아더가 당선되었다. 미국이 일본을 독점하고 있는 전제하에 배상문제에 대한 미국의 태도는 지극히 중요했다. 사실상 미국은 전후 문제의 처리권을 전적으로 쥐고 있었다. 전후 각 동맹국들은 대체로 미국의 입장을 채택하였다. 즉 화폐배상 대신 실물배상으로, 피해국의 실제손해에 대한 배상이 아니라 일본이 배상할 수 있는 한에서 배상의 범위를 정하였던 것이다.

전후 초기 미국정부는 여전히 중국을 미국의 극동 기지와 전략지점으로 간주하였다. 미국이 보기에는 자기의 경쟁자가 이미 중국의 땅에서 물러나갔고, 중국은 극동지역에 있는 미국의 최대 맹우로서 가장 적절한 기지일 것이었다. 종전 미국의 극동전략에서 일본이 차지하였던 지위는 지금 그다지 중요하지 않았다. 그래서 앞으로 일본이 더이상 미국을 위협할 수 없도록 보장한다는 것은 미국의 새로운 대일정책목표가 되었고, 이를 위하여 미국은 배상내역의 일부로서 일본 국내에 있는 대부분의 공업시설을 철거하는 엄격한 처벌방안을 택하였다. 미국의 최초 구상에 따르면 전후 일본의 경제구조는 농업을 위주로 하고 일본 국민의 생활수준은 기타 인접한 아시아 나라의 수준을 넘어서서는 안 되는 것이었다. 미국 배상전문가 폴리 (Porley)는 1945년 12월 16일 트루먼(Truman)에게 일본배상보고서를 제출하면서 일본의 공업수준을 1922년～1930년 수준으로 유지하자고 제의하였다. 1946년 11월 16일 '폴리Porley의 최종보고서'에는 일본이 24.66억 엔에 해당하는 배상용 산업 및 기타 군비시설을 철수해야 한다는 규정이 들어 있었다. 內野達郎은 이러한 조치는 사실상 일본을 다시 원시 농업국가단계로 끌어올려줄 것이라고 평가하였다.[3]

초기 미국은 일본의 배상문제 처리과정에서 비교적 적극적인 태도를 보

---

3) 胡德坤・徐建華：『美國與日本戰爭賠償方式的演變』, 『武漢大學學報』 2002年 第4 期.

여주었고, 중국정부의 일본에 대한 손해배상청구에도 지지하는 자세를 취하였다. 국제조약에 의하면 배상문제의 해결은 대일조약의 진행과정에서 이루어져야 하는 것이었다. 당시 전승국들은 일본의 공업을 통하여 본국의 경제를 발전시키는 것을 급선무라고 여기며 1946년 초 극동위원회에서 임시철거방안을 통과시킨 후 우선 동맹국 산하 일부의 일본공장을 철거하기로 하였다. 각 위원회 국가들 사이 의견의 불일치로 인하여 중국은 여러 차례에 걸쳐 중국에 대한 철거배상을 먼저 실시할 수 있도록 미국측의 단독집행을 요청하였다. 1947년 2월 미국은 극동위원회에 '일본배상선기교부안'을 제출하고, 4월 미국은 동맹국본부에 이 방안을 실시하도록 지시하였는데, 초기 철거배상총액의 30% 중에서 중국이 15%, 필리핀이 5%, 인도가 5%, 포르투갈·말레이시아 등 기타국가가 합하여 5%를 차지하도록 배정하였다. 이렇게 해서 중국은 초기 병기공장설비에 관한 철거배상에서 총 3건으로, 총 배상금액은 1939년 엔화 기준에 따르면 약 84,931,433.00엔, 달러로 환산하면 약 22,070,000.00달러를 획득한 것이었다.[4] 그런데 이것은 전승국으로서의 중국이 일본으로부터 받아낸 유일한 배상금이었다.

   냉전체제가 이루어짐에 따라 일본이 미국의 극동전략에서 차지하는 위치가 다시 상승하게 되었다. 미국은 일본을 아시아에서 공산주의를 저항하는 기지로 상정하려고 하였다. 이에 따라 미국은 우선 일본에 대한 배상정책 중에서 원래 제정한 타격과 징벌원칙을 육성과 진흥정책으로 고쳐버렸다. 1948년 1월 6일 미국 육군부장 로얄은 일본이 앞으로 극동지역에서 신형공산주의로부터의 위협을 저지하는 기지로 성장하도록 적극 협조하겠다는 의사를 표명하였다. 1948년 5월 미국은 폴리의 제안을 포기하고 말았다. 배상방안은 여러 차례의 시정을 거쳐 그 골자는 엄격한 배상방침에서 관대한 배상방침으로, 실물배상에서 상징적인 배상으로 바뀌었다. 원래 지정된 1,090군데의 공장에 대한 철거작업은 30%, 약 1.65억 달러밖에 완성하지 못했고, 이것은 불과 폴리 제안의 6.7%만 해결했던 것이다. 중국은 역시 초기 철거배상액 중에서 15%, 지극히 적은 양의 배상금만 받았을 뿐이다. 이러한

---

4) 沈云龍:『近代中國史料叢刊續篇』第710輯, 台北文海出版社, 66, 76쪽.

배상은 상징적인 배상이라고 해도 과언이 아니다.

당시 일본이 배상원칙에 대하여 결정권은 없었지만 배상국(뒤에 배상청으로 바뀜)이라고 부르는 전문적인 철거배상기구를 관할하고 있었다. 이 기구는 동맹국이 지정한 철거시설에 대한 보호조치와 포장책임을 담당하는 곳이었다. 그런데 중국측이 일본에 가서 해당 철거시설을 가져오려는 과정에서 일본측은 사사건건 방해하려고 하고 적극적인 협조를 제공하지 않았다. 당시 철거시설의 운반작업에 참여했던 대표들의 말에 의하면 제3차 물자(주로 오항발전소의 시설)를 가져오는 과정에서 일본측은 시설의 설계도, 보일러 급탄기의 강철받침대와 전기수송기의 변압기를 일부러 교부하지 않았다. 이 때문에 철거작업은 지연되었고, 마지막에 중국측은 제3차 물자의 30%만 회수하였다.[5] 그리고 손해배상의 일부로 지정된 절도물에 대한 회수작업에서 일본측이 취한 태도도 역시 마찬가지였다. 예를 들면 중앙도서관에서 홍콩 펑핑산(馮平山)도서관 산하의 사고전서를 비롯한 善本 35,000여 권의 의뢰보관을 맡는 동안 竹藤峰治는 이 서적들을 몰래 일본으로 훔쳐가 여러 군데서 나누어 감추어버렸다. 중국측은 우에노공원 제국도서관과 伊勢原 등 지역에서 여러 조사를 통해서야 겨우 회수하였다. 또한 전쟁 당시 심양박물관에서는 古畵 58점을 표구하기 위하여 도쿄에 보냈지만 그 뒤부터 아무런 대답이 없었다. 전쟁 직후 중국측은 여러 차례에 걸쳐 일본정부측의 조사협조를 요청했지만 역시 아무런 결과도 얻지 못했다. 그 후 중국측은 비밀조사를 통해 고화가 일본의 한 민가 집에 보관되고 있음을 알게 되었고, 여러 번의 교섭 끝에 고화를 다시 중국으로 가져왔다. 전쟁 당시 일본측이 용리아공장의 제조설비를 일본으로 훔쳐가 이를 개조한 일이 있었다. 전쟁 직후 일본측은 중국측이 제공한 이 설비물의 내역이 다르다는 이유로 이를 교부하려고 하지 않았다. 그 외 중국측이 광뚱(廣東)성 제지공장 설비물의 반환을 요청할 때도 일본측은 일부러 이를 내놓으려고 하지 않았고, 심지어 공인들이 철거반대운동에 나서게 책동하였으며 철거한 자라면 두고 보겠다는 협박까지 했다. 전쟁 직후 중국정부는 일본이 훔쳐간 물건의 일부를 되찾아

5) 同上.

왔다. 그러나 되찾아온 물건의 수는 실제 일본인에게 절도당한 물건 전체에 비하면 극히 미미하였다. 일본인이 훔쳐간 황금, 은의 반환청구작업은 더욱 어려웠다. 그 중에서 은이 약간 반환되었지만, 그 수는 역시 총 절도수의 1/3밖에 차지하지 못했다. 근거가 있는 문물절도만 해도 총 15,245건이 되었는데, 그 중에서 단지 2,000건만 되찾아왔을 뿐이다. 전쟁 시기 잃어버린 서적은 3백만 권에 달했지만 반환된 서적은 불과 158,873권이었다.[6]

2. 일본은 국제정세와 중국내분의 틈을 이용하여 배상책임을 최대한으로 회피하려고 했다.

한국전쟁이 일어나자 미국은 일본을 부축하는 전략을 택하였다. 미국은 일본과 조약을 체결하기 위하여 동맹국들로 하여금 일본에 대한 배상요구를 포기하도록 적극 주장하였다. 미국의 이러한 행동은 많은 국가들의 강력한 반대를 받았다. 필리핀, 프랑스, 인도네시아는 각각 80억, 20억, 40억에 달하는 배상금을 요구하였다. 일본과의 조약을 꾀하기 위하여 미국극동고문 덜레스(Dulles)는 필리핀을 비롯한 여러 국가들을 직접 방문하면서 미국의 원조승낙을 미끼로 이 국가들의 배상요구를 무마하려고 하였다. 1950년 6월 이후 미국은 베트남에서 호지명정권을 공격하고 있는 프랑스에 무기원조를 제공해줌으로써 프랑스의 지지를 얻어냈다. 1951년 6월 9일 덜레스는 미국이 프랑스의 지배를 받고 있는 베트남, 라오스, 캄보디아 3국이 대일강화회의에 참여하는 것을 지지한다는 의사를 밝혔고, 이에 프랑스는 모든 원칙적인 문제에 대하여 미국의 방안을 따른다고 표명했다. 일본은 미국의 극동지역전략에서 본국의 지위가 본격적으로 달라지자 더이상 배상책임을 지고 싶어하지 않았다. 미국은 동남아 피해국들의 불만을 무마하기 위하여, 이들로 하여금 전면적인 봉쇄(封鎖)금수조치를 당한 신중국을 대신하여 일

---

6) 孟國祥等 : 『中國抗戰損失與戰后索賠始末』, 安徽人民出版社, 1995年版, 119쪽.

본의 새로운 무역시장으로 들어서게 만들어주는 한편, 일본측이 이들 국가에 일정한 보상금액을 지불하도록 권유하였다. 1952년 4월 덜레스는 세 번째로 일본을 방문했을 때 일본에 가공배상방안을 제기했다. 즉 일본이 손해배상을 청구하는 나라에서의 원자재를 가지고 배상물자를 생산하자는 것이었다. 그런데 요시다(吉田茂)는 덜레스의 제안에 대하여 일본정부가 아직 구체적인 대책을 마련하지 못하였기 때문에 검토를 계속해서 빠른 시일 내로 미국과 연락을 취하겠다고 말은 하였으나 명백한 입장을 밝히지는 않았다. 그러나 요시다는 필리핀 해역 내에서 침몰한 일본선박의 인양작업에 대하여 일본측이 직접 맡으면 추후 인양한 선박을 필리핀정부에 인도해줄 수 있다는 의사를 드러냈다.

1951년 9월, 미국은 일본강화회의에서 '샌프란시스코 조약'을 일방적으로 통과시켰다. 전쟁배상문제에 관하여 조약 제14조는, 일본은 전쟁으로 인하여 물질·정신적 피해를 받은 동맹국들에게 마땅한 배상금을 지불해야 한다고 지적하였지만, 한편으로는 일본국민들도 최소한의 생존을 유지해야 한다면 일본 국내 자원이 부족하다는 전제하에서 여태까지 일본은 타국에게 입힌 물질·정신적 피해를 배상하는 과정에서 이미 최선을 다했다고 인정해주어야 하며, 그리고 지금 일본은 기타 의무를 이행하고 있다고 덧붙였다. 일본은 빠른 시일 내로 일본의 점령을 받고 일본으로부터 피해를 당한 모든 동맹국들과 회담을 열어야 하며, 후자가 원한다면 일본은 배상의 한 방법으로서 이들 동맹국들에게 생산, 침선인양작업에 노동력을 제공할 수 있다. 샌프란시스코 강화회의 소집 당시 신중국이 이미 성립했음에도 불구하고 미국은 중국의 참여권을 강화회의에서 제명하였다. 미국과 공식적인 관계를 유지해왔던 대만당국은 중국의 신분으로 강화회의에 참석하려고 했지만 소련과 영국의 반대에 부딪혀 이루어지지 못했다. 그러나 미국은 강화회의가 끝나면 일본과 대만국민당정부 사이 쌍무조약을 체결하도록 하는 계획을 따로 꾸며냈다. 8월 15일 중화인민공화국 외무부장관 쩌우언라이(周恩來)는 강화회의에서 전승국인 중국에 대한 참여거절조치를 비난하고, 회의에서 일본의 배상문제를 취소한 것은 국제협정에 어긋난 조치이며, 일본의 점령을 받고 일본으로부터 엄청난 피해를 입고 복원하기 어려운 국가들에게는 배상의 권력을 응당히 확보해주어야 한다[7]는 성명을 발표하였다.

중국은 강화회의에 참석하지 못하였기 때문에 일본은 중국과 따로 조약을 체결해야 원칙에 어긋나지 않은 일이었으나 미국은 신중국을 외면하고 일본이 대만과 조약을 체결하는 것을 책동했다. 당시 국민당정권은 대만에 갇혀 있는 상태이며, 장제스(蔣介石) 자신의 국제적인 지위를 높이기 위하여 손해배상청구에서 자세를 낮추고 일본과의 조약을 맺으려고 하였다. 일본은 중국이 통일되지 못하고 있는 처지, 그리고 장제스가 하루빨리 조약을 맺으려는 상황을 이용하여 대만당국에 압력을 가하여 엉뚱한 요구를 제기하였다. 1951년 2월 일본 중의원 외교위원회의에서 국민당대표의 자격문제(중국인민을 대표할 수 있는 여부)가 제기되었다. 1951년 10월, 요시다(吉田)수상은 여러 차례에 걸쳐 일본국회에서 다음과 같은 의사를 밝혔다. 1) 만일 중화인민공화국이 일본정부가 상해에서 해외사무소를 설치하는 것을 요청해주면 일본도 같은 조건하에 중국이 일본에서 같은 기구를 설치하도록 허락할 것, 2) 만일 중화인민공화국이 앞으로 3년 이내 '샌프란시스코 조약'에 준하여 일본과 조약 체결문제를 협상할 것이라면 일본정부는 이에 전적으로 따를 것이다. '샌프란시스코 조약'의 법적인 효력이 발생하는 즉시 일본은 주권국가로서의 지위를 되찾게 될 것이고, 일본은 누구와 조약을 맺을 것인가 하는 문제도 스스로 결정할 수 있기 때문에 대만당국자는 반드시 '샌프란시스코 조약'의 법적인 효력이 발생하기 전에 하루빨리 일본과 조약을 맺어야 한다고 생각하였다.

미국의 압력에 기하여 1952년 2월 17일 일본정부는 河田烈 일행 8명을 타이베이(臺北)에 파견하면서 대만당국과 '일대조약'의 체결여부를 공식적으로 협상하기에 이르렀다. 대만당국은 손해배상문제를 청구할 가능성이 거의 없는 것을 알고 있으면서도 한편으로는 일본측의 양보를 기대하고 있었다. 그런데 일본측 대표는 대만의 처지를 잘 알고 있기 때문에 끝까지 양보하지 않았다. 대만측에서 기초한 '중일조약 초고'에서 일본배상문제에 대하

---

7) 『新華日報』, 1951年 8月 16日.

여 두 가지 요구를 제기하였는데, 그 핵심은 '샌프란시스코 조약' 내용을 거의 베껴 옮겼던 것이다. 즉 1) 노무보상의 일환으로 생산 및 沈船 인양작업에서 일본인의 도움을 이용하고자 하는 것, 2) 정부 및 일본인들의 재산에 대한 처리권을 중국정부에 부여해준다면 기타 배상요구는 일제히 포기할 것이다. 이와 같은 유명무실한 요구에 대해서도 일본측은 모두 거절해버렸다. 일본측 대표 키무라(木村)는 "만약 저 본인으로서 귀국에게 이러한 특별한 혜택을 부여해줬다면, '샌프란시스코 조약' 체결에서도 귀국에게 그 참여권도 추가로 드려야 할 것이 아닙니까?"라며 중국 내륙에서는 대만의 지위가 합법적이지 않다는 의의를 제기하고 있는데, "저희들이 여기서 조약을 협상하면서도 조약의 승인여부를 상당히 우려하고 있습니다. 이번 조약이 체결되면 앞으로 아주 중요한 정치적 의의를 부여할 것임을 명심하십시오"[8]라고 거듭 공언하였다. 노무보상에 대하여 河田烈은 "귀국이 복무보상을 요구하는 처사는 여태까지 귀국이 일본에 대하여 관대정책을 쓰겠다는 발언에 어긋난 것입니다. 이번 조약은 과거의 잘못을 따지지 않은 것을 전제로 하고 체결해야 할 것인데, 귀국이 복무보상을 요구하는 것은 일본국민들의 귀국에 대한 불만을 다시 야기할 것입니다"[9]라고 말했다. 이로써 대만은 부득이 노무보상 요구를 포기하고 말았다. 일본은 조약초안에서 기록된 배상부분에 해당한 범위는 중국대륙과 연관되어 있기 때문에 전부 삭제해야 할 것을 주장하였다. 즉 지금은 이 규정을 추가할 시기도 아니며 중국에 관한 문제는 이미 '샌프란시스코 조약'에서 해결된 이상 여기서 다시 언급할 필요는 없는 것 같다. 일본국민들이 현재까지의 배상문제에 대해서도 큰 부담을 느끼고 있는데, 만일 중일조약에서 또다시 이러한 문제를 제기하게 되면 곧 일본국민을 자극하여 이들로부터 큰 불만을 사게 될 것이다. 이러자, 대만당국은 체면 때문에 일본에게 일본측이 배상의 의무를 느껴 대만에게 노무보상을 제공하기로 했지만, 대만측이 이를 자동으로 포기한다는 식으로 기재해달라고 요구했다. 이와 같은 큰 타협도 일본으로부터 다시 한번

---

8) 『中日外交史料叢篇(九)』, (台灣)外交問題硏究會 1966年 9月 編印, 93, 120쪽.

9) 同上.

거절을 당하였다. 대만당국이 조약 본문에서 일본에 있는 왕징웨이(汪精衛) 산하의 재산은 본국에 돌려주어야 한다는 조항을 기재해줄 것을 요청하자, 일본측은 장제스가 '샌프란시스코 조약'의 법적인 효력이 발생하기 직전에 쌍무조약을 빨리 체결하려는 조급한 마음을 알아내고 협상 날짜를 고의로 지연하고, 만일 이 조항을 조약 본문에 기재하게 되면 국회의 심의를 통과하기 어려울 것이라고 말끝을 흐렸다. 결국 대만당국은 여러 번 양보했고, 오로지 '日台條約' 의정서에서만 전쟁배상에 대한 내용을 다음과 같이 기록했다.

> 일본국민에게 관대와 친선의 뜻을 표시하기 위하여 중화민국은 '샌프란시스코 조약' 제14조 甲-1에서 규정된 일본이 제공해야 할 복무혜택을 자동으로 포기하는 바이다.10)

후루야 케이지(古屋奎二)는 『장제스비록(藏介石秘錄)』에서 중일조약에서 배상이란 글자가 한번도 보이지 않은 것은 전례(前例)의 조약을 미리 보지 못해 그 사유를 몰라서 그랬던 것이로구나, 말했다. 이처럼 일본은 침화전쟁배상문제에 대하여 가능한 한 그 책임을 회피하려는 입장을 취하고 있었던 것이다.

대만당국은 '日台條約'에서 손해배상청구를 포기했지만 중국인민공화국이 이 조약을 승인한 적은 한번도 없었다. 그래서 일본의 대화배상문제를 어떻게 해결해야 좋을 것인지 말할 수도 없었다. 1970년대 초 중·일 양국이 정상적인 외교관계를 맺을 시기가 다가왔다. 전쟁배상문제를 둘러싸고 중국정부에서 협상을 한 끝에 배상문제를 포기하기로 결정하였다. 그 원인은 다음과 같다. 1) 중·일 수교 직전 장제스는 이미 배상청구를 철회하였는데, 공산당의 아량은 장제스보다 적으면 안 되는 것, 2) 일본은 중국과 수교를 맺으려면 원칙상 대만과 절교를 먼저 해야 하고, 중국정부는 이러한 점을 고려하여 배상문제에 대하여 관용의 태도를 취해야 할 것, 3) 일본에

---

10) 顧維鈞 : 『顧維鈞回憶菉』 第9권, 中華書局 1989年版, 740쪽.

배상문제를 청구하게 되면 그 부담은 결국 일본국민에게 전가될 것이며, 이 것은 결코 중국정부가 바라는 친선적인 외교관계가 아닌 것이다.[11]

1972년 7월 일본 공민당 위원장 다케이리(竹入)가 중국을 방문하였다. 쩌우언라이는 중국정부가 초안하고 마오쩌뚱의 시인을 받은 '연합성명초안' 8항을 다케이리에게 발표하였다. 둘째 조항은 바로 전쟁배상에 관한 내용인데, 중일 양국 인민의 우호관계를 위하여 중화인민공화국은 일본정부에 대한 전쟁배상청구권을 포기한다는 것이다.[12] 그런데 일본은 중국의 이러한 조치에 아무런 감사의 표현조차 없었다. 오히려 일본외무성이 '日台條約'에서 중국이 일본에 대한 전쟁배상청구권을 이미 포기한 것으로 선포하였기 때문에 '중일연합성명'에서 이와 똑같은 내용을 다시 한번 기록하게 되면 중국은 아직도 전쟁배상청구권을 가지고 있는 듯한 느낌을 다른 나라에 심어줄 수 있기 때문에 반대 의사를 표현했다. 그래서 중일 양국의 협상회의에서 일본은 전쟁배상문제를 일제히 언급하지 않고 중국정부의 일본에 대한 전쟁배상청구권을 끝까지 시인하려고 하지 않았다.[13] 9월 9일 후루이 요시미(古井喜實)는 일본 외무장관을 대표하여 중국정부에 "일중공동성명요강 일본측기본방침요점"을 제출하였는데, 중국정부의 초안에서 "배상청구권을 포기한다"는 문장은 중국이 아직도 전쟁배상청구권을 가지고 있다는 것을 인정하는 의미이기 때문에 적당하지 않아 '권'자를 삭제하고 "배상청구를 포기한다"로 고쳐야 한다고 주장하였다.

1972년 9월 25일 다나카 수상이 중국을 공식적으로 방문하였다. 방문 당일에 열린 수뇌회의에서 중국정부는 일본에 대한 전쟁배상청구권을 포기할 것을 공식적으로 발표하였다. 그러나 다음날에 열린 회의에서 일본 조약국장 다카시마(高島)는 중국의 전쟁배상청구권 여부는 이미 '일대조약'의 부속 의정서에서 해결되었기 때문에 이번 연합성명서에서 다시 기재할 필요가 없다고 주장하였다. 이에 대하여 쩌우언라이는 "패하여 대만으로 도망간 장

---

11) 『周恩來的決斷』, 中國靑年出版社, 1994年版, 60쪽.
12) 『周恩來的決斷』, 中國靑年出版社, 1994年版, 82쪽.
13) 『周恩來的決斷』, 中國靑年出版社, 1994年版, 87쪽.

제스는 중국을 대표할 자격이 없습니다. 그가 배상청구를 포기한다고 한 것은 남의 재물로 인심 쓰는 격입니다. 우리는 양국 국민 간의 우호관계에 입각하여 배상의 부담을 일본국민에게 가하려고 하지 않습니다. 그러나 다카시마 선생님이 중국의 이러한 선의에도 불구하고 오히려 장제스가 배상을 이미 포기했다고 말씀하신 것은 중국국민에 대한 모욕이라고 생각합니다. 저는 성격이 비교적으로 온화한 사람이지만 오늘 이런 말을 들으니까 정말 참지 못하겠습니다"라고 말했다.[14)]

여러 차례의 협상을 통해서 중국은 자기의 입장을 거듭 강조한 끝에 일본은 '중일연합성명'에서 중국의 일본에 대한 손해배상포기내용을 기재하는 것에 동의하기로 했지만 발표형식은 중국 단독적인 선포로 해야 하고, 문구상 '권'자는 삭제해야 한다고 주장하였다. '중일연합성명' 제5조의 내용은 다음과 같다. 중화인민공화국정부는 중일 양국 국민의 우호관계를 위하여 일본에 대한 전쟁배상청구를 포기할 것을 선포한다. 이것은 중국정부로서 전쟁배상문제에 대한 공식적인 발표문이다. 1978년 8월 12일 중일 양국은 '중일우호평화조약'을 공식적으로 체결했다. 이 조약에서는 위 연합성명은 양국간 우호와 평화의 기초이며, 연합성명의 각 조항은 엄격히 지켜야 한다고 밝혔다. 1978년 8월 16일 중국 전인대 상임위원회가 이 조약을 비준했다. 이처럼 일본에 대한 전쟁배상청구문제는 끝내 중국측의 포기로 끝을 맺었다. 중국정부는 일본에 대한 손해배상청구를 포기함으로써 당시 중일 양국간 정상적인 외교관계를 순조롭게 체결할 수 있도록 하는 매우 중요한 역할을 하였다. 그러나 중국정부의 이러한 행동은 일본으로부터 긍정적인 평가를 받지 못했다. 배상의 부담을 털어놓은 일본은 오히려 전쟁의 만행을 더 이상 인정하려고 하지 않았다. 1970년대 후반부터 발호한 일본 우익세력은 간접적으로 중국 민간에서 일본에 대한 손해배상청구를 다시 제기하게 만들었다.

---

14) 『周恩來的決斷』, 中國靑年出版社, 1994年版, 168쪽.

3. 중국 민간에서의 일본에 대한 손해배상청구

'중일연합성명'에서 중국정부는 일본정부에 대한 손해배상청구를 포기한다고 성명했지만, 일본정부는 이 성명에서 중국 국민의 손해배상문제에 대하여 아무런 규정과 조치를 명시하지 않았고 민간인들에 대한 배상문제는 해결되지 못한 채로 남아 있는 것이다.

1980년대에 들어서부터 중국 민간에서 일본에 대한 손해배상을 청구하자는 소리가 점점 높아지기 시작했다. 특히 1995년에 민간인 피해자들은 대규모로 일본에 가서 법적인 절차를 통해 일본정부를 기소하였다. 민간인들의 이러한 행동의 원인은 역사적인 배경과 현실적인 불만으로 인한 것이다. 우선 일본의 침화전쟁에서 수많은 피해자가 발생했는데, 이들 피해자는 마땅한 배상을 받지 못한 것이 그 주 원인이 되었다. 또한 일본에서 군국주의가 재기할 기세가 보이며, 정부요인들이 침략 만행을 부인하려고 하는 움직임은 도화선처럼 민간인들로 하여금 손해배상청구를 다시 제기하게 만들었다. 그리고 국내외 정세의 변화는 민간인들의 손해배상청구를 유리한 쪽으로 성사시킬 수 있는 여건을 마련해주었다.

2차 세계대전 직후 참전국들마다 전범문제, 정부 간의 전쟁배상문제, 민간에서의 개인이나 단체들에 대한 손해배상문제를 다소 가지고 있었다. 중국민간단체, 특히 개인의 손해배상에 대하여 적절한 해결 대책이 없는 것은 오늘날 중·일 양국 간에 남아 있는 최대의 문제이라고 할 수 있다. 구체적으로 말하면 학살참사피해문제, 전쟁포로노동자문제, 위안부문제, 세균무기피해문제, 화학무기피해문제, 절도문물도서의 귀환문제, 공습문제 및 일본의 공채문제 등이 있다. 이 여덟 가지 문제는 전부 다 침화전쟁중 일본인들의 야만성, 침략성, 무인도성에서 기인한 것이며, 모든 피해자는 거의 다 평민이기 때문에 민간인들 사이에서 손해배상청구를 다시 제기하게 되었다. 일본정부가 전쟁만행을 인정하려고 하지 않는 입장은 인권을 무시하는 처사와 마찬가지이다. 특히 최근 몇 년 사이 일본에서는 정계로부터 민간에 이르기까지 침략사실을 부인하거나 이를 미화하는 여론이 갈수록 치열해지고 있다. 역사사실을 올바르게 인식하고 정의와 공정을 지키기 위하여, 일본군국주의의 침략으로 신음했던 온 중국국민은 일본 우익의 이러한 경거망동을 강력히 비난하고 법적인 수단을 통하여 일본정부로 하여금 전쟁의 책임을 시인하도록 맞서야 한다. 바로 이러한 입장에 입각하여 중국의 전쟁 피해자들은 일본정부 혹은 일본회사에 대한 법적인 기소를 통하여 그들의 공식적인 사과와 경제적인 배상을 강력히 요구하고 있다.

국제사회에서는 피해자들의 인권을 존중하려는 움직임이 나타나고 있으며, 중국정부는 일본정부에 반동적인 역사사관을 숙청하고 전쟁으로 인한 여러 문제를 적절하게 처리해야 할 것을 요청하고 있다. 피해자 자신들도 사건에 대한 인식을 전환하고 있으며, 더구나 국내외 인사들의 열성과 도움으로 피해자들은 마침내 기소 방법으로 손해배상청구에 나섰다.

중국 민간인들이 제기한 손해배상기소에 대하여 일본정부는 대개 다음과 같은 세 가지 이유로 이를 회피하거나 거절하였다. 1) 배상문제는 이미 양국 정부 사이에 체결한 조약으로 해결되었기 때문에 전쟁피해자는 개인적인 신분으로 가해국에게 손해배상을 청구할 수 없다. 2) 피해자의 기소시효는 일본민법에서 규정한 20년 간의 상환추구기간을 이미 만료한 상태이다. 3) 일본정부는 피해자 개인에 대한 손해배상책임을 질 수 없다. 기소된 일본기업도 일본정부의 입장을 따라 배상청구를 거절하려고 모든 방법을 다 동원했다.

일본정부가 이상과 같이 제기한 이유에 대하여 법학계와 사학계 인사들은 강력히 반박했다. 예를 들면 전쟁배상과 손해배상은 같은 범주에 속한 것이 아니기 때문에 양자의 배상원인, 배상형식, 배상주체, 배상청구방법이 각기 다를 수 있는 것이다. 개인으로서의 손해배상청구권에 대하여 국제사회에서도 이를 보편적으로 인정해주고 있다. 전쟁 직후 나치독일로부터 피해를 받은 프랑스 유태인이나 폴란드 유태인들은 독일정부에 전쟁손해배상 청구를 직접 제기하였고, 독일정부로부터 배상을 받았다. 독일정부는 폴란드 유태인이 국제법에 해당하지 않은 성원이므로 이들의 청구를 거절한 적은 한번도 없었다. 그런데 일본정부는 국제법에 의하여 부여된 개인의 손해배상권을 전적으로 부인하는 것이 아니었다. 바로 미국과 캐나다에서 살고 있는 일본교포들은 전쟁 당시 불공정한 대우를 받았다는 이유로 개인신분으로 소재 국가정부에 손해배상청구를 제기하였다. 46년 간의 노력을 거쳐 캐나다정부는 피해를 받은 일본인에게 공식적으로 사과하고 생존자에게 배상금 1인당 캐나다 달러 21,000달러씩(총3억 달러)을 지불하였다. 미국도 당시 미국에 의하여 억류된 일본교포에게 배상금을 지불하기로 했다. 미국당국은 우선 70세 이상의 일본교포에게 배상금 1인당 미화 20,000달러씩을 지불하면서 미 부시대통령의 사과편지도 함께 전달하였다. 그 후 12.5억 달러에 이르는 배상금을 추가로 교부하였다. 이처럼 일본정부는 내외가 다른 기준을 쓰고 있지만, 중국국민들의 정당한 권력을 완전히 무시해버린 일본의 속마음은 더할 나위가 없다.

피해자는 개인의 신분으로서 일본정부에 손해배상청구를 제기할 수 없다, 는 일본측의 이유는 성립되지 않는다. 국제법에 의하면 전쟁 직후 패전국은 피해국 개인에게 배상을 지불하게 되어 있다. 동독은 1953년에 600억 마르크에 이르는 인신재산손해 배상금을 피해자들에게 교부하였다. 1993년 1월까지 독일이 유럽국가 피해자들에게 지불한 배상금은 총 904.93억 마르크에 이르렀다.[15] 사실상 일본정부는 일본 국내에 있는 전쟁피해자에게 배상책임을 지어주고 있다. 1952년 4월 일본정부는 '전시부상자, 병자, 순직자 및 유족원조법'을 공포하였고, 전쟁에 참가한 일본군인 및 유가족들에게 위로금이나 양로금 명의로 피해배상금을 지불하였다. 50, 60년대 일본정부는 전쟁피해자를 위로하기 위하여 15개조로 된 법을 제정하였다. 그러나 해당 대상자는 대부분의 경우 일본국적이라는 조건이 부가되어야 하는 것이다. 여기서 기타 국가 전쟁피해자들에 대한 배상의도를 고의로 회피하려는 일본의 계략은 쉽게 알 수 있다. 일본정부가 전쟁피해자들에게 지불한 배상금은 총 40조 엔이다.

민법의 법정시효란 이유도 역시 성립될 수 없다. 1968년 11월 26일 UN회의에서는 '전범죄및인류위해죄법정시효공약비적용'을 통과시켰다. 전쟁으

---

15) 姜維久 : 『二戰賠償問題述評』, 『學術月刊』 1995年 第8期.

로 인한 손해배상청구권은 일반 민사법률에 적용되지 않는다는 것을 명시하였다. 현재 스위스은행에 입수된 나치독일의 금괴문제에 대하여 이를 법적인 시효가 지났다고 제기한 적은 없다.

일본기업체들은 "국책에 복종하지 않을 수 없다"는 이유를 내세워 배상청구를 거부하였다. 전쟁 당시 이윤추구를 목적으로 하는 일본기업체들은 정부의 생산확대정책에 호흡을 맞추어 중국인들의 노력을 강제로 착취하고 이들에게 잔혹한 박해를 가하였고, 이로 인한 노동자들의 사망률은 상당히 높았다. 「화인노동자상황조사보고서」 통계에 의하면 일본기업체에 종사하다가 사망한 자는 6,830명이었으며, 사망률이 40%에 이른 기업체들은 총 7군데가 있었다. 이러한 사실만으로도 일본기업체는 피해자들에 대한 배상을 책임져야 할 것이다. 독일의 IG, 폭스바겐, 벤츠를 비롯한 기업체들은 1951년부터 피해자들에게 배상금액을 교부하기 시작하였다. 1988년 벤츠회사는 전쟁 당시 본사에서 복역했던 유태인들에게 2천만 마르크의 배상금을 지급하였다. 1999년 독일정부와 자동차·제철·금융계를 비롯한 큰 기업체들은 반성·책임·미래라고 이름한 배상기금을 마련하고, 70만 명의 피해노동자들에게 총 미화 33억 달러를 지불할 계획을 상정함으로써 피해자들의 배상에 대하여 편의를 제공하고 있다. 2000년 3월 23일 나치노동자배상재판은 베를린에서 끝났고, 최종 재판결과에 의하면 독일은 100억 마르크에 이르는 배상금을 지불하도록 결정하였고, 당시 수익기업체들과 현 정부에서 각각 반씩 지불하기로 하였다.

그런데 오늘날 일본정부는 아직도 전쟁 직전의 군국주의를 벗어나지 않고 배상책임을 고의적으로 회피하고 있다. 일본법원은 정부의 뜻에 따라 처리하고 있기 때문에 민간에서 제기하는 손해배상청구는 쉽게 진전되지 못하고 있다. 이와 같은 일본정부의 입장은 국제적인 관례에 어긋나는 것이며, 극히 근시안적이다.

4. 맺음말

역사문제는 중·일 양국간 기본적인 정치원칙과 관련되어 있으며, 일본정부의 역대 신임당선자는 이에 대해 입장을 표명해왔다. 역사에 대한 인식은 추상적인 것이 아니며, 일본정부가 배상문제에 대하여 취한 입장은 바로 그들의 진실한 역사관을 보여줄 것이다. '샌프란시스코 조약'이 체결되기 직전에 일본은 배상문제에 대하여 극히 제한된 발언권을 가지고 있었지만 '샌프란시스코 조약'이 체결된 이후 일본은 독자적인 외교권을 되찾았으므로 일본정부는 전쟁으로 인한 피해자들의 손해배상에 대하여 전적으로 책임져야 할 것이다. 하지만 중국의 배상문제에 대해 일본이 그 책임을 회피하려고 한 것은 대단히 유감스러운 일이 아닐 수 없다. 사실상 배상문제는 순수한 경제적인 목적보다도 도의적, 정치적인 의의가 함께 포함되어 있다. 우리는 이를 통하여 과거 불미스러운 역사를 어떻게 바라보고 있는가 하는 일본정부의 관점을 엿볼 수 있다. 배상현실을 회피하려는 일본정부의 입장은 결국 중국국민의 감정을 상하게 하였을 뿐만 아니라 일본국민들의 역사관을 바로세우는 데 좋지 않은 영향을 끼쳤다. 배상문제는 침략사실과 밀접한 연관성을 가지고 있다. 그래서 일본정부가 중국정부와의 조약체결협상에서나, 중국민간인들이 제기한 손해배상청구에 대하여 배상책임을 거절하려는 태도는 사실상 자신들의 침략사실을 부인하려는 것과 같다. 다나카(田中角榮) 이후의 역대 일본수상은 침략전쟁에 대하여 언제나 '불편을 드렸다'는 사과의 인사로만 그쳤다. 일본당국자들의 이러한 입장은 사실상 일본국민의 역사관인식을 오도하였다. 즉 전범문제도 해결하지 않고 배상책임도 지지 않은 전쟁은 침략전쟁이라고 할 수 없는 것이다. 당시 중국정부의 전쟁배상청구포기가 중국정부나 중국국민들이 전쟁배상에 대한 청구권을 소유하고 있음을 전제로 하여 결정하였던 것을 일본정부는 명심해야 한다. 일본정치가들은 역사를 올바르게 인식하는 용기를 가져야 하며 국제추세에 맞추어 행동하여야 한다. 일본정부는 손해배상청구문제를 적절하게 해결해야 역사적인 부담을 덜 수 있고, 나라의 국제적인 지명도도 한층 높일 수 있을 것이다. 그때가 되면 중일 양국간의 우호관계 또한 증진될 것이다.

'야스쿠니(靖國)'에 관한 여러 문제

다카하시 테츠야(高橋哲哉, 동경대학 조교수)

2003년 1월 24일, 고이즈미 수상은 취임 후 세 번째로 야스쿠니 신사참배를 했다. 내외의 여러 비판에도 불구하고 참배를 되풀이하는 수상의 등장으로, 야스쿠니신사문제는 한국·중국·일본 간 중대한 정치문제로서 재부상했다고 보아도 좋다. 그러나 이 문제는, 정치문제인 동시에 사상문제이기도 하며, '국가'의 의미를 어떻게 해석할 것인가라는 문제에 수렴된다고 필자는 생각한다. 이하, 야스쿠니신사에 관한 여러 문제를 분석·정리하면서, 현 단계의 근본문제라고 생각하는 부분을 밝히고 싶다.

1. 'A급전범' 문제

도조 히데키(東條英機) 전 수상 등 14인의 소위 'A급전범'이 야스쿠니신사에 합사(合祀)된 것은 1978년 10월 17일이었다. 이것이 그 후 야스쿠니신사문제가 외교문제로 발전하는 중요한 요인이 된다. 합사판명 후, 국내에서도 '전쟁긍정에 연결된다'는 비판이 있었지만, 이 문제가 일약 주목을 받게 된 것은, 1985년 나카소네 수상이 '공식참배'했을 때, 중국정부로부터 격렬한 비난을 받게 된 데서 유래한다. 나카소네 수상이 그 다음해부터 참배를 중지한 중요한 이유도, A급전범 합사에 대한 아시아 국가들의 반발 때문이었다.

그렇지만, A급전범 합사를 문제시하는 것은, 역으로 말하면 그 외의 것은 문제시하지 않는 일이 된다. 나카소네 수상이 참배한 1985년 12월, 당시의 짱수(章曙) 주일대사는 이미 "A급전범 문제만 해결된다면 해결책을 끌어내는 일이 결코 어렵지 않다"고 말했다. 2002년 고이즈미 수상의 참배 이전에도 우다웨이(武大偉) 주일대사가, "일반 전몰자를 참배하는 것은 아무런 문제가 없지만, A급전범이 합사된 것이 문제다"라고 언급했다. 한국의 경우, A급전범 문제 이상으로 식민지지배에 의해 신사참배가 강요된 역사가 문제되겠지만, 그러한 한국도 고이즈미 수상의 참배 후, "한국정부로서는 전범이외의 전몰자를 추모하는 일에는 반대하지 않는다"고 일본정부에 전했다. 노무현 대통령은 이렇게 이야기했다. "고이즈미 수상이 야스쿠니신사에 참배한 일은 대단히 유감스럽게 생각한다. 야스쿠니신사에 모셔져 있는 전몰자들의 영혼과 유족들의 요구도 이해하고 있다. 그러나 전범에 관해서는 다른 이야기이다"(2003년 1월 23일, 『아사히신문 인터뷰』).

A급전범 이외에는 문제시하지 않는다는 입장은, 전후 중국정부가 기회있을 때마다 표명해온 전쟁책임론과 일치하고 있다. '소수의 일본 군국주의자'와 '일반의 일본국민'을 구별해, 중국침략전쟁의 책임은 전자에 있고, 후자에는 없다라는 것이 원칙이다. 1985년의 중국 외무성 대변인 담화에서는, 수상의 야스쿠니 참배는 "일본 군국주의에 의한 피해를 깊게 받은 중·일양국 인민을 포함한 아시아 각국 인민의 감정에 상처를 주는 일이 될 것이다"라고 표명했다. 이 인식에서 보면, '소수의 군국주의자' 이외의 일본 '인민'은, 중국 인민과 함께 군국주의의 '피해자'였던 것이 된다. 중국정부로서의 이러한 인식은, '중일우호'를 향한 일본국민에 대한 메시지인 동시에, 일본군에 의한 심대한 피해를 직접 받은 자국민의 '민족 복수주의'를 진정시키기 위한 '설득'의 논리였다고 생각한다.

이러한 입장은 중국 등 피해국으로서는 큰 폭의 정치적 양보였을 것이다. 야스쿠니신사에는 A급전범 이외에도, 전쟁행위를 명령하거나 실행한 것으로 처벌받은 다수의 B·C급 전범, 또한 전범 이외에도 중일전쟁중 전사한 대장·중장 등 다수의 일본군 지휘관이 모셔져 있다. A급전범을 '분사(分祀)'하면 야스쿠니를 문제시하지 않는다는 것은, "B·C급 이하의 전범을 문제시하지 않는 일로, 정치결착을 도모하는 발상"[주젠룽(朱建榮), 동양학원대

교수]라고 말한 것에서 유래한다. 1985년에 국제문제화된 후, 나카소네 내각에서 A급전범 '분사'를 검토한 것은, 이것에 대한 일종의 정치적으로 '합리적'인 대응이었다. 한편, 고이즈미 수상의 대응은 아연실색할 정도로 비논리적이었다. "일본인의 국민감정으로는 죽으면 모두 부처님이 된다. A급전범은 이미 사형이라는 현세의 처형을 받았다. …(중략)… 죽은 자에 대해서 그렇게까지 선별을 하지 않으면 안 되는가"(2001년 7월, 당수토론회). 모든 일본인이 불교도가 아니라는 것, 야스쿠니의 '영령'은 '부처'가 아니라, '신'으로 모셔져 있는 것, 합사된 A급전범의 사형자는 반절에 불과하다는 것을 제쳐두고라도, '선별'은 피해국 정부의 정치적 양보이며, '정치결탁'에 대한 도움의 손이기도 하다는 것을 전혀 이해하고 있지 않다.

그렇다고 하더라도, A급전범 분사는 간단한 일이 아니다. 나카소네 내각이 분사를 추진했을 때, 야스쿠니신사측은 "일단 합사된 혼을 다른 곳에 움직이는 일은 할 수 없다"고 분명히 거절했으며, A급전범 유족측에서도 반대의견이 있었다. 만약 정부가 그래도 분사를 강제한다면, 그것이야말로 정치에 의한 '종교법인'에 대한 명백한 개입이며, 헌법위반이 되기 때문에 강행할 수가 없다. 그렇다면, A급전범 분사가 절대적으로 불가능한가 하면 그렇지는 않을 것이다. 사형당한 A급전범 7명 중 6명의 유족은 분사에 동의했으며, 반대는 도조家뿐이었다고 하니까, 유족 전체의 동의를 얻는 것이 불가능하다고는 말할 수 없다.[1] 원래 '메이지' 초기에 발안된 야스쿠니의 의례를 신사 스스로 일부 수정하는 일이 절대로 불가능하다고도 말할 수는 없을 것이다. 만약 일부 수정이 가능하다면, 적어도 정부간 외교문제로서의 야스쿠니 문제는, 해결의 길이 열릴 가능성이 나온다.

그러나, 정부 간의 '정치결탁'은 전쟁책임과 역사인식의 문제에 근본적인 해결을 가져오는 것은 아니다. 피해국 민중의 납득을 얻을 수 있는가도 확실치 않다. A급전범들이 중대한 전쟁책임을 지고 있는 것은 확실하지만, 역으로 그들을 분사한 후의 야스쿠니신사에 천황이 '참배'하는 것을 상상해본다면 문제점은 명백할 것이다. "누군가 전쟁의 책임을 지지 않으면 안 된

---

1) PHP研究所編, 『檢證 ・靖國問題とは何か』, 2002年, 163~4쪽.

다. A급전범들에게 제2차 세계대전의 책임을 지게 하고, 그들을 분사한다"
[노나가(野中) 관방장관, 1999년 8월]. 이러한 연설을 들으면 A급전범에 주요한
전쟁책임을 '지게 하고', 천황과 일반국민의 책임을 불문에 부치는 전후일
본의 역사의 반영을 보는 느낌이 든다. A급전범 분사는, 일본측으로서는 A
급전범에 전쟁책임을 뒤집어씌우고, '천황의 신사' 야스쿠니의 시스템은 불
문에 부치는 '정치결착'이 될 수도 있다.

2. '정교분리' 문제

일본국 헌법 제20조는 다음과 같이 규정되어 있다.

　① 信教의 자유는, 누구에게도 이것을 보장한다. 어떠한 종교단체도 국가
로부터 특권을 받거나, 또는 정치상의 권력을 행사해서는 안 된다. ② 누구
도 종교상의 행위, 축전, 의식 또는 행사에 참가하는 일을 강제받지 않는다.
③ 국가 및 그 기관은 종교교육, 그 외 어떠한 종교적 활동도 해서는 안 된
다……

고이즈미 수상은 참배 전에 이렇게 이야기했다. "전몰자에 참배하는 일이
종교적 활동이라고 한다면 그만이지만, 야스쿠니신사에 참배하는 일이 헌
법위반이라고는 생각하지 않는다. 종교활동이기 때문에 좋다든지 나쁘다든
지 할 일이 아니다"(2001년 5월, 중의원예산안). 아연실색할 수밖에 없이 비논
리적이다. 그러나, 최대의 문제는 수상이면서 재판의 판례를 무시하는 일에
있다.
　1991년 1월의 이와테(岩手) 야스쿠니 위헌소송·센다이(仙台)고등재판소
는 이렇게 판결했다. "(수상 등이) 공적 자격으로 야스쿠니신사에 참배한다
면, 국가 또는 그 기관이 야스쿠니신사를 공적으로 특별시하여, 다른 종교
단체에 비하여 우대적 지위를 주고 있다는 인상을 사회일반에 주어, (전몰

자의 추도라는 명목이라도) 국가의 비종교성 혹은 종교적 중립성을 몰각할 우려가 대단히 크다", "천황의 공식참배는 내각 총리대신의 공식참배와 비교할 수 없을 정도로 국가사회에 영향을 미친다", "따라서 공식참배는 헌법 제20조 3항이 금지하는 종교적 활동에 해당하는 위법 행위라고 말하지 않으면 안 된다." 피고인 국가측이 상고했지만, 각하되었기 때문에 이 판결은 확정되었다. 나카소네 수상의 공식참배를 둘러싼 규슈 야스쿠니 소송에 대한 후쿠오카 고등재판소의 판결은(1992년 2월), "공식참배를 계속한다면 위헌"이라는 결정을 내렸다. 또한, 오사카 야스쿠니 소송에 대한 오사카 고등재판소의 판결은(같은 해 7월), "위헌의 의혹이 있다"고 말해, 이들 판결도 확정되었다. 정교분리에 관해서 가장 중요한 판결의 하나는, 에히메 헌등료(玉串料) 위헌소송・최고재판소 판결(1997년 4월)로, 에히메현이 야스쿠니신사・호국신사에 22회에 걸쳐, 총 16만 6천 엔의 헌등료 등을 지출한 행위를 명확하게 정교분리에 반하는 위헌행위라고 판정했다.

이러한 판결에도 불구하고, 고이즈미 수상이 "헌법위반이라고는 생각하지 않는다"든가, "종교활동이기 때문에 좋다든지 나쁘다든지 할 일이 아니다"라고 일방적으로 공언하며 참배를 강행하는 것은, 3권분립에 대한 도전이라고도 할 수 있는 중대한 정치행위이다. 고이즈미 수상의 이러한 행위에 대해 이미 후쿠오카, 마쓰야마, 오사카, 도쿄, 치바, 나하의 각 지방재판소에 위헌확인・참배금지 소송이 일어나, 원고의 총수는 한국의 유족, 재일 외국인을 포함한 천 명을 넘어서고 있다.

이러한 헌법의 벽을 넘어서려고 한다면, 국가에 두 개의 선택지가 있을 수 있다. 첫째로 헌법 '개정'을 제기하는 일, 둘째로 야스쿠니신사 자체를 비종교화하는 일이다. 헌법의 정교분리 규정을 폐지하는 일은 비현실적인 일이기 때문에, 현실적으로는 야스쿠니신사의 비종교화를 생각할 수밖에 없다. 앞서 이야기한 노나카 관방장관은 같은 발언 속에서, "야스쿠니신사를 가능한 한 종교법인 자격을 떼고 순수한 특수법인으로 만들어, 종교를 불문하고 국민 전체가 위령할 수 있도록 하겠다"고 하고 있다. 실은 이러한 생각은 결코 새로운 것이 아니다. 자민당이 1969년, 70년, 71년, 72년, 74년

의 5회에 걸쳐 국회에 제출하여 종교계 등의 격렬한 비판에 의해 그때마다 폐안된 '야스쿠니신사 법안'도, 제5조에서 "야스쿠니신사는 특정한 교의를 가지고, 신자의 교화육성을 하는 등의 종교적 활동을 해서는 안 된다"라는 등 가능한 종교색을 씻으려고 한 것이었다. 최근 논리 중에는, 하나의 종교 법인에 불과한 현재의 야스쿠니신사는 '국민적 추도시설'일 수 없고, 그렇 다고 하더라고 새로운 국립시설 건설은 '역사의 연속성'이라는 점에서 어려 움이 있기 때문에, 야스쿠니신사 자체를 새로운 국립추도시설로 하기 위해 서는 '야스쿠니신사 법안'을 재평가해야 한다는 주장이 나오고 있다(宮崎哲 彌, "ならば靖國神社を「國營化」せよ！", 『論座』 2002년 11월호). 이와 같이 야 스쿠니를 비종교화한 위에 국가가 관리해야 한다는 논리는 어떻게 생각해 야 할까?

먼저, 내각의 관방장관이 "종교법인격을 떼고, 순수한 특수법인으로 한 다"고 말하는 등, 법률에 의해 야스쿠니신사로부터 종교성을 없애려 하는 것은, A급전범 분사 이상으로 중대한 종교에 대한 정치개입이 될 것이다. 그리스도교든 불교든 어떤 종교법인이 법률에 의해 해산되어 특수법인화가 강행된다면, 이것은 종교탄압 이외에 아무것도 아니다.

야스쿠니신사의 특수법인화가 있을 수 없는 일인가 하면 그렇지는 않다. A급전범 분사와 동일하게, 야스쿠니신사 자체가 원한다면 가능한 일이 될 것이다. 그러나, '야스쿠니'의 비종교화에는 한계가 있다. 전몰자를 '신'으로 모시고, '신도'의 제식으로 '위령'을 행하는 예대제(例大祭)를 가장 중요한 의식으로 하는 이상, '야스쿠니'의 종교성은 소멸되지 않고, 역으로 이러한 종교성의 핵심부분을 버리지 않으면 안 된다고 한다면, 야스쿠니신사 자체 가 특수법인화에 응할 수 있는 일도 있을 수 없을 것이다.

여기서 잊어서는 안 되는 것은, 원래 국가신도 자체가 확립과정에서 그리 스도교나 불교 등의 다른 모든 종교를 넘어선 국가의 초종교로서, 종교이며 종교이지 않은 것 '본질상 종교라고 해도, 표면은 결코 종교라고 생각할 수 없는 것'을 지향, '윤리적 변장(Ethical Camouflage)'을 시행한 것이라고 할 수 있다(加藤玄智, 『神社對宗教問題から見たる神道の一考察』, 1931). 국가신도의

이러한 성격은, 모든 '신사의 비종교' 이데올로기가 되어, 다른 모든 종교를 허용해 관대하게 포섭하는 것처럼 보여주면서, 실은 다른 모든 종교를 천황의 국가에 절대복종시키는 기능을 발휘했던 것이다.[2]

1932년의 '야스쿠니신사 참배 거부사건'은 상징적이다.[3] 카톨릭 신자인 상지대학 학생 2명이 야스쿠니 신사참배를 거부, 반 그리스도 캠퍼스에 발전했을 때 카톨릭 교회측의 청원서에 대해서, 문부성은 이렇게 회답했다. "학생·생도·아동을 신사에 참배시키는 것은 교육상 이유에 근거한 것이며, 이 경우 행해지는 경의라는 것은 애국심과 충성을 표현하는 일 외에 아무것도 아니다"(『雜宗 140호』昭和7年 9月 30日). 요컨대, 국가신도=야스쿠니신사 '참배'는 카톨릭 신앙과 동위 대립하는 종교가 아니고, 천황국가에 대해 '애국심'과 '충성'을 표현하는 이외에는 아무것도 아니기 때문에 '참배'에 응하라는 명령이다. 이것에 의해, 드디어 일본기독교 연합회, 대일본불교회, 신도교파 연합회 등이 '애국심'과 '충성'을 깃발로 '대일본 전시 종교 보국회'에 결합, 전쟁협력을 추진하는 것이 정당화된다. 국가신도라는 초종교로의 종속을 거부한 그리스도자가 어떻게 되었는가 하면, 순교자 50인 이상, 체포자 5,000인 이상, 교회폐쇄 200곳 이상이라는 가혹한 탄압을 받은 조선의 예가 웅변적으로 말해주고 있다.

대일본제국 헌법 제20조는, '일본 신민은 안녕과 질서를 방해하지 않고, 또한 일본 신민으로서의 의무를 반하지 않았을 경우에만 신앙의 자유를 가진다'라고 규정하고 있다. 그리스도교나 불교 등의 '신교의 자유'는 '신민다운 의무', 즉 국가신도=야스쿠니 신앙을 받아들여, 천황국가에 대한 '애국심'과 '충성'을 표하는 한에서만 허용되는 것이며, '절대복종의 의무'에 따르지 않을 때에는 '비국민'으로서 철저히 배제·탄압되는 것이다.

이러한 역사를 본다면, 야스쿠니신사가 종교법인에서 특수법인이 되어 국영화되는 선택지는, 야스쿠니신사가 종교법인에 머무는 것보다 문제가

---

2) こうした点については, 戸村政博・野毛一起・土方美雄, 『檢證 國家儀禮 1945~1990』作品者, 1900, 67쪽 以下.

3) カトリック中央協議會福音宣教研究室編, 『歷史から何を學ぶか カトリック教會の戰爭協力・神社參拜』, 新世社, 1999年, 51쪽 以下.

크다고 여겨진다. '신사 비종교'라는 윤리적 변장(Ethical Camouflage)이 국가 신도=야스쿠니신사의 근원에 있기 때문에, 비종교화에 의한 국영화가 야스쿠니신사의 '본래의 모습'으로 복귀가 되지 않는다는 보증은 없다. 야스쿠니신사는 원래 '비종교'의 '국립추도시설'이라는 것을 방침으로 했다고 말할 수 있다.

이상에서, 정교분리의 헌법 아래 야스쿠니신사가 취할 수 있는 길은 두 가지밖에 없다. '종교법인' 야스쿠니신사 그대로 공식참배를 일절 단념하고 국가와의 관계를 끊어낼 것인가, '신도' 형식의 '위령'을 포함해서 종교성을 완전히 배제하여, 야스쿠니신사인 것을 그만두고 순수한 '국립추도시설'로 완전히 변모하는가.

3. 합사폐지의 정당성

야스쿠니신사가 '종교법인'에 그치고, 공식참배 문제뿐만 아니라 모든 면에서 정교분리가 철저히 되었다고 해보자. 그렇다고 하더라도 문제는 끝나지 않는다. 일절의 정치관여에서 분리된 야스쿠니신사가, "신사측의 기분으로서는 매일매일 조용한 제사를 하고 싶다"[4]라는 말 그대로 운영을 할 경우, 이 신사 자체의 문제점이 보이게 된다.

2001년 6월, 한국의 전 일본군 군인·군속과 유족 252인이 전쟁동원에 의해 받은 모든 종류의 피해배상 등을 요구하는 소송을 도쿄지방재판소에 제기했는데, 그 중 55인의 원고는 전사한 친족의 야스쿠니신사 합사의 정지=‘합사폐지’를 구하는 제소를 했던 것이다. 야스쿠니신사에는 현재 타이완 출신자 2만 8천여 명, 조선 출신자 2만 1천여 명이 합사되어 있다. 이들 중에는 일본이 행한 전쟁에서 'B·C급 전범'이 되어 사형당한 조선인 23명, 타이완인 26명도 포함되어 있다. 구식민지 출신자의 합사가 처음으로 문제된 것은 1978년 2월, 타이완 관계자에 의해서였다. 1979년 2월에는 타이완

---

4) 西川重則, 『天皇の神社 靖國』, 梨の木舍, 2000年, 27쪽.

고사족의 유족대표단 7명이 야스쿠니신사에 직접 합사 철회를 요구했지만 거절당했다. 야스쿠니신사의 논리는 이렇다. "전사한 시점에는 일본인이었기 때문에, 사후 일본인이 아니라는 것은 있을 수 없다. 또한, 일본의 군인으로서, 죽으면 야스쿠니에 안치된다는 기분으로 죽었기 때문에 유족의 신청으로 철회한다는 것은 있을 수 없다. 내지인과 동등하게 전쟁에 협력하게 해달라고, 일본인으로서 싸움에 참가한 이상 야스쿠니에 모셔지는 것은 당연하다. 타이완에서도 대부분의 유족은 합사에 감사하고 있다".[5]

'황민화'를 강제하여 전쟁에 동원하고 전사시켜, 그 후 유족에게 전사를 통지하지도 않고, 유골의 반환도 행하지 않은 채, 더군다나 동의도 없이 야스쿠니신사에 합사했으며, 합사통지도 행하지 않으면서 합사철회를 요구하면 단번에 거절한다. 여기에는 야스쿠니신사의 '편협한 내셔널리즘', 일방적이고 독선적인 특질이 노골적으로 보여진다. 합사폐지소송 원고의 한 사람인 김경석씨가 "야스쿠니 합사는 살아서는 강제징병, 죽어서는 강제수용, 이중의 강제연행이다"라고 통렬히 비판하는 것도 당연하다. 게다가, 야스쿠니신사에 합사되어 있는 '영령' 중에는 타이완·조선의 식민지 지배를 위해 전사한 자들도 있다. 일청, 일로전쟁의 전사자도 그렇지만, 일로전쟁 관계의 합사자 88,429명 중에는 한국합병 전후의 의병투쟁 진압을 위한 일본군 전사자가 포함되어 있고, 타이완의 항일 반란진압(야스쿠니신사 자체가 '타이완 정토'라고 명기하고 있다)을 위한 일본군 전사자도 1,130명 합사되어 있다. 자신들을 힘으로 정복해서 탄압했던 일본의 군인들과 함께, 천황을 위해 목숨을 바친 자로서 '신'으로서 모셔지는 등 구식민지 출신자들에게는 참을 수 없는 굴욕일 것이다. 합사폐지의 요구를 일방적·독선적으로 거절하고 있는 야스쿠니신사는, 전후 반세기 이상 경과한 오늘에도 전전·전중의 식민지 지배의 논리를 그대로 끌고 가고 있는 것이다.

합사폐지의 요구는, 일본의 유족들로부터도 나오고 있다. 1968년 9월 이후, 목사인 角田三郎 등이 친족의 합사 철회를 직접 야스쿠니신사에 요구, 야스쿠니측으로부터 "신사창건의 유래 및 전통에 비추어볼 때, 신청에 합당

---

5) こうした經緯は, 田中伸尙, 『靖國の戰後史』, 岩波書店, 2002年, 226쪽 以下.

한 일은 할 수 없다"고 거절당했다. '창건의 취지 및 전통'이란 무엇인가?.
"야스쿠니신사는, 창건의 유래가 메이지 천황의 '한 사람도 남기지 않고 전
사자를 모시는 것처럼, 언제까지 국민에게 존경받을 수 있는 시설(신사)을
만들라'는 성지에 의해 창건된 것이기 때문에, 유족이나 제3자가 모셔달라
든가, 모시지 말라든가 하여도 그와 같은 요구는 거절할 수밖에 없다". 그리
고 "야스쿠니신사는 헌법에서 말하는 종교가 아니다. 일본인이라면 누구라
도 존경해야 하는 '道(도덕)'이다. 야스쿠니신사의 이러한 본질과 제사의 내
용은 전전에도 전후에도, 또한 장래 야스쿠니 법안이 성립해서 국영화된 후
에도 변하지 않는다".[6]

　여기서 다시, 야스쿠니의 누에(鵺, 머리는 원숭이, 손발은 호랑이, 몸은 너구
리, 꼬리는 뱀, 울음소리는 호랑이지빠귀와 비슷하다는 전설적인 짐승으로 어느
쪽도 아닌 수상쩍은 것을 가리킴-역주)적 특질이 나오고 있다. 야스쿠니신사는
법률상에는 하나의 '종교법인' 이외의 아무것도 아니다. 그런데 신사의 자
기인식은, '헌법에서 말하는 종교'가 아니고, '메이지 천황'의 '창건'의
'성지'에 결정된 "일본인이라면 누구라도 존경해야 하는 '道(도덕)'"라고 한
다. 요컨대 이 '종교법인'은, 수상의 공식참배가 있든 없든, A급전범이 합사
자이든 아니든, 천황제='국체' 내셔널리즘을 오늘날까지 엄연하게 유지하
고 있으며, 유족의 의사를 완전히 무시해서 모든 전사자를 천황제에 대한
'충성' 아래 구속하고 있는 것이다. 이 '종교법인'은, 자기 인식에 있어서 여
전히 사실상의 '국가 신도'이며, 비종교 즉 초종교의 '천황교'이며 '일본교'
인 것이다. 야스쿠니신사라는 하나의 '종교법인' 안에, 여전히 '천황교'로서
의 '일본교'(＝일본 내셔널리즘)가 식민지 지배의 논리를 포함, 다시 말해 제
국주의 이데올로기로서 살아남아 있는 것이다. 그것을 가능하게 한 것은,
천황제='국체' 내셔널리즘이 전후 헌법 아래에서도 '상징천황제'로서 살
아남았기 때문이다.

　'야스쿠니'문제가 해결되기 위해서는, 이와 같은 합사에 '고통'이나 '굴
욕'을 느끼는 유족들의 합사철회 요구가 충족되지 않으면 안 된다. A급전범

---

6) 田中, 同書, 116쪽 이하.

분사나 '특수법인화'와 마찬가지로 야스쿠니신사 자체가 스스로 유족의 합사폐지 요구에 응답하지 않으면 문제는 해결되지 않는다.

그렇다면 여기서 현황의 '종교법인'이 아니라, 야스쿠니신사 자체가 종교성을 완전히 배제해서(야스쿠니신사인 것을 그만두고), 국립의 '전몰자 추도시설'로 바뀌었다고 한다면 문제는 어떻게 될까? 만약 그렇게 바뀌었다고 하더라도, 그것이 여전히 '천황'을 상징으로 하는 '일본국가'를 위한 '전몰자 추도시설'인 이상, 구식민지 출신 전몰자의 철회문제는 생길 것이다. '국가신도'라는 (유사)종교적 형식이 완전히 배제되었다고 하더라도, '일본국가'를 위해서 생명을 바친 군인·군속에 '감사와 경의'를 바치는 현창시설인 이상, 철회요구는 구식민지 출신자의 유족뿐만 아니라, 구'대일본제국'의 전쟁을 미화하는 일에 반대하는 일본인 유족으로부터도 나올 것이다.

여기서 완전히 무종교인 '국립전몰자 추도시설'에서 현창되는 것을 바라지 않는 유족의 전몰자를 제외하는 것을 생각해보자. 문제는 어떻게 될까?

4. '국민국가'라는 '종교'를 넘어설 수 있는가

여기까지 왔을 때, 문제는 드디어 근대 국민국가 일반의 '전몰자 추모'와 '내셔널리즘'의 문제에 접근하게 된다. 모세는 『英靈—창조된 세계대전의 기억』(George L. Mosse, Fallen Soldiers : Reshaping the Memory of the World Wars, Oxford U.P., 1990)에서, 근대 서구에서 탄생한 국민국가군이 '조국'을 위해 전쟁에서 죽은 병사들의 '숭고한 희생'을 찬양, 현창하고 미화해 '영령'화하는 것에 의해 내셔널리즘을 창출하고 고양시켜, 국민을 새로운 전쟁에 동원해온 과정을 구체적으로 검증하고 있다. 야스쿠니신사는 그것의 일본판이며, 서로 다른 국가의 특유한 역사적 문맥을 떼버리면, 놀랄 만한 공통성이 인식된다. 또한, 칸토로비치에 의하면, '조국을 위해 죽는 일'(Pro Patria Mori)의 현창은 고대 그리스·로마로 거슬러 올라가며, 그리스도교의 영향과 봉건적 주종관계로의 이행에 의해 중세에는 쇠퇴하지만, 12,3세기의 서구에 부활해서 근대에 이르고 있다고 한다.[7] '전몰자 추도'와 '내셔널리즘'의 문제는, 최종적으로는 전쟁에서 조국을 위해 죽는 일을 국가적・국민적 가치로서 인정할 수 있는가라는 문제가 될 것이다.

　무종교의 '국립추도시설'이라고 해도, ① '추도'대상의 범위 ② '추도'의 의미에 의해 그 가치는 달라지게 된다. '추도'대상이 기본적으로 야스쿠니 신사와 같은 경우, 즉 메이지유신 이후의 일본의 군인：군속인 경우에는, A급전범과 구식민지 출신자나 일본인으로 유족이 바라지 않는 전사자를 제외한다고 하더라도, 수상이나 천황이 거기에 가서 '조국을 위해 죽은' 일을 '숭고한 희생'으로서 현창하는 것은, 구'대일본 제국'의 전쟁의 역사를 미화하는 일로서 비판을 면할 수 없을 것이다. '추도' 대상을 민간인으로까지 확대한다고 해도, "현재 우리들이 향수하고 있는 평화와 번영은 조국을 위해 목숨을 바친 전몰자들의 희생 위에 세워져 있다"(고이즈미 수상 식사, 2001년 '전국 전몰자 추도식')고 하며 '경의와 감사'를 바치는 것이라면 문제는 사라지지 않는다. '평화와 번영'이 전몰자의 '희생 위에 세워져 있다'고 한다면, '평화와 번영'을 위해서 '희생'은 필요했던 것이 된다. '희생(sacrifice)'에는 종교적 제사에 있어서 산 제물(生贄)로서 신에 바쳐진 동물의 의미가 있으며, 살해된 동물은 이 의식을 통해 '성화(聖化, sacrifice, faire sacre)'된다. 전사자가 국가에게 '숭고한 희생'인 이상, '국가'라는 세속의 신에 대한 '순교'가 현창되는 구조는 사라지지 않는다. 그리고 그러한 이상, 이러한 종류의 국가적 '추도시설'은 언제든지 새로운 전쟁을 위한 내셔널리즘의 고양 장치가 될 수 있다.

　나카소네 수상은 1985년의 공식참배 전에, "미국에는 아린톤이 있고, 소련에도, 혹은 외국에 가보면 무명병사의 묘가 있는 등 나라를 위해 쓰러진 사람에 대해서 국민이 감사를 바칠 수 있는 장소가 있다. 이것은 당연한 일이며, 그렇지 않으면 누가 나라를 위해 목숨을 바칠 것인가"라고 말했다(8월

---

7) E・H・kantorowicz, Pro Patria Mori in Medieval Political Thought, in American Historical Review, LVI, 1951, 邦譯：みすず書房.

13일). 여기에 이미 야스쿠니신사를 새로운 전사자의 받침대로서 '조국을 위해 죽는 일'을 국민적 가치로서 부활시키려는 의도가 깔려 있다. 무종교의 '국립 추도시설'을 둘러싼 논쟁에도 그러한 의도는 이어져오고 있다. "나라를 위해 목숨을 버린 사람들에게 국민 모두가 경의를 표하는 장소가 없는 상태가 계속되고 있다. 일본이라는 나라를 위해 목숨을 던진 사람들에게 모든 국민들이 빠짐없이 영원히 감사를 바칠 수 있는 장소를 만든다"[가지야마 세이로쿠(梶山靜六) 전 관방장관, 1999년 8월].

이 회로를 끊어낼 수 있는 조건은 무엇인가? '국립 추도시설'의 틀 안에서 가능성을 생각하는 한, 적어도 ① '추도' 대상을 '자국의 전사자'에 한정하지 않고, 국가의 전쟁에 의한 새로운 전사자가 나오는 가능성을 배제하는 일, ② '추도'의 의미에서 전사의 '희생'화에 연결되는 일체의 수사를 배제하는 일, 이 두 가지는 제외할 수 없다. 2002년 12월에 후쿠다(福田) 관방장관에게 제출된 '추도 및 평화 기념을 위한 기념비 등 시설의 설립을 생각하는 간담회' 보고서는, '추도' 대상을 '나라를 위해 전사한 장병'에 국한하지 말고, '전쟁에서 생명을 잃은 민간인, 과거에 일본이 일으킨 전쟁에서 목숨을 잃은 외국의 장병이나 민간인'으로 넓히든지, 다른 한편으로 '전후 일본의 평화와 독립을 지키고, 나라의 안전을 지키기 위한 활동이나 국제 평화 활동에서의 사망자를 추도'하는 것으로, 새로운 전사자를 예상하고 있다. 또한 '구체적인 개개의 인간이 추모의 대상에 포함되는가 아닌가를 묻는 성격은 아니다'라며, A급전범을 비롯한 전쟁책임자의 문제를 회피해, 가해와 피해의 구별을 전면적으로 말소하고 있다.

①②의 조건을 완전히 충족시킨 '국립 전몰자 추도시설'의 예는, 필자가 보는 한 아직 존재하지 않는다. 독일 재통일 후에 쇄신된 베를린의 신 '노이에 바헤(Neue Wache)'는, 이들 조건을 비교적 충족시키고 있고, '반전 평화주의적인 국립중앙전몰자 추도소라는 새로운 발상이 여기서 실현되고 있다'고 높게 평가되고 있다.[8] 그러나 그렇다고 하더라도, 베를린·유대인 평

8) 南守夫, 「ドイツ轉役者追悼史と靖國·國立墓苑問題(中)」, 『季刊　戰爭責任硏究』, 第37號, 2002年, 32쪽 이하.

의회 대표가 개회식에 출석을 거부하는 등, '가해자와 피해자의 동렬화'에 대한 비판이 있다. 또한 비문에는 죽은 자에 대한 '애도'가 있을 뿐, 새로운 전쟁의 부정은 없다. '노이에 바헤' 자체가 프로이센부터 독일제국, 바이마르공화국, 나치 독일, 독일민주공화국, 그리고 현재라는 시대마다의 국가에 의해 그 성격이 변해왔으며, 독일정치의 역사인식이나 전쟁정책의 변화에 의해, 다시 성격을 바꾸는 일도 있을 수 없다고 말할 수 없다.

여기까지 오면 평범하지만 중요한 사실이 드러난다. 어떠한 '국립 전몰자 추도시설'도 그것은 '전몰자'의 기억을 관리·통제하는 '국립'시설이고, 국가의 역사인식과 전쟁정책으로부터 자유롭지 않는 한, 언제든지 '전쟁'을 뒷받침하는 '내셔널리즘'의 장치가 될 수 있다는 것이다. 그러한 의미에서 '전몰자 추도'가 '전쟁'을 뒷받침하는 '내셔널리즘'에 연결되지 않기 위한 근본적인 조건은, 국가의 관리·통제로부터 자유롭게 하는 것 이외에는 없다.

"국가는 죽은 자를 가족의 품에 돌려보내라"는 소리가 있다. 국가에 의한 어떠한 '추도'도 바라지 않고, 죽은 자를 그 가족에게 돌려보내는 것이야말로 '전몰자 추도'의 국가이용을 허용하지 않는 길이다. 이러한 관점에서 본다면, 새로운 '국립 추모시설'을 만드는 일은, 본래 민간의 하나의 종교법인에 불과해야 하는 야스쿠니신사로부터 죽은 자를 국가에 또다시 가두는 일이 될지도 모른다. 그것보다는 정교분리를 철저히 해 합사폐지를 희망하는 유족의 품에 모든 죽은 자를 돌려보내, 야스쿠니신사를 '우리나라에 있어서 전몰자 추도의 중심적 시설'로부터, 단순한 하나의 '종교법인'에 엄격하게 그치게 하는 것이 바람직한 일이라고 생각한다.

4부
글로벌화와 동아시아의 평화

중일관계의 건전한 발전을 가로막는 양대 장애

우광이(吳廣義, 중국사회과학원 세계경제정치연구소 연구원)

요지 : 최근 중일 양국 경제의 상호의존관계가 급속히 발전함에 따라 양국의 상호이해와 신뢰 또한 심화되어야 하지만 현 상황은 이와는 정반대로 상호마찰이 날로 심각해지고 있다. 그중 가장 두드러지는 것은 중일 양국의 '상호위협론'과 '상호신뢰위기론'으로 양국 관계발전의 양대 장애가 되고 있다. 일본정부는 "중국의 군사위협"을 구실로 평화헌법의 구속을 파기하고 군사대국화로의 전략목표를 추구하고 있으며 일본국민의 "대중국신뢰위기" 책임을 중국측에 전가시키고 있다. 이 점이 중일 양국의 상호마찰이 갈수록 첨예화되는 요인이 되고 있다. 그러므로 일본정부가 '중일공동성명', '중일평화우호조약' 등에 명기된 약속을 이행하고 침략전쟁의 역사를 바로보고 반성해야만이 중일 양국의 평화우호와 공동발전의 정치적 기초를 구축할 수 있는 것이다.

중일 양국 경제의 상호의존관계는 급속히 발전

글로벌경제가 발전·가속화됨에 따라 일본은 이미 10년 연속 중국의 최대무역대상국이 되었으며, 중국 또한 일본의 제2무역대상국이 되었다. 2002년 중일 양국 간의 무역총액은 1019.1억 달러에 달해 16.2% 증가했으며 1972년의 10.8억 달러에 비해 94배 증가하였다. 그 중 중국의 대일수출은 484.4억 달러로 7.7%성장하여, 일본은 미국, 홍콩 다음으로 중국의 제3대 수출시장이 되었다. 중국의 일본으로부터의 수입액은 534.7달러로 24.9%

증가하여 일본은 중국의 제1수입대상국이다.

일본은 중국이 외자와 기술을 도입하는 주요 공급국가 중 하나이다. 중일 양국의 민간과 정부가 공동으로 노력하는 가운데 일본기업의 대중국 직접 투자는 근래 양국경제협력 중 가장 활발한 영역이 되었으며, 자동차, 반도체, 통신기기 등 하이테크방면으로 발전하고 있다. 일본기업이 창지앙(長江)삼각주, 쭈지앙(珠江)삼각주 및 산뚱(山東)성에 지대한 흥미를 나타내는 것은 이 지역들의 행정서비스가 좋고 기업행동이 자유로우며 시장이 훨씬 개방적이기 때문이다. 최근 몇 년 동안 출현한 일본상들의 투자는 규모가 커지고, 투자주체는 대부분 지명도 높은 다국적기업이다. 예를 들어 캐논, 스미토모, 마츠시타, 후지, 소니, 앱손, 후지츠, 미즈비시상사, 이와이, 이토츠 등 세계 500대 기업에 속하는 10여 개사가 이미 쑤쩌우(蘇州)의 신지구에 20여 개 항목에 투자했다. 그 투자액은 세계 500대 기업이 쑤쩌우 신지구에 투자한 금액의 1/3을 차지한다. 우시(無錫)에도 이미 600여 개의 일본기업이 진출해 있고, 그 투자액은 20억 달러를 넘으며, 우시에 투자한 50여 개 다국적기업 중에서 일본기업은 21개사이다.

2001년 말까지 중국 내의 일본투자기업은 2만 개사 이상이고, 합의된 외자총액은 441억 달러를 초과했으며 그 중 실제 투자된 외자총액은 327억 달러이다. 실제 투자된 외자총액으로 보면 일본은 미국에 이어 세계 두 번째 투자국이다. 또한 일본의 중국 내 투자기업의 경영상태가 보편적으로 양호하고 성공률도 높다. 중국이 지난해 WTO에 정식으로 가입하자 일본의 많은 기업들은 중국시장이 더욱 큰 가능성이 있을 것이라고 내다보고 있다.

2003년 초부터 일본기업이 중국시장으로 대거 진출했다는 뉴스는 끊임없이 이어지고 있다. 예를 들면, 중국의 제1자동차그룹회사는 일본의 도요타자동차와 제휴한 데 이어, 일본의 다이하츠자동차공업과도 업무제휴를 체결하고 양측은 중국에서 다기능SUV자동차를 공동생산하기로 하였다. 그리고 일본의 八九君澤주식회사는 상해에서 三九그룹과 제휴서에 서명하고 쌍방은 三九그룹의 국내에서의 네트워크와 브랜드지명도 및 八九君澤의 자금과 관리우세를 이용하여 '三九健康슈퍼마켓'을 공동설립하여 5년 동안 중국에 10,000개의 약국 체인점을 열기로 결정하였다. 또한, 일본 최대의 보험회사인 일본생명보험상호회사(日本生命保險相互會社)는 상해광전유한공사(上海廣電有限會社)와 합자보험회사를 설립하기로 제휴하였다. 招商銀行은 日聯銀行과 썬쩐(深圳)에서 전면합작협의를 보고 쌍방은 인민폐자금업무, 자금관리, 대리업무, 고객자원의 공동개발, 고객에게 융자편의서비스제공, 경제금융정보상호교환 등 다방면에서 심도 있는 합의를 이루었다.

이러한 대중국투자열기 속에서, 줄곧 중국시장의 가능성을 낙관하지 않았던 기업조차도 태도를 바꾸고 있다. 예를 들면, 중국의 정밀기계시장이 끊임없이 성장함에 따라 후지와 삼성 등 유명한 다국적기업들이 중국에 속속 현지법인을 설립하고 국내 판매권까지 획득하였다. 세계 500대 기업에 속하는 일본의 정밀기계제조회사 리코(RICOH)도 금년 1월 21일에 3,300만 달러를 투자하여 상해에 리코중국투자유한회사를 설립하고 중국 내에서의 업무를 총괄하기로 했다고 선포하였다. 리코는 원래 중국에서 생산한 제품의 국내 판매권도 취득하였다.

종래 대중국투자 성과가 이상적이지 못했던 일본기업도 이익을 얻기 시작했다. 화홍NEC의 주식을 29% 보유하고 있는 일본NEC는 약 100억 엔(0.85억 달러 상당)을 투입하여 화홍NEC의 생산능력을 제고할 계획이다. 화홍NEC는 5년 간의 노력을 거쳐 금년에는 투자비용을 회수하여 적자기업이라는 오명을 벗어버리고 내년에는 이익을 얻을 전망이다.

특히 주목해야 할 것은 일본은 중국에 정부차관과 무상원조를 가장 많이 제공한 국가라는 것이다. 중국은 1979년부터 일본차관을 사용하기 시작하여 2001년 3월까지 네 차례의 일본차관을 이용하였으며 그 누적금은 2.6677만억 엔에 이르러 외국정부가 중국에 약속한 차관액의 50%에 달한다. 일본의 정부차관 등 자금합작은 중국의 경제개혁과 발전을 가속화시키는 역할을 하고 있다.

중일 양국은 서로에게 중요한 경제파트너로 상호보완과 안정적발전의 기초가 이미 형성되어 있다.

중일 양국의 상호마찰이 날로 첨예화

중일 양국 경제의 상호의존관계가 급속히 강화됨에 따라 양국의 상호이해와 신뢰 또한 심화되어야 하지만 현 상황은 이와는 정반대로 상호마찰이 날로 심각해지고 있다. 그 중 가장 두드러지는 것은 중일 양국의 '상호위협론'과 '상호신뢰위기론'으로 양국 관계발전의 양대 장애가 되고 있다

중일 양국의 '상호위협론'은 주로 군사와 경제 두 방면에서 나타나고 있다. 군사방면에서 일본정부는 항상 중국이 일본에 위협이 되고 있다고 강조한다. 예를 들어 냉전종식 후부터 『일본방위백서』는 '중국위협론'을 반복해서 제기하고 있고 러시아를 겨냥했던 병력배치도 중국대상으로 바뀌었다. 2002년 11월 28일, 고이즈미수상의 자문기관 '대외관계사업조'는 보고서 「21세기 외교기본전략」에서 중국군사력의 증강은 일본에 심각한 위협을 형성하고 있다고 밝히며 중국측에 국방비 예산의 투명도를 확보하라고 요구했다.

일본의 매체는 이 기회를 빌어 여론몰이를 하고 있다. 예를 들면 일부 언론매체는 중국 50주년경축행사시 진행된 열병식을 중국측의 위협과 현란한 군사력을 선전하는 것이라고 했으며, 2002년 5월 8일 신원불명자 5명이 선양(沈陽)주재 일본총영사관에 진입하는 사건이 발생한 후, 중국측이 적절한 조치를 취했음에도 불구하고 일본측으로부터 자국의 주권을 침해했다며 비난받았다. 심지어 일본의 한 잡지는 "중국에게 기만당한 것인가?"라며 문제를 제기하기도 했다.

일본이 평화헌법의 구속을 파기하고 군비를 확충하는 일련의 행동에 대해 중국정부를 포함하여 모두 사태의 심각성에 대해 큰 관심을 표시했다. 1997년 9월 23일, 일본은 미국과 공동으로 「미일방위협력지침」을 수정한 최종보고서 「미일방위협력신지침」을 작성하며 '일본유사'와 '주변유사'시 일미 공동대처와 연합작전계획을 제정했다. 이는 '평화헌법'이 금지한 '집단자위권' 행사의 제한을 일거에 파기한 것이다. 1999년 5월 24일, 일본국회는 「미일방위협력신지침」 관련 세 가지 법안을 통과시켜 일본군사력을

세계로 확대하고 지역분쟁시에도 관여할 수 있는 법률적 근거를 마련했다. 일본은 끊임없이 군함을 파견하여 걸프지역의 군사충돌에 관여했고 일본은 해외파병을 금지하는 약속을 깨뜨렸다. 중국측은 이에 대해 극심한 불안을 표했으며 아시아태평양지역의 평화와 안정에 새로운 불리한 요소가 늘었다고 판단했다.

중국 국민도 또한 일본에 경계심을 가지고 있다. 예를 들면, 일본정부의 대표적 관점은 중국주재 아니미 일본대사가 2002년 11월 28일 북경 허펑호 텔(和平賓館)에서 거행된 보고회 "더욱 밝은 일중관계건립--30년의 회고와 전망"에서 발언한 연설에 잘 나타나 있다. 이 보고회에는 300여 명의 중국 학생과 학자가 참가하였다. 아나미 대사는 연설중 "일본은 역사적 교훈을 받아들여 절대 군사대국화로의 길을 걷지 않겠다"고 명확하게 표명했지만 "일본은 현재 이미 군사대국이 되어 있지 않느냐?"는 중국외교대학 한 학생의 질문에는 믿음을 줄 만한 답을 하지 못했다.

근래, 일본측에 '중국경제위협론'이 출현했다. 중국이 대량의 염가상품을 일본시장에 수출하는 것에 대해 "중국수출통화긴축"이라고 하는 사람도 있으며, 일본기업이 중국으로 생산기지를 옮기는 것은 일본산업 '공동화'와 실업인구의 증가를 초래한다고 여기는 사람도 있다. 그러면서 중국은 비상하는 거대한 용이며 일본은 추락하는 태양이라고 자조하고 있다.

중일 양국의 '상호신뢰위기론'의 주요근거는 양국의 여론조사에 있다. 일본의 유관기구나 언론기구의 여론조사에 의하면, 일중국교정상화 이후 일본인의 중국에 대한 신뢰도는 1980년 78.6%로 높았지만, 1980년 76%, 1992년 61%, 1995년 57%, 1996년 46%로 점점 떨어지고 있다. 2002년 9월 11일 조사에서 일본인 중 중국에 신뢰를 표시하는 사람은 겨우 38.3%에 불과하고 "신뢰하지 않는다" 혹은 "그다지 신뢰하지 않는다"라고 답한 사람은 55.3%나 되었다. 이에 반해 1980년 "신뢰하지 않는다"라고 한 사람은 단지 14.7%만을 차지했다. 일본측은 이러한 수치를 열거하며 일본국민의 '대중국 신뢰위기'를 강조하고 있다.

최근, 중국인의 일본에 대한 불신감도 증폭되고 있다. 중국사회과학원 일본연구소가 2002년 9월부터 10월까지 독자 시행한 제1차 중일여론조사 결과는, 일본에 대해 "매우 친근하다"와 "친근하다" 5.9%, "친근하지 않다"와 "매우 친근하지 않다" 47.6%, "별 느낌이 없다" 47.6%, 그 나머지 3.2%는 "모르겠다"라고 답했다. 이로써 중국인의 '대일신뢰위기'가 나타난 것도 무리가 아님을 알 수 있다.

중일양국의 '상호위협론'과 '상호신뢰위기론'의 병인

필자는 중일 양국의 '상호위협론'과 '상호신뢰위기론'의 병인(病因)은 모두 일본의 역사인식문제에 있다고 생각한다.

상식적으로 생각해보면, 군비는 한 국가의 주권문제이므로 다른 국가가 이러쿵저러쿵 간섭해서는 안 된다. 그것이 세계평화와 발전의 조류에 부합하기만 하면 그들 국가의 내정문제일 뿐이다. 그러나 일본은 예외이다. 일본은 침화전쟁과 태평양전쟁을 일으킨 악의 원흉으로서 패전 후 국제적인 제재를 받아 '평화헌법'을 제정하였으며 무장병력을 보유하지 않는다고 선포했다. 그래서 전후 일본은 경찰부대만을 보유하고 있었고 후에 현재의 자위대로 발전하였다. 이에 대해 일본정부도 "군비는 국민총생산의 1%를 초과하지 않는다", "핵무기는 생산, 운반 및 보유하지 않는다", "해외에 파병하지 않는다" 등 많은 약속을 했다. 일본정부가 비록 최근 군사강국이 되지 않겠다고 재차 표명했지만 현재의 상황은 이와 다르다. 냉전종식 후 세계각국은 속속 군비를 축소하고 있지만 일본정부는 오히려 군비지출을 계속 확대하고 있는 실정이다. 일본의 군사비는 미국, 러시아, 영국보다 낮지만 국제적으로 보면 여전히 엄청난 액수이고 무기장비도 자위대의 범위를 넘어서버렸다. 전쟁책임에 대한 진지한 반성과 인정이 없는 전제하에 그리고 침략전쟁의 역사를 끊임없이 뒤집고 있는 배경 아래 일본은 계속해서 '평화헌법'의 구속을 파기하고 국제협약을 위반하며 군비를 확충해왔다. 이러한 행태는 일본의 침략전쟁으로 피해를 입은 중국정부와 국민의 경계심을 불러일으키지 않을 수 없다.

'중국경제위협론'과는 정반대로 일본의 통화긴축문제는 중국에 있지 않고 자국의 내수부족에 있다. 중일경제는 주로 상호보완관계이며, 양국이 서로 경쟁하는 업종은 일본이 이미 비교우위를 상실했거나 저부가가치의 몇몇 쇠퇴업종에 국한된다. 중일경제의 상호보완관계는 일본의 경제부흥과 구조개혁에 유리하다.

일본경제가 몇 년째 침체상태에 처해 있는 가운데 '중국요소'는 부단히 상승하고 있다. 2001년 일본의 미국에 대한 수출은 14.8% 감소했으며, EU 수출은 17.6% 감소, 동아시아 네 마리 작은 용(한국, 대만, 홍콩, 싱가포르)으로의 수출은 23.6% 감소, 동맹4국으로의 수출은 17.2% 감소한 반면 유일하게 대중국 수출만이 2.2% 증가했다. 일본의 공업제품 수출 중에서 대중국 수출의 비중은 점점 높아지고 있다. 2001년 일본철강수출 중에서 대중국수출이 15%를 차지해 한국에 대한 수출(20%) 다음으로 높고. 석유화학제품 수출 중에서 대중국 수출의 비중은 40%에 달한다. 중국의 기계공업시장 규모는 이미 일본을 초월하였고, 기계건설 시장은 2003년에 일본을 초월하여 세계 1위가 될 것이며, 자동차시장 규모는 2015년에 일본을 초월하여 세계 2위가 될 것으로 내다보고 있다. 이것은 일본의 기계공업, 기계설비, 자동차 기업에 대중국수출이나 중국으로 생산 이전의 기회를 제공할 것이다. 중국의 공업화 또한 일본의 방대한 소비자에게 대량의 염가제품을 제공해왔으며, 일본이 중국으로부터 저렴한 양질의 공·농산품을 점점 더 많이 수입하는 것은 일본경제의 장기적인 침체하에서도 국민의 생활수준이 현저하게 떨어지지 않는 중요한 요인이 되고 있다.

일본 재무성이 금년 1월 27일 발표한 2002년 무역통계에 의하면, 2002년 대외무역흑자는 전년보다 51.3%, 9조 9,302억 엔(약 840억 달러)에 달했고, 그 중 아시아무역수출 총액은 기록적인 22조 4,415억 엔(약 1898억 달러)에 이르러 무역흑자 증가폭이 134.7%에 달했다. 반면, 중국은 2002년에는 중일 간의 무역평형 상황이 역전되어 2001년의 무역흑자에서 적자로 돌아섰으며, 한해의 무역적자 누계액은 50.3억 달러나 되었다는 최신 통계결과가 나왔다.

일본정부는 일본국민의 중국에 대한 친근감이 낮아지는 원인으로 아래 몇 가지를 들고 있다. 첫째, 1989년 "6·4사건"(천안문 사태)이 일본인에 준 부정적 영향, 두 번째는 중국이 신봉하는 의식 형태의 일본인에 대한 부정적 영향이다. 세 번째는 중국의 밀입국자와 불법체류자가 일본에서 행한 불법행위 증가이며, 네 번째는 중국 국내의 교육방법이 타당하지 못해 중국 젊은이들의 '반일감정'을 야기하여 일본인의 반감을 조성했다는 것이다. 그러나 일본인의 '대중국 신뢰위기'는 주로 일본의 역사인식문제가 조성했다고 필자는 생각한다. 일본의 역사인식문제는 표면상으로 일본우익보수세력이 일본의 침략역사를 뒤집는 것으로 보이지만, 실질적으로는 일본정부가 주도적 역할을 하고 있다.

일본의 역사인식문제는, 1980년대 초기부터 일본 침략전쟁의 역사인식이 점차 악화되어온 현상의 근원과 핵심은 전쟁책임문제에 있다. 전후 일본의 역대 보수당내각은 전쟁책임의 이중정책을 취해왔다. 국제적으로는 최소한도의 전쟁책임을 부담하며 극력 회피해왔고, 국내적으로는 전쟁책임의 우매화를 통해 부인하고 있다. 이로 인해, 일본사회의 일본대외전쟁의 침략성과 가해성에 대해서도 명확한 인식과 진지한 반성이 없으며, 심지어 대대수 국민들은 침략전쟁의 역사적 사실조차 모르고 있다. 이러한 상황은 줄곧 20세기 1980년대 초기까지 계속되었다.

일본의 전쟁책임문제 악화는 역사인식문제가 되었고, 그 촉발점은 1980년대 초의 일본 나카소네(中曾根) 수상과 정부요인이 계속해서 야스쿠니 신사를 참배한 것과 1982년의 교과서사건이다. 중국 등 아시아 각국 및 일본 좌익진보세력의 항의를 받아, 나카소네수상은 수상의 공식적인 신사참배는 더이상 고려하지 않겠다고 밝혔으며 새로운 대응정책을 내놓았다. 일본의 과거 '침략행위'는 인정하지만, '침략전쟁'의 인정은 거부했고, 아울러 전후 배상문제는 이미 해결되었다고 인정했지만 새로운 배상요구는 거부했다. 그 목적은 일본이 아시아지역에서 지도적 역할을 담당하고, UN 안보리 상임이사국이 되는 '환경을 창조'하기 위해서였다. 이후의 역대 일본정부도

이 방침을 고수했지만 하시모토(橋本龍太郎)내각부터 궤도수정을 시작했다. 하시모토는 총리대신의 신분으로 야스쿠니신사를 공식적으로 참배하였고, 그 후 오부치(小淵惠三)는 '일미방위협력지침', '국기, 국가법'을 법률로 제정했으며, 모리(森喜郎)는 '신국사관'을 선동하였다. 게다가 고이즈미 준이치로(小泉純一郎)는 재차 야스쿠니신사를 정식 참배했고, 그 내각은 연속해서 역사왜곡과 침략을 미화하는 역사교과서를 비준하며 일본의 역사인식문제에 강경한 태도를 보여주었다. 침략역사는 은폐하고 전쟁책임의 짐을 버리는 수단으로 정치대국화와 군사대국화의 지위를 회복하려는 일본정부의 대국 전략은 일본의 역사인식문제에서 주도적 역할을 담당하고자 하는 의지가 갈수록 뚜렷해짐을 보여준다.

중국인의 '대일 신뢰위기'의 주된 원인은 일본의 역사인식문제이다. 제1차 중일여론조사의 주최자이며 사회과학원 일본연구소 소장인 쟝리펑(蔣立峰)은, 이 조사는 총 3,400부의 설문지 중 3,157부를 회수하여 회수율은 92.9%나 되었다. 조사범위가 220여 개 지역에 이르고, 조사대상자의 연령, 성별, 민족, 학력, 직업과 수입 등 각각 대표성을 지니므로 조사 설계가 과학적이고 결과 또한 신뢰성이 높다고 밝혔다. 쟝리펑은 위 조사결과를 분석해놓은 그의 선문(選文) '중국인의 일본에 대한 친근감은 극히 낮다'에서, 일본의 이미지에 대한 14개 선택답안 중 '침화일본군', '벚꽃', '후지산'이 1, 2, 3위로 각각 53.5%, 49.6%와 46.6%를 차지했으며, 일본에 대해 "친근하지 않다"와 "매우 친근하지 않다"의 주된 이유는 "일본은 근대에 중국을 침략했고, 아직까지도 진지한 반성이 없다", "일본이 다시 군국주의화 길로 나아갈지 우려된다" 때문인 것으로 나타났다. 그리고 대다수 조사대상자가 "어떠한 상황하에서라도 야스쿠니신사를 참배해서는 안 된다", "중국노동자와 '위안부' 등 전쟁책임문제에 대해 일본정부와 관련기업 모두 사죄와 배상을 해야 한다"며 강력하게 호소했다. 이러한 조사결과는 일본의 역사인식문제가 중국인의 대일감정에 영향을 미치는 가장 중요한 요인이 되고 있다는 것을 보여준다고 지적했다.

일본은 지금까지 대중국침략이 '침략전쟁'이라는 것을 인정하지 않고 있을 뿐만 아니라, 역사를 왜곡하고 침략을 미화하고 있는데, 어찌 중국인의 신뢰를 구할 수 있겠는가? 일본의 역사인식문제는 일찍이 일본침화전쟁의 피해를 입은 중국인의 감정을 극도로 상하게 했고, 일본국민의 그릇된 역사인식을 낳아 중국에 대한 질투심을 유발하고 있으며 중일양국국민의 의사소통과 교류 및 신뢰를 방해한다. 이것은 중일양국의 '상호위협론', '상호신뢰위기론'의 병인이 되고 있다. 일본정부가 '중일 공동성명', '중일 평화우호조약' 등 두 나라가 규정한 조약을 지키고 침략전쟁의 역사를 바로 보고 반성해야만 비로소 중일양국의 평화우호와 공동발전이라는 정치적 기초를 구축할 수 있다.

일본의 전쟁국가화와 교육 ─ 그것에 대항하여 동아시아의 평화를 만드는 역사인식

이시야마 히사오(石山久男, 역사교육자협의회 사무국장)

1. 일본의 전쟁국가화와 교육의 현상

일본의 전쟁국가화는 1990년대에 들어서 급전개하였다. 소련붕괴 후 미국 1극집중형 세계의 성립 속에서 일어난 걸프전쟁은, 유엔을 중심으로 한 '정의'를 위한 전쟁인 것처럼 가장하고 국민 앞에 모습을 드러내었다. 그 결과, 자위대는 '자위' 등 이제까지 일단 존재해왔던 다양한 틀을 벗고, 1992년의 PKO협력법에 의해서 일제히 해외파병이 현실화한 것이다. 또한 1993년부터 시작하는 정계 재편성은 이제까지 존재했던 보수·혁신의 경계를 파괴하고 국회의 대다수가 개헌용인세력으로서 재편성되기에 이르렀다. 1996년의 일미공동선언은 소련붕괴 후의 일미안보체제를, 미국의 글로벌전략에 기초한 지역전쟁에 언제, 어디에서라도 일본이 공동참가할 수 있기 위한 동맹으로서 재정의하고, 그것은 신가이드라인으로 구체화되어 이후 오늘날에 이르는 일본의 전쟁국가화의 선로를 깔았다.

바로 이 시기에 후지오카 노부카츠씨 등의 자유주의사관연구회 결성에 이르는 움직임이 발생하고, 자민당의 '역사·검토위원회'가 활동을 개시하고 '새로운 역사교과서를 만드는 모임(이하, '만드는 모임')'이 결성된 것이다. 따라서 이러한 일련의 움직임은 1990년대 일본의 전쟁국가화의 본격적인 추진의 일환으로서 일어난 것으로 볼 수 있다.

1999년, 국기·국가법, 신가이드라인관련법 등의 성립에 의해서 전쟁국가화는 새로운 단계에 들어갔다. 국회에 헌법위원회가 설치되어 헌법개정이 논의되고 2002년 이래 그 성립을 지금까지도 저지하고 있지만, 전후 처음으로 본격적인 전시체제 만들기가 되는 유사법제가 기획되었다. 이미 성립한 테러대책특별조치법도 포함하여 이윽고 자위대의 해외에서의 전쟁참가가 현실이 되는 속에서 침략전쟁을 찬미하고 전사자를 신으로 숭배하는 것에 의하여 국민을 전쟁에 동원하는 역할을 수행한 야스쿠니신사에, 고이즈미 수상은 3년 연속해서 참배를 하고 새로운 전사자의 발생에 대비하려 하고 있다.

그러나 이러한 새로운 전쟁에 기꺼이 참가하는 국민을 키운다는 점에서는 아직 반드시 성공했다고는 할 수 없다. 그것은 2001년에 있어서 '만드는 모임' 교과서의 채택을 극히 소수에 머물게 한 운동의 힘에도 나타나고 있다. 거기에서 '만드는 모임'은 2005년 채택의 성공을 향해서 다양한 대처를 전개하고 있다. 교과서의 재개발, 검정 전의 시판본 선행발행과 보급, 선전 팸플릿과 광고전단의 대량배포, 정부 조정을 통한 채택제도 개악에 의한 교사·시민의 의견의 일체 배제, 채택과정의 비공개·밀실화, 교육위원인사에 대한 공공연한 개입 등이다.

또한 '만드는 모임'과 같은 목적에 기초한 정부에 의한 최근의 교육정책의 전개는 한층 심각한 형태로 전쟁에 참가하는 국민만들기를 겨냥하려고 한다. 국기·국가법 제정 이후 '일장기·일본국가'의 강제는 매우 이상한 상황에 이르고 있다. 게양장소·시간, 반주의 방식, 식순 등에서의 자리매김, 끝내는 식전회장에 아동의 작품은 장식하지 않는다, 국가제창시 교직원의 착석·퇴석을 철저히 지도하는 등, 학습지도요령조차 정해져 있지 않은 상세한 지시가 교육위원회에 의해서 행해지고 그 준수가 강제되고 있다. 의의신청도 논의도 허락되지 않고, 교직원의 내심의 자유조차 지켜지지 않는 사태로 되었다.

평가방법이 고쳐지고 관점별 절대평가가 도입되는 것에 의하여, 학습지도요령이 더욱 철저하게 행해지고 있다. 사회과의 목표로 들고 있는 애국심이 하나의 평가의 관점이 되고 아이의 애국심을 평가한다고 하는 놀랄 만한 통지표가 각지에서 아이들에게 건네지고 있다. 도덕의 학습지도 요령을 한층 철저히 하기 위하여 초·중학생 전원에게 국정교재 『마음의 노트』가 배포되고 이것에 기초하여 애국심을 심는 교육이 행해지려 하고 있다.

부적격교원을 교실에서 배제하는 방침도, 같은 목적하에 실시하려 하고 있다. 현립 중학교에서 '만드는 모임' 교과서를 채택한 아이치현 교육위원회는, 그 중학교에서 '만드는 모임' 교과서를 사용하지 않고 수업을 하는 교사가 있으면 그것은 부적격교원에 해당한다고 공공연히 언명하고 있다.

규제완화·자유화·특색 있는 학교만들기 등의 이름하에 학교간 경쟁을 부추기는 정책은 관리직에 권한을 한층 집중시키는 것과 동시에 교사의 관리를 더욱 강화하고 있다. 인사고과제도의 도입 등을 포함한 관리 강화와 다망화 속에서 교사는 자주적 연수의 권리를 거의 행사할 수 없게 되고 있다.

이러한 움직임을 집약한 것이 교육기본법 개악이다. 교육의 목적으로서 국가에 대한 봉사와 애국심을 강조하는 것으로 학습지도요령을 그 방향으로 고치고, 교사에 대한 관리통제를 강화하는 것을 통해서 학습지도요령에 기초한 애국심교육을 더욱 철저히 하고, 전쟁에 기꺼이 참가하는 국민을 만들려고 하는 것이다.

2. 전쟁국가화를 용인 추진하는 역사인식은 어떻게 재생산되었는가?

오늘날의 전쟁국가화를 지탱하는 역사인식은 '만드는 모임' 교과서를 보아도 알 수 있는 것처럼 여러 요소로 성립되고 있다. 그것은 첫째, '앞서가는 일본, 뒤처진 아시아'라고 하는 아시아 멸시의 역사인식이다. 둘째, 구미 식민지제국에 대해서 일본을 피해자로서 자리매김하려는 역사인식이다. 셋째, 이것들의 결과로서 일본의 아시아 침략전쟁을 우선은 아시아 해방전쟁, 또 하나는 자위전쟁으로 보는 역사인식이다. 이 점이 결론적으로 역사의 위조라 해서 가장 비판해야 할 것이지만 그 배경에는 첫 번째 두 번째가 있는 것도 놓쳐서는 안 된다. 그리고 제1부터 제3까지 포함해서 '만드는 모임' 교과서는 전전의 국정국사교과서와 극히 닮았고, 그 점에서는 바로 전전의 역사인식의 재생산이라고도 할 수 있다.

한편, '오늘날의' 전쟁국가화인 이상, 이러한 역사인식은 현재에도 적합하게 하지 않으면 안 된다. 거기에서 네 번째 요소로서 들 수 있는 것은, 국제사회의 진보를 완전히 무시하고, 세계가 과거에 그러했던 것만이 아니라, 현재에도 또한 약육강식, 파워폴리틱스만에 의해서 움직인다고 보는 역사인식이다. 다섯 번째는, 제2차대전 및 그 직후까지의 미국 비판과는 완전 정반대의, 현재의 일미관계의 전면적 긍정이다. 네 번째, 다섯 번째에 대해서는 4절에서 진술하고 여기에서는 첫 번째, 두 번째, 세 번째가 왜 재생산되었는가를 확인해두고 싶다.

전후 일본이 헌법을 바꾸고 정치·사회제도를 크게 바꾼 것의 의의는 물론 큰 것이고 부정할 수 없지만, 지배체제의 기수라는 점에서 본다면, 전전 지배체제의 기수로부터 근본적으로 변경되는 것은 없었다. 천황제도 쇼와천황도 형태를 바꾸어서 그대로 전후에 계속했다. 이것은 일본을 철저히 민주화하는 것이 아니라 자신의 동맹자로서 손안에 넣어두기에 유리한 체제를 만들려고 한, 일본의 주요한 점령자인 미국의 전략에 기인하는 것이다. 그 때문에 일본 지배층의 주요한 관심사였던 천황제의 획득을 미국이 용인한 것이다. 그러한 일미지배층의 합작의 결과로서, 1945년 11월의 히가시쿠니(東久邇) 내각의 각의 결정 '전쟁책임에 관한 건'에서 볼 수 있는 것처럼 천황에는 전쟁책임이 없다고 되어, 책임은 일부 군부에만 전가되었다. 또한 일본의 식민지 지배 책임도 조선반도의 미소에 의한 분할점령지배라는 상황 속에서 근본적으로 추구되는 것 없이, 외무성이 조선반도에 대한 식민지 지배를 정당화하는 견해를 정리해도 미국 점령군은 그것을 용인했다. 일본의 전쟁범죄를 재판하는 동경재판도, 아시아에 대한 전쟁범죄와 식민지 지배를 재판하는 점에서는 커다란 약점을 갖고 있다.

군부가 나쁘다, 그 때문에 국민은 괴롭다,라는 논리는 납득하기 쉬운 논리였기 때문에 이와 같은 전쟁관은 넓게 국민에 정착했다. 식민지 지배의 책임을 묻지 않고, 천황을 정점으로 한 일본 지배체제의 전쟁책임을 근본적으로 물으려고 하지 않는 이와 같은 역사관은, 전후 최초의 국정역사교과서 『나라의 발자취』 기술에도 일관되어, 국민의 전쟁 피해에 대해서는 서술해도 아시아에 대한 가해는 전혀 언급하지 않았던 『새로운 헌법의 이야기』와 함께 그 뒤의 역사교과서 기술에도 강한 영향을 미쳐, 전후 일본국민의 역사인식을 오랫동안 왜곡시켰다.

일본을 아시아에서의 반공의 보루로 하려는 미국의 정책은 1940년대 말부터 더욱 강해졌고, 조선전쟁이 발발함과 동시에 시작된 일본의 재군비가 진행됨과 함께 일본의 전전부터의 보수적·반동적 지배층은 한층 힘을 만회하였다. 그 가운데 일본의 침략전쟁과 식민지지배를 정당화 및 미화하고, 전쟁책임의 문제를 말살하는 역사관은 교과서 검정 등을 통해서 한층 국민에게 강요되었다.

1980년대 이후, 드디어 이러한 역사인식을 다시 보기 위한 움직임이 퍼져 갔지만, 아직 그것이 일본국민 대다수의 것이 되었다고는 할 수 없기 때문에, 오늘날에도 또한, '만드는 모임' 등의 역사인식을 재생산하는 기반은 뿌리깊게 존재하고 있다.

이러한 상황을 보면, 아시아 사람들과 진실로 공유할 수 있는 역사인식을 확산하고 정착시키기 위해서는, 전후 일본에 대한 역사인식을 깊게 하고 왜 역사인식이 왜곡되었는가를 밝히는 것도 중요한 열쇠가 된다.

3. 역사인식에 대한 반성과 교과서운동

전후 일본국민의 역사인식을 크게 수정하게 된 최초의 계기가 된 것은, 1980년대 초 교과서문제이다. 일본의 문부성에 의한 교과서 검정이 '침략'을 '진출'로 바꾸게 하기도 하고 가해 사실에 대한 기술을 삭제시키는 등 역사를 왜곡시켜온 것에 대해서 한국·중국 정부를 시작으로 아시아 여러 국가가 크게 항의하였다. 이것에 대해서 일본정부는 이른바 외교결착을 꾀하고 검정기준 항목의 하나로서 인접제국에 대한 배려를 반영함과 동시에, 이후 아시아에 대한 가해 기술에 대해서는 검정의견을 달지 않게 되었다. 이 결과 교과서에는 가해 기술이 일정 정도 반영되도록 함과 동시에 일본국민이 드디어 이제까지의 역사인식의 현실을 반성하고 아시아에 대한 가해에 눈을 돌리는 계기가 되었던 것이다.

그리고 1990년대, 일본의 전쟁국가화가 새로운 단계로 진행하고 침략전쟁을 미화하는 '만드는 모임' 등의 세력의 움직임이 활발한 것과 마침 때를 같이하여 한국을 시작으로 아시아 사람들로부터 과거 일본에서 받은 피해 보상을 구하는 움직임이 분출했다. 그야말로 역사인식을 둘러싼 엄중한 대결이 한층 격심해진 것이다.

그 하나의 집중점이 '만드는 모임' 교과서문제였다. '만드는 모임' 교과서에 대한 싸움의 중요한 성과는, 아시아에 있어서 국가간이 아니라 민중 사이에서 연대가 생기고 민중 사이에서 역사인식의 공유를 지향하는 토의가 시작된 것이다. 한국사람들에게서 자주 지적되는 것처럼, 한국에서도 80년대 초 교과서문제가 주로 국가간의 문제로서 일어나고 해결된 것은 매우 다르다는 점이다. 그렇기 때문에 지금 우리들로서는 각 국가의 내셔널리즘을 넘어서 서로 대화할 수 있는 지점에 설 수 있었던 것이다.

그 배경에는 아마 각 국가간의 역사가 걸쳐져 있다. 거기에 공통하는 것은 각 국가의 민중의 힘의 성장이 아닐까. 우리들은 여기에서 이제부터의 동아시아의 평화를 만드는 희망을 찾아낼 수 있을 것이다.

4. 동아시아의 평화를 만드는 역사인식의 공유를 향해서

그러나 그 희망을 현실의 것으로 하기 위해서는, 동아시아 공통의 역사인식을 만들고, 각 나라 모든 국민이 공유하도록 해가는 긴요한 과제가 있다. 그 점에 관해서는 약간의 의미를 설명하고 싶다.

이제까지 일본의 침략전쟁과 식민지지배의 역사인식을 공유하도록 하는 것이 특히 강조되어왔다. 오늘날 일본국민의 역사인식 현상을 볼 때, 지금 또한 더욱 중요한 과제인 것은 아무리 강조해도 지나치지 않다.

동시에 오늘날의 일본의 전쟁국가화라는 현실에 대처하고 동아시아의 평화를 만들기 위해서는 또 하나 중요한 문제가 있는 것도 지적하지 않으면 안 된다. 그것은 결론적으로 말하면 제2차대전 후 동아시아 역사에 대한 인식도 공유화할 수 있도록 하려는 것이다.

일본에 대해서 말한다면 2절에서 언급한 것처럼 전후 일본의 지배구조가 역사인식을 왜곡시키는 것에 커다란 역할을 수행해온 현실이 있다. 이 점을 다시 묻고 전쟁책임을 밝히는 것은, 침략전쟁과 식민지 지배의 역사인식을 확실한 것으로 하기 위해서는 아무래도 빼놓을 수 없다. 또한, 그 속에서 미국의 세계전략 실태를 밝히는 것은 오늘날 일본의 전쟁국가화의 주역이라고도 할 미국을 다시 묻고 '만드는 모임'의 역사인식 특징의 다섯 번째로서 진술한 미국추수의 역사관의 잘못을 바르게 하는 데 중요하다.

전후 아시아에서는 인도네시아 전쟁, 한국전쟁, 베트남전쟁 등의 커다란 전쟁을 경험해왔다. 커다란 비극과 손해를 초래한 이러한 전쟁과 각 국가의 관계를 검증하고, 거기서부터 반성과 교훈을 이끌어내고 그것을 동아시아 공통의 인식으로 하는 것도 앞으로 중요하다. 그밖에 보다 지역적인 전쟁에 대해서도 마찬가지일 것이다.

한편, 아직 미국 추수에서 벗어나 있지 않은 일본은 예외라 하더라도, 동아시아 각각의 국가가 민중의 힘의 성장과 맞물려 민주화와 자립을 향해서 걸음을 계속해왔던 것은 금후의 아시아에 있어서 큰 교훈이다. 아마 그것이 오늘날 동아시아의 평화에 있어서 커다란 역할을 수행하는 것임에 틀림없다고 확신한다. 각 국가의 걸음과 그것이 동아시아에서 어떤 역할을 수행해왔는가의 검증과 그 인식이 동아시아 평화의 구축에 가일층 역할을 수행함이 틀림없다고 확신한다.

20세기 이후의 세계에서 중요한 것은 전쟁 없는 세상을 향한 국제사회의 대처 발전이다. 동아시아의 평화를 생각할 때에도 이 시점을 빼놓을 수는 없다. 20세기 초부터 시작된 잔학한 병기의 제한과 포로에 대한 인도적인 취급에 관한 국제조약, 제1차대전을 계기로 한 국제연맹의 성립과 파리 부전조약의 성립, 제2차대전 후의 국제연합하에서의 국제인도법의 발전, 유엔인권위원회의 '종군위안부' 문제에서의 활동, 핵병기 폐절을 향한 비보유국연합의 힘의 발휘, 전쟁범죄에 관한 국제형사재판소의 설립, 혹은 비동맹제국의 활동 등, 폭력에 의한 해결을 배제하고 전쟁 속에서도 시민의 인권을 지키는 것이 국제적 합의가 되고, 어떠한 국가도 이것을 무시할 수 없는 상황이 발생하고 있는 것은 중요한 역사적 진보이다. 이것과 앞에서 언급한 동아시아에서의 평화구축 움직임을 연결해보는 것을 통해서, 2절에서 언급한 '만드는 모임'의 역사인식의 제4약육강식사관의 잘못을 바르게 하지 않으면 안 된다.

경제발전과 동아시아의 교류 문제도 중요하다. 일본이 아시아의 지역경제를 파괴해온 현실, 공해수출 등으로 일컬어져온 현실을 정확히 검증하는 것이 글로벌 경제 속에서 공정·평등의 동아시아 사회를 확립하는 데 중요하다. 동시에 대등하고 우호적인 경제협력발전을 어떻게 만드는가도 중요한 과제이다. 이 점도 동아시아 전후의 역사에서 배우지 않으면 안 된다.

이와 같은 제2차대전 후의 역사인식에 대해서도 공유할 수 있게 된다면, 전전의 역사인식을 한층 깊게 할 수 있음과 동시에 현재와 미래의 문제에 한층 효과적으로 대처할 수 있을 것이다.

일본의 '우경화'와 동아시아의 평화[1]

권혁태(성공회대 일본학과)

1. 들어가는 말

　일본의 전후사회를 지배했던 키워드는 '평화주의'이다. 1945년 이전까지의 군국 일본이 19세기 이래 동아시아에서 일어났던 크고 작은 전쟁의 '주범'이었고 또한 이로 인해 일본인을 포함해 주변 지역의 많은 사람들이 고통을 받았다는 점을 생각하면 전전의 '군국'에서 전후의 '평화'로의 변신은 너무나 극적이어서 의심스럽기조차 하였다. 물론 이 변신은 '군국' 일본의 책임을 1930년대 이후 일부 군부의 '탈선'에 한정시켜 일반 국민과 천황의 전쟁책임에, 그리고 1930년대 이전의 '군국' 행위에 각각 면죄부를 주는 역할을 하였다. 따라서 전후 일본의 '평화주의'는 시작부터 이런 한계를 안고 출발한 것이기는 하였다. 더구나 이 평화주의조차도 점차 유명무실해졌다. 군사력 보유를 금지한 헌법 9조나 비핵3원칙은 자위대의 창설, 미군 주둔 등으로 유명무실해졌으며 '비무장 평화주의' 국가 일본이 세계 굴지의 군사대국화되는 기이한 현상이 점차 현실화되었다. 다시 말하면 '군대 없는' 일본이 '군사대국화'되어 명분과 현실 사이의 괴리는 커져만 갔다.

　하지만 이런 한계에도 불구하고 일본의 전후 사회를 뒤덮었던 공기는 역시 평화주의였다. '평화주의'라는 대의에 정면에서 반대하는 주장은 일부 우파의 돌출 견해로 치부되었다. 이웃나라에서 전쟁의 위험성이 현실화되거나 혹은 군사주의가 횡행하고 있어도 평화주의는 흔들릴 수 없는 절대적

---

[1] 이 글은 지난 2월 일본 도쿄에서 개최된 국제심포지엄 <역사인식과 동아시아의 평화포럼>에서 발표한 내용을 대폭 수정·가필한 것이다.

인 가치체계로 자리잡은 듯이 보였다. 군대나 무기라는 말이 일부 매니어나 전쟁 경험 세대의 '특별한 취미'에 머물러 있을 수 있었던 것도 이 때문이다.

그런데 최근 10여 년 동안의 흐름은 이와는 정반대이다. 군사주의와 전쟁 위험성에 노출되어 있었던 주변 지역이 '평화주의'를 중요한 가치로 받아들이고 과거의 반목과 증오의 시대와의 결별을 준비하는 지금, 일본은 오히려 전후 50년을 지배해왔던 '평화주의'라는 가치를 버리고 다시 '군사주의' 깃발을 흔들며 또 한번의 변신을 꾀하고 있는 것이다. 특히 2002년 9월, 조일 정상 회담 이후, 이 경향은 더욱더 노골화되었다. 최근 일본사회의 변화 방향을 한마디로 하자면 군사주의적 경향의 강화이다. 특히 '우경화 원년'이라 불리는 1999년 이후, '국기/국가법', 주변사태법, 유사법제 제정 등은 전후 민주주의 정신과 헌법 9조의 비무장 평화주의의 골간을 근본적으로 뒤흔드는 새로운 사태가 연속해서 등장했다. 이는 기존 일본 외교의 최대 특징이라고 할 수 있는 경제실리중심주의[19세기 일본의 언론인인 우키다 카즈다미(浮田和民)의 표현을 빌리자면 '윤리적 제국주의']와 대미의탁외교에서 벗어나 힘과 개입을 바탕으로 한 군사주의와 대미협조주의를 근간으로 하는 새로운 외교전략으로의 전환 가능성을 보여준다. 이는 특히 전후 일본사회를 지배해왔던 명분이든 실질이든 평화주의와의 결별을 뜻하며 따라서 이와 같은 움직임은 전후 동아시아 사회를 지탱해왔던 한정된 평화체제에 적지 않은 위협요소가 되고 있는 것이다.

이 글은 이와 같은 최근 일본의 우경화 경향에 대해 다음과 같은 점을 중심으로 그 배경과 아울러 개괄적인 소개를 하고자 한다. 군사주의적 경향을 논하는 데 있어 군사력의 크기, 특징 등등의 문제보다도 군사력을 규정하는 조건 등에 중점을 두고자 한다. 이유는 필자 자신이 군사력의 크기나 특징을 분석하는 데 빠질 수 없는 병력, 장비, 기술 및 전술 등에 대한 전문적인 지식이나 능력을 가지고 있지 못하다는 점에 기인하는 것이지만, 다른 한편으로는 이미 일본의 군사력이 규모, 능력 등에서 세계 굴지의 수준에 달해 있다는 점에 이론의 여지가 없기 때문이다. 다시 말하면 일본의 군사주의적 경향은 단순히 군사력이 강해졌다는 것을 의미하는 것이 아니라 군사력을 결정짓는 조건 등이 변화함으로써 군사력이 사회의 중심적 요소로 자리잡아가고 있다는 것을 의미한다. 따라서 동태적 시각이 중요하다. 일본의 군사주의적 경향을 고립되고 독립된 요소로 파악하는 것이 아니라 종횡으로 연결된 흐름과 파급으로 파악한다는 뜻이다.

이와 같은 시점에 입각해 이 글에서는 다음과 같은 세 가지 과제를 순서에 따라 다룬다. 하나는 최근에 불고 있는 우경화의 배경을 전후 민주주의 체제의 위기로 파악하는 것이다. 둘째는 조건 변화의 내용, 즉 군사주의적 경향의 흐름을 헌법 9조와 자위대의 자리매김, 그리고 미국의 요구 등과의 관련 속에서 파악하는 것이다. 세 번째는 이와 같은 군사주의적 경향이 동북아시아 질서에 초래할 영향 등을 다루고자 한다.

2. 전후 평화주의의 위기와 그 배경

1) '해석개헌'과 자위대

일본의 전후 민주주의를 상징하는 가장 중요한 요소가 비(경)무장 평화주의라는 데 이론의 여지는 없다. 그리고 전후 일본을 상징하는 평화주의는 소위 '군대 없는 국가'라는 인류 사상 최초의 인위적 실험인 1947년 공포의 일본국 헌법 9조에 응축되어 있다고 볼 수 있다.

제9조 ① 일본국민은 정의와 질서를 기조로 하는 국제평화를 성실하게 희구하고 국권의 발동인 전쟁과 무력에 의한 위혁(威嚇) 또는 무력의 행사는, 국제분쟁을 해결하는 수단으로서는 영구히 이를 방기한다.
② 전항의 목적을 달성하기 위한 육해공군 기타 전력은 이를 보지(保持)하지 않는다. 국가의 교전권(交戰權)은 이를 인정하지 않는다.

이와 같은 헌법 조항이 소위 미군정으로부터 강제된 일종의 타율헌법인가 아닌가에 대해서는 적지 않은 논란이 있지만, 더욱더 중요한 것은 이 조항이 금지하고 있는 것이 자위권을 포함한 전력 보유인지의 여부, 다시 말하면 자위대의 위헌 여부, 그리고 미일안보조약에 입각해 일본에 주둔하고 있는 미군이 헌법 9조에서 금지하고 있는 '전력 보지'에 해당되는지 여부이다. 이에 대한 일본정부의 첫 번째 공식견해는 요시다 내각이 1952년 11월에 국회답변 과정에서 밝히고 있다. 즉 내각은 헌법에서 금지하고 있는 전력을 '근대 전쟁 수행에 도움이 될 정도의 장비나 편성을 구비하는 것'으로 정의하고 보안대(자위대의 전신)는 이에 해당하지 않을 뿐만 아니라, 보안대는 본질적으로 '경찰상의 조직'이기 때문에 전력에 해당하지 않는다는 정부 통일견해를 분명히 하였다. 또한 금지하고 있는 '전력'이란 '우리나라가 보지의 주체'인 것만 해당하기 때문에 일본 주둔 미군은 이에 해당하지 않는다는 견해를 분명히 하였다. 그러나 보안대의 장비가 확대되고 자위대로 개편되면서 소위 '근대전쟁 수행에 도움이 될 정도', 아니 그 이상의 '장비나 편성을 구비'하게 되자 명문 개헌론자인 하토야마 이치로 내각은 1954년 12월에 중의원 예산 위원회에서 9조 1항에서 방기한 것은 국제분쟁을 해결하는 수단으로서의 전쟁뿐이고 자위를 위한 전쟁을 방기한 것은 아니며, 따라서 '자위를 위해 필요 상당한 정도의 실력'은 9조 2항에서 금지하고 있는 전력에 해당되지 않는다는 점을 분명히 했다. 이 같은 해석은 현실로 존재하는 자위대를 합헌적 존재로 하기 위해 일종의 고육지책이라 할 수 있으나 이와 같은 자위대에 대한 '해석개헌'은 일본정부의 공식견해로 자리잡는다[2]. 따라서 이후 자위대는 어디까지나 '자위 목적을 위해서만 존재하는 것이기 때문에 당연히 자위의 범위를 넘어서는 자위대의 해외출병은 허용되지 않는 것'으로 냉전체제하에서 줄곧 인식되어왔다. 예를 들면, 1969년 사토(佐藤) 내각은 정부 답변서에서 '소위 해외파병은 자위권의 한계를 넘기 때문에 헌법상 허용될 수 없다는 입장을 견지한다'고 밝혔으며, 1980년 스즈키(鈴木) 내각은 해상자위대의 환태평양 합동연습 참가 여부가 문제시되

---

2) 이상의 내용에 대해서는 渡辺治(2002), 編著『憲法改正の爭点·資料で讀む改憲論の歷史』, 旬報社, 464쪽 및 518쪽 참조.

자, '해당 유엔군의 목적, 임무가 무력행사를 동반하는 것이라면 자위대가 이에 참가하는 것은 헌법상 허용되지 않는다'는 입장을 밝힌 바 있다[3]

이와 같은 해석 개헌은 일본의 안전보장에 대한 '절묘한' 선택이었다고 볼 수 있다. 일본의 안보를 둘러싼 좌우의 입장을 순서에 따라 열거해보면, ①자위대 폐지와 미일안보조약 폐기, ②자위대와 미일안보조약 유지(대미 의존형 안보체제), ③군대 창설과 미일안보조약 강화(대미 협조형 안보체제)로 구분해볼 수 있다. ①을 사회당 등 좌파 노선이라 한다면, ③은 자민당의 일부 개헌파와 우익들의 노선이라 할 수 있으며 ①의 힘이 ③으로의 지향을 막아, ①의 견인에 의한 ②의 유지가 가능해진 것이다. 따라서 최근 일본 사회에서 불고 있는 '우경화'란 ②에서 ③으로의 지향이라 할 수 있는 것이다. 따라서 '우경화'란 위에서 말한 '해석개헌'을 넘어서 자위대의 해외 출병을 법률적으로 재해석해내는 것을 의미한다. 실제로 냉전해체 후인 1990년 카이후(海部) 내각은 '유엔군에 대한 협조 차원'에서 자위대가 해외 출병하는 것은 헌법상 위배되는 것이 아니라는 입장을 밝혀 자위대의 해외 진출 길을 열어놓기에 이른다[4]

2) '우경화'의 배경

우경화를 제도적인 차원, 운동적인 차원, 사상적인 차원에서 나누어볼 때, 과거에도 운동적 및 사상적인 차원에서 우익에 의한 우경화의 시도가 없었던 것은 아니다. 특히 우경화의 흐름은 일정한 시간을 두고 반복해서 일어나는 주기적 흐름인 것처럼 보인다[5] 문제는 1990년대 후반 이후 나타난 우

---

3) 이상 내용에 대해서는 古關彰一(2001), 『日本國憲法・檢証・資料と論点・第5巻・九條と安全保障』, 小學館, 149~150쪽.
4) 카이후 내각은 다음과 같은 논지를 편다. "유엔군에 대한 관여 형태에는 '참가'와 '협력'이 있을 수 있는데……1980년의 스즈키 내각 답변서에서 말하는 '참가'란 해당 유엔군 사령관의 지휘하에 들어가 그 일원으로 행동하는 것을 의미"하며, "'협력'이란……해당 유엔군의 조직 밖에 있어 '참가'라고는 할 수 없는 각종 지원을 포함"한다(위 古關彰一, 2001, 150쪽).
5) 특히 대표적인 역사학자 나카무라 마사노리는 이와 같은 주기적 변화를 일본 근현대에 고유한 '일본주의'와 '국제주의' 사이의 '왕복운동'이라 표현하고 있다

경화 흐름이 과거와는 달리 운동적인 차원이나 사상적인 차원에 그치지 않고 제도적인 성과물을 얻어내고 있다는 점일 것이다. 예를 들면, 왜곡교과서 검정 통과, 주변사태법(1999년), 국기 국가법 제정(1999년), 유사법제 3법안(2003년) 등 전후 민주주의의 기본 골격을 뒤흔드는 새로운 제도들이 최근 계속 도입되고 있는 실정이다. 특히 '주변사태법'은 자위대의 해외활동에 대한 법적 족쇄를 대폭 완화시켜 헌법 9조에 묶여 있던 자위대의 '군대'로서의 기능을 대폭 강화시켰다. 또한 2003년 6월에는 '유사법제' 3법안이 제정/개정되어 소위 '유사'시에 필요한 국내의 전시동원체제가 실질적으로 가능해졌다. 이는 일본 전후 사회의 가장 중요한 구성요소인 비무장 평화주의를 무력화시켜 명실상부한 헌법 개정을 통한 군사대국화로 연결될 가능성을 보여주고 있는 셈이다. 또한 1999년에 '국기 국가법'이 제정되어 침략주의와 천황주의의 상징물인 히노마루와 기미가요에 법적 근거가 부여됨으로써 학교교육 현장에서 '국가주의 교육'의 기반이 마련되었다.6)

그렇다면, 이와 같은 제도적인 '우경화'는 왜 일어났는가? 특히 사상적, 운동적 차원에 머물고 있었던 '우경화'의 흐름이 왜 1990년 들어서서 제도적 성과물을 얻어내고 있는가?

일본의 전후 민주주의는 잘 알려져 있는 것처럼 뛰어난 생산력 수준에 바탕을 둔 경제성장, 보수(자민당)와 혁신(사회당 등)의 대립 및 공존을 바탕으로 하는 의회민주주의 제도, 헌법 9조에 바탕을 둔 비(경)무장 평화주의가 미일 동맹체제에 바탕을 둔 '냉전'이라는 조건 속에서 발전한 체제이다. 따라서 외부적으로는 미일안보체제로 대표되는 냉전적 질서에 '안주'하는 것이 무엇보다도 중요한 조건이었다. 이는 샌프란시스코 강화조약과 미일안전보장조약을 세트로 하는 대외적 조건에 의해 형성되었다. 따라서 미국이 군사적 리스크를 부담하고 일본이 군사기지를 제공하는 미일 간의 '역할분담'에 의해 명분으로서의 평화노선이 유지되었다고 볼 수 있다. 그리고 이

(中村政則, 「日本への回歸, 第四の波」, 『每日新聞』, 1997. 2. 4).

6) '국기국가법' 제정 의미에 대해서는 권혁태(2002), 「국기/국가를 다시 생각한다-일본의 히노마루 기미가요 문제와 관련해서」, 『사람과 사람에게』(국제민주연대) 6/7월호 참조.

와 같은 구도 속에서 일본에게는 병참기지로서, 한국을 포함한 주변국에게는 전투기지로서의 역할이 각각 미국에 의해 강제되었다. 또 이와 같은 구도를 유지하기 위해서 일본을 포함한 주변국에는 미국이 부여한 각각의 '역할 분담'에 안주할 수 있는 안정된 정치체제가 필요했으며 이 필요는 일본에서는 자민당 장기집권, 주변국에서는 반공군사독재라는 형태로 나타났다. 그리고 이에 대한 반대급부로서 일본을 포함한 주변국에 미국은 원조나 시장을 제공하여 안정적인 경제성장을 보장하는 일종의 '냉전형 발전'이 정착되었다.

그리고 내부적으로는 자민당과 사회당으로 대표되는 보수와 혁신의 대립과 공존이라는 중요한 역할이 있었다. 사회당은 개헌 저지선인 1/3 의석을 유지함으로써, 자민당의 개헌을 통한 일방적 '우경화'의 흐름을 막는 역할을 해왔다. 일본의 전후 민주주의가 1/3 민주주의로 불리는 이유가 여기에 있다. 사회당은 정권획득을 통해 절대적 평화체제를 일본 사회에 실현시키지는 못했어도 개헌저지선을 유지함으로써 전후 민주주의의 '방파제' 역할을 해왔던 셈이다. 지금 일본 사회가 누리고 있는 장기간의 평화 상태와 높은 생활수준은 일본이 전쟁이라는 비극적 역사에 대한 일정한 반성 위에서 쌓아올린 '전후 민주주의'라는 새로운 가치체계가 위에서 말한 대내외적 조건에 지탱되어 달성된 결과인 것이다. 따라서 전후 민주주의 체제는 외부로부터 주어진 계기를 내부에서 지켜낸 것이다.

따라서 최근 일본사회에서 불고 있는 '브레이크 없는 폭주기관차' 같은 우경화의 움직임은 미국의 대일 정책이나 주변 지역 정세의 변화, 그리고 냉전해체가 가장 중요한 요인이지만 일본 내 평화주의를 지탱해왔던 정치·사회세력, 특히 대표적인 호헌 평화주의 정당인 구사회당(현 사민당)의 몰락 또한 중요한 원인이다. 현재 사민당 중의원 의석수는 18석에 불과하다. 전성기였던 1958년의 166석이나 1990년 139석과 비교하면 거의 '괴멸'에 가깝다.[7] 제1야당인 민주당이 '유사법제' 제정과 헌법개정 논의에 찬성하고

---

7) 그렇다고 해서 자민당 정치가 안정적이라고도 볼 수 없다. 최근 고이즈미 준이치로 수상 등장 이래, 자민당 지지도는 상승경향에 있다고 하지만, 이는 고이즈

있는 현실을 감안하면, 유일한 호헌 평화세력의 '괴멸'은 평화주의의 쇠퇴 그 자체인 셈이다. 사회당의 몰락 원인을 둘러싸고는 다양한 견해가 존재하지만 구사회당이 줄기차게 주장한 미일안보조약의 폐기와 자위대 위헌과 같은 비현실적인 이상론에 빠져 유럽 사민당 같은 보통의 '사민주의 정당'으로 변신하는 데 실패했고 이 점이 사회당 몰락의 최대 원인이라고 많은 전문가들이 주장한다. 유럽의 사민당이 나토체제를 현실로 받아들인 것처럼 일본의 사회당도 미일안보조약을 현실로 받아들여 정권을 획득했어야 했다는 것이다. '평화주의'는 미일안보조약(미일동맹체제)과 동전의 양면 같은 것이어서 일본의 '비(경)무장'이라는 안보 공백을 '미군'이 대신 메워주지 않으면 성립되지 않는다. 따라서 사회당이 주장하는 미일안보조약의 폐기는 오히려 '전후 평화주의'의 붕괴로 이어질 수 있다. 문제는 '전후 평화주의'를 보완할, 혹은 대신할 새로운 안전보상 구상 제시에 사회당이 실패했다는 것은 분명하다(굳이 있었다고 한다면 '국제연합 중시의 안전보장 구상' 정도였을까).

그리고 사회당의 외연에 위치하면서 '평화주의'를 지탱해왔던 반전 평화 운동 세력의 몰락도 평화주의 퇴조에 한몫을 거들었다. 특히 좌파의 분열 대립으로 인한 살육은 좌파 운동권이 주도해왔던 반전평화운동의 도덕성과 대중성에 심각한 손상을 가져다주었다. '우치게바(내부라는 뜻의 일본어와 Gewalt라는 독일어의 합성어로 조직 내의 주도권 대립을 뜻함)'로 인한 서로간의 폭력으로 희생된 피해자만 1969~1999년 동안에 무려 1960건, 사망자 113 명, 부상자 4600명에 달한다. 이와 같은 극심한 대립과 '상처'는 운동역량의 축적에 적지 않은 장애물로 작용하였다.[8] '각론에 강하고 총론에 약하다', '지나치게 탈정치화되어 권력구상이 없다', '지나치게 파편적이다'는 일본

미 개인의 '인기'에 의한 것일 뿐, 자민당 지배 체제가 안정기국면으로 되돌아섰다는 것을 의미하는 것은 아니다. 이는 1986년 34.6%에서 2000년 20.3%로 급격히 떨어진 자민당 득표율을 통해서도 확인할 수 있다. 전후 민주주의 체제의 양축에 변화가 생기면서 정당체제의 유동화가 진행되고 있는 것이다.

8) 이 수치는 지은이가 인터넷 등을 통해 집계한 것으로 실제로는 이보다 훨씬 많은 희생자가 발생했을 것으로 추정되고 있다(小西誠・いいだもも 외, 2001, 『検証・内ゲバ-日本社會運動史の負の遺産』, 社會批評社).

시민운동의 특징은 이런 '상처'에 기인하는 바가 적지 않다.

3) 미국 대일정책의 변화

외부적 조건의 변화는 훨씬 더 극적이다. 특히 미국의 '강제'에 의해 '역할분담'이 일방적으로 강제되었던 주변 지역이 각각 자기 목소리를 내면서 기존 구도에 적지 않은 변화를 초래하고 있다. 특히 한국의 민주화, 남북관계의 변화는 한반도가 더이상 일본의 '완충지대'에 안주하기를 거부하고 있다는 것을 보여주는 셈인 것이다. 따라서 역설적으로 한국의 민주화 및 남북 긴장완화는 기존 일본의 경무장 '일국 평화주의'의 근간을 뒤흔드는 역할을 하는 셈이다. 그러나 무엇보다도 중요한 변화는 미국 대일정책의 변화이다.

미국은 기존의 미일 간 역할 분담에 변화를 꾀하고 있다. 미국이 일방적으로 부담하던 군사적 리스크를 일본이 제한적으로 분담할 것을 요구하고 있는 것이다. '유사법제', '주변 사태법' 등은 이와 같은 미국의 요구가 반영된 셈이다. 미국 대일정책의 변화는 일본의 군사행동을 제약하는 헌법 9조의 개정 요구로 연결된다.

헌법 9조 개정을 통한 일본의 재군비에 대한 미국의 요구는, 물론 1950년대 이래 일관된 흐름이다. 맥아더는 일본의 재군비에 원칙적으로 반대하면서도 헌법 9조가 반드시 자위권을 부정하는 것은 아니라는 점을 강조하였지만,[9] 미국 정부의 대일정책의 근간은 헌법 9조를 폐기하고 일본을 반공을 위한 전략적 기지로 삼고자 하는 데 있었다고 볼 수 있다.

1950년 6월, 덜레스 당시 미 국무장관 고문은 요시다 시게루에게 일본의

---

9) 이는 1950년 맥아더 사령관의 다음과 같은 연두사에 잘 나타나 있다. '이 헌법 규정은 예를 들면 어떤 이론을 들이대도 상대측이 걸어온 공격에 대한 자기방위라는 결코 범접할 수 없는 권리를 부정하는 것으로는 절대로 해석할 수 없다.……약탈을 일로 하는 도적이 오늘날과 같이 탐욕과 폭력으로 인간의 자유를 파괴하려고 지상을 배회하는 한, 여러분이 내걸고 있는 높은 이상을 전세계가 받아들이기까지는 많은 시간이 걸릴 것으로 생각해야 한다'(『朝日新聞』 1950년 1월 1일).

재군비를 일본 강화독립의 요건으로 요구하고 있다. 1953년 일본을 방문한 당시 미국 부통령인 닉슨은 헌법 9조를 '소련의 의도를 곡해한 나머지 저지른 선의의 잘못'이었다고 하면서 일본의 재무장 필요성을 주장하고 있다.[10) 이런 미국의 요구를 요시다가 거절한 것은 재군비가 한편에서는 일본의 경제발전을 경제적으로 제약하는 요인으로 작용할 뿐만 아니라, 다른 한편에서는 아시아 각국을 군사적으로 자극해 아시아에 군사적 불안요소가 증대될 것으로 판단했기 때문이다.[11)

전통적으로 미일군사관계는 미일안보조약에 바탕을 두고 있다. 조약은 일본이 외국으로부터 공격받았을 때는 미국이 일본을 지키며, 일본에 있는 미군이 외국으로부터 공격받았을 때는 일본이 일본 국내에 있는 미군 및 미군기지를 보호해야 할 의무를 지니며, 이를 위해서('일본의 안전 및 극동의 평화와 안정을 위해서') 미국이 일본 국내의 기지를 사용할 수 있도록 한다는 것이다. 미일안보조약 체제는 평화헌법에 입각한 소위 비무장 평화주의를 내용으로 하는 '전후 민주주의 체제'에서 초래될 수 있는 '안보공동화'를 현실적으로 지탱해주는 가장 중요한 조건이었다. 다시 말하면, '일본 안보 지킴이'로서의 미국 역할이 없었다면 일본의 비무장 평화주의는 유지될 수 없었다는 것이다. 따라서 '안보 무임승차'에 입각한 경제발전이라는 요시다 시게루의 전략은 결과적으로 성공한 셈이다.

그러나 최근의 미일관계는 시대적 전환기에 와 있다. 위에서 말한 것처럼 미일안전보장의 기본축은 일본이 미군측에 기지 및 시설 등을 제공하는 대신에 미국이 일본의 안전보장을 책임지는, 즉 미국이 리스크를, 일본이 코

---

10) 닉슨 미국 부대통령은 1953년 11월 19일, '일본은 공산침략의 방벽'이라는 연설에서 '일본에는 우수한 미군이 있지만, 이것만으로 공산주의 침략에 대하여 충분한 방위를 하고 있다고는 말할 수 없다. 일본을 지키기 위해서는 무슨 일이 있어도 일본의 방위군을 충분할 정도로 강화하지 않으면 안 된다. 일본의 국민도 이를 바라고 있고 그 책임을 다할 용의가 있다고 생각하며 또한 미국도 이를 원조하는 데 조금도 주저하지 않는다.…… 미국은 1946년에 선의의 잘못을 범했다. 그것은 소련의 진의를 곡해한 것을 말한다'(『毎日新聞』 1953년 11월 19일 석간)라고 밝혔다.

11) 이상 내용에 대해서는, 吉田茂, 1999, 『日本を決定した百年·附·思出す儘』, 97~99쪽 참조.

스트를 분담하는 일종의 '전략적 거래'의 산물이었다. 문제는 리스크의 일본 부담을 요구하는 미국측의 요구에 일본측이 주일미군에 대한 일본측의 재정부담을 늘리는 형식으로 유지되어왔던 양국의 분업관계가 냉전 해체 후 더이상 유지하기 힘든 단계로까지 발전해왔다는 사실이다. 즉 미국측의 리스크 분담 요구가 거세지면서 기존의 '전략적 거래' 관계에 일정한 변화가 찾아온 것이다. 이와 같은 변화는 1996년 '미일안전보장공동선언(The U.S.-Japan Joint Declaration on Security)'에서 주일미군의 역할이 기존의 '일본의 안전과 극동의 평화 / 안전'을 대신해, '세계의 평화와 안전'을 위한 주둔으로 바뀌고, 또한 1997년에 작성된 미국과 일본의 공동군사행동을 행하기 위한 소위 '신가이드라인(미일 방위협력 지침,THE GUIDELINES FOR U.S.-JAPAN DEFENSE COOPERATION)'이 극동의 범위를 넘어선 지역에서의 일본의 미군지원을 담고 있다는 것을 통해서도 확인할 수 있다. 또한 1999년에 제정된 '주변사태법'(주변사태시 일본의 평화와 안전을 지키기 위한 조치에 관한 법률)은 '주변 유사시'에 자위대(Japan's Self-Defense Forces)가 미군에 대한 지원활동을 할 수 있도록 하였고, 비록 한시법이기는 하지만 지난 가을에 9·11테러 사건 이후에 제정된 반테러 특별법(Antiterrorism Special Measures Law : 아프가니스탄 침공 미영군을 지원하기 위해 만들어진 법률. 이 법률로 자위대는 국회의 사전 승인 없이 세계 어느 곳에라도 무기를 가지고 출동하여 병기 수송이나 구조활동을 전개할 수 있게 되었다)이나 지난 6월에 제정·개정된 '유사법제' 3법안은 기존의 비무장 평화주의 틀을 훨씬 벗어난 자위대의 군대로서의 해외활동의 가능성을 열어놓았다. 이와 같은 미일군사관계의 전략적 거래를 무엇보다 상징적으로 보여주는 것은 부시 정권의 대일정책의 기본골격을 담고 있는 보고서이다. 미 국무부 부장관인 리처드 아미테지(Armitage, Richard Lee)의 이름을 딴 일명 '아미테지 보고서(INSS Special Report)'는 아시아에 핵전쟁을 포함한 대규모 군사충돌의 위험성이 있다는 것을 전제로 하고, 이를 막기 위해서 일본은 집단적 자위권을 행사할 수 있도록 하는 법개정이 필요하며, 일본의 군사대국화가 미치는 불안요인을 제거하기 위해 미국과 일본의 관계를 미영관계와 같은 동맹관계로 발전시킬 필요가 있다고 주장하고 있다.[12] 이와 같은 미국의 요구에 대응하는 형태로 자유민주당의 국방부회는 2001년 3월 23일, '제언 우리나라의 안전보장정책의 확립과 미일동맹'에서 ①미일동맹의 강화, ②미군과 자위대의 협력강화, 집단적 자위권 행사를 금지하는 정부 헌법해석의 폐기 등을 담고 있다.[13]

3. 일본의 선택과 동아시아의 평화

최근 일본 사회의 변화의 추동축은 말할 것도 없이 미국의 대일정책이지만, 그렇다고 해서 일본이 항상 피동적인 위치에서 미국의 요구만을 사후적으로 따라가는 것이라고만은 할 수 없다. 예를 들면 일본정부는 아주 오래전부터 자위대의 군대화를 위한 내부 준비를 해왔다고 할 수 있다. 1963년의 소위 미츠야(三矢) 연구나 1978년 유사법제 연구의 공개적 개시 등은 바

---

12) 미국방대학 국가전력연구소 특별보고(2000년 10월11일)로 '미국과 일본/성숙한 파트너십을 위하여'라는 제목의 아미테지 보고서는 다음과 같은 내용을 담고 있다. '아시아는 역사적 변화가 일어나고 있는 과도기적 혼란 속에서 미국의 정치, 안전보장, 경제를 비롯한 이해의 상호관계에 있어서 중요한 위치를 차지하는 지역이다. 세계 제2위의 경제력과 충분한 장비를 가진 유능한 군대를 가지고 또한 미국의 민주적 동맹국이기도 한 일본은 미국이 아시아에 관여하는 데 앞으로도 요석(要石)의 역할을 할 것이다. 미일 동맹은 미국의 지역적 안전보장전략의 중심이다……미일 방위협력 지침(가이드라인)의 개정은 태평양에 걸쳐 있는 이 동맹에서 일본이 행할 역할 보강을 위한 상한이 아니라 기반으로 간주하여야 한다. 일본이 집단적 자위권을 금지하고 있는 것은 동맹국이 협력하는 데 제약으로 작용하고 있다. 이 금지조항을 제거함으로써 보다 밀접하게 보다 효과적인 안정보장 협력이 가능해질 것이다'.

13) 이 제언은 다음과 같은 내용을 담고 있다. "신가이드라인과 가이드라인 관련법에 입각한 미일 공동작전계획에 대한 검토 및 상호협력계획에 대한 검토, 그리고 미일공동훈련의 중요성에 대해서는 이미 말한 대로이지만 한계도 있다. 그것은 우리나라가 집단적 자위권의 행사를 금하고 있기 때문에 미군의 군사작전이 극히 복잡하게 되어버려 유사시에 미일이 공동으로 분쟁 억지에 대처하는 것에 지장을 초래할 것으로 우려되는 점이다. 정부의 종래 집단적 자위권 행사에 대한 해석은 미일동맹이 신뢰성을 확보하는 데 제약으로 작용하고 있으며, 또한 미일동맹의 '억지력'을 감퇴시킬 위험성을 가지고 있다"(渡辺治, 2002, 編著, 『憲法改正の争点·資料で讀む改憲論の歷史』, 旬報社, 332쪽).

로 좋은 예이다.[14] 그러나 이와 같은 군사주의적 흐름은 미국측의 요구에 대한 일본측의 소극적인 대응에 불과했거나 아니면 국내외의 여론 악화나 국내 야당 및 평화운동 단체나 노조의 저항에 의해 무력화되었다. 또 일본 정부 자신도 비무장 평화주의 '이점'이 '단점'을 상쇄하고도 남을 만큼 크다면 굳이 무리하게 자위대의 '군대화'를 꾀할 필요가 없었다고 볼 수 있었다. 요시다 시게루의 판단은 바로 이러했을 것이다. 그러나 최근의 일본 국내의 반응은 과거와는 정반대이다. 특히 냉전해체 후의 동아시아 안보 질서의 유동화와 경제불황은 아시아 경시와 대미 협조주의 노선을 대두시켰다. 현재 대북 강경책을 주도하고 있는 새로운 정치세력은 신자유주의적 경제질서와 자위대의 군대화를 통한 '보통국가화'를 꾀한다는 점에서 기존의 자민당 주도층과 차별적이다. 이들은 자민당 내 파벌기반으로부터 상대적으로 자유로운 고이즈미를 통해, 헌법 9조 개정을 통한 집단적 자위권의 확보, 천황 원수제론, 수상 공선제 도입 등을 주장하면서, 경제대국에 걸맞는 국제사회에서의 군사적, 정치적 리더십의 확보를 지향한다. 전통적인 호헌 세력인 야당인 민주당도 호헌에서 헌법개정을 논할 수 있다는 '논헌(論憲)'으로 바뀌었으며, 일본공산당조차도 '자위대 활용론'을 주창하고 나섰고, 일본의 최대신문인 요미우리 신문은 헌법 개정 2차 시안을 발표하면서 헌법개정에 대한 여론 환기작업에 뛰어들었다. 또한 경제단체인 경제동우회(經濟同友會Japan Association of Corporate Executives)도 '평화와 번영의 21세기를 지향하면서'(2001년 4월 25일)라는 보고서에서 '국민적 합의'를 전제로 늦어도 2005년까지 헌법개정에 필요한 절차가 완결되어야 한다는 점을 주장하고 있는 실정이다. 또 1999년 헌법개정을 위한 헌법조사회가 설치되었으며, 헌법개정에 대한 여론조사의 결과도 개정론자들에게 힘이 되고 있다. 따라서 최근에 이루어지고 있는 일련의 군사주의적 법률 제정·개정은 헌법 9조를

---

14) 특히 미쯔야 연구는 육해공 자위대의 중견간부가 한반도의 전쟁 발발시 자위대의 행동과 긴급규정 등을 연구검토한 보고서로서, 1965년 사회당 의원의 폭로로 세상에 알려지게 되었다. 유사법제의 역사 등에 대해서는 大田昌秀, 2002, 『有事法制は、怖い』琉球新報社 및 纐纈厚, 2002, 『有事法制とは何か』インパクト出版會 참조.

무력화 / 형해화(形骸化)시키기 위한 사전 정지작업인 것처럼 보인다.

　이와 같은 흐름 속에서 보면 일본의 헌법 9조 개정과 기타 유사법제 제정을 통한 소위 '보통국가화'는 피할 수 없는 하나의 흐름인 것처럼 보인다. 문제는 이와 같은 헌법개정 등의 움직임이 도대체 무엇을 지향하고 있는가이다. 즉, 일본의 '선택'이 결국 무엇을 지향하고 무엇을 빚어내는가이다. 결론적으로 말하면, 다국적화된 일본 기업의 안전과 권익을 보호하기 위해, 그리고 세계 자유시장 질서의 유지 확대를 위한 미국을 비롯한 서방 세계의 국제적 행동에, 자위대가 미군과 함께 군사적으로 참가하는 체제를 만드는 것에 있다 할 수 있겠다. 그리고 이와 같은 움직임은 또한 미국의 적극적인 요구에 의한 것이기도 하다. 즉 미국의 용인하에 일본의 군사적 재량권을 확대하는 움직임이 커지는 것이다. 이렇게 보면 결국 한반도와 동북아의 평화구축이 오직 미국의 잠금장치하에서만 작동할 수 있다는 것을 뜻하게 된다. 따라서 일본의 군사대국화의 움직임이 미국의 동의나 방조, 그리고 관리체제하에서만 작동된다고 한다면 동아시아의 주한 미군 / 주일미군의 역할은 미국의 새로운 역할에 대한 기대와 함께 현실적인 대안으로서 등장될 수도 있다. 다시 말하면, 전후민주주의 체제를 지켜낼 수 있는 국내외적인 조건이 거의 붕괴상태에 있는 지금, 안타깝게도 일본의 '과거 회귀'라는 '일탈' 가능성을 막을 수 있는 현실적인 대안을 미국에서 찾을 수밖에 없는 역설적인 상황이 현실화되고 있는 셈이다. 그러나 동아시아에서의 일본의 군사재량권의 확대가 장기적으로는 미국의 잠금장치를 부술 가능성이 결코 적지 않다는 것에 문제의 심각함이 있다. 이는 20세기 초와 같은 일본의 '일탈' 가능성만을 말하는 것이 아니다. '미츠야(三矢) 연구'로 불리는 1963년 일본 방위청의 극비문서 '통합방위도상 연구'에 나타난 바와 같이 만일 한반도를 포함한 주변 사태에 '일본군'이 미군의 역할을 대신한다면, 혹은 대신하기 위한 준비를 제도적으로 이루어내려고 한다면, 이는 극동 아시아에서의 기존의 대립구도에 일대 혼란을 불러일으켜 새로운 불씨를 만들어낼 가능성이 크다. 왜냐하면 일본은 그와 같은 역할을 할 만한 역사적 정당성을 가지고 있지 못하기 때문이다. 따라서 일본의 '일탈'은 동아시아의 '한정된 평화질서'조차도 유지 어렵게 만들 것이고, 이는 20세기 전반기의 비극을 훨씬 뛰어넘는 '비극의 재래(再來)'로 나타날 것이다. 1902년 영일동맹이, 혹은 카츠라 테프트 조약이 그 후의 한반도 및 아시아 지역에 끼친 비극적인 악영향을 떠올릴 수밖에 없는 것은 바로 이 때문일 것이다. 다시 말하면 우리가 일본의 군사주의적 경향에 무심할 수 없는 이유는 일본의 선택이 동아시아 인민의 운명을 결정짓는 역사적인 '선택'이기 때문이다.15)

---

15) 특히 최근에 미국과 일본에서 제기되고 있는 '일본 핵무장론'은 군사주의 경향의 대표적인 예이다. 미국의 보수적 칼럼니스트인 찰스 크라루트하머위나 메케인 상원의원의 북핵억지를 위한 '일본 핵무장론'은 차치하더라도, 자유당 당수인 오자와 이치로[小澤一郎], 그리고 관방장관인 후쿠다 야스오[福田康夫], 관방부장관인 아베 신죠[安倍晋三] 등은 잇따른 '핵관련발언'에도 불구하고 별다른 사회적 비난을 받지 않고 있다. 그러나 불과 2년 전인 1999년에는 이와 비슷한 핵관련 발언으로 오부치[小淵] 내각의 방위청 차관이었던 니시무라 신고[西村愼吾]는 차관직에서 물러날 수밖에 없었다. 불과 4년 사이에 일본 사회는 이렇게 변한 것이다. 오자와가 말한 것처럼 일본은 사실 마음만 먹으면 약 4천 발의 원폭을 제조할 수 있는 '잠재적인 핵대국'인 것이다.

동아시아의 평화와 대미관계 — 부시이즘에 대항하는 아시아의 연대

고모리 요이치(小森陽一, 동경대학 교수)

'부시이즘'이란, 제이코브 위스바그(Jacob Weisberg)라는 저널리스트가, 조지 부시가 실제로 발언한, 조리없고 제멋대로이며 입에서 나오는 대로 아무렇게나 말하고 허위와 거짓에 넘치는 폭략(폭력으로 탈취하는 일)을 정당화하는, 모략적인 언어를 모은 책의 제목이다.

우리들은 지성이나 품위가 손톱만큼도 없는 부시의 언어를 웃고 넘길 수만은 없다. 유감스럽게도 정치적 지도자로서 어울리는 능력을 일절 가지고 있지 않은 남자가, 현실적으로는 초대국 아메리카의 대통령이며, 부시이즘에 의해 매일매일 세계가 교란되고 있기 때문이다. 이 보고의 원고를 적고 있는 현재 시간은 2003년 2월 11일이며, 부시가 국제여론을 무시하고 단독이라도 이라크에 대한 무력공격을 행하려는 것에 대해서, 독일·프랑스·벨기에가 NATO로서의 협력을 거부하는 자세를 표시하고, 러시아와 중국도 이라크 문제의 평화적 해결에 동조한다고 표명한 일이 보도되고 있다. 이라크에 대한 무력행사를 둘러싼 사태는 갈림길에 와 있다. 이 보고가 실제로 행해지는 3월 1일의 상황을 예측하는 것은 전혀 불가능하다. 부시이즘에 의한 단독행동주의(unilateral)와 국제연합을 바탕으로 한 다국적주의(multi-unilateral)가 정면에서 대립하고, 모순을 노정하는 상황이 되고 있기 때문이다.

동시에 2월 11일은, 일본이라는 국가에 있어서 '건국기념의 날'이라는 국민의 축일로 되어 있다. 이것은 제2차 세계대전 후 폐지된 '기원절'이, 메이지 100년을 앞둔 1966년에 이름을 바꿔서 부활한 것이다. '기원절'이란, 신화의 등장인물에 불과한 '진무천황'의 즉위 날로서, 근대 천황제와 국가신도가 형성된 1872년에 설립된 축일이다.

이 국가신도에 근거해서, 이전의 침략전쟁을 긍정하기 위해 야스쿠니 신사참배를 되풀이하는 고이즈미 준이치로를 수상으로 하는 내각은, 재빠르게 부시정권에 의한 이라크 공격에 지지를 표명하고 있다. 사실에 근거한 역사인식을 말살하려는 세력은, 동시에 부시이즘의 아메리카를 전혀 무비판적으로 추종하고, 일본을 아메리카와 함께 전쟁을 할 수 있는 나라로 만들고, 게다가 아시아 전체를 전쟁의 위기에 휘감으려고 하고 있다.

부시이즘은, 세계를 압도하는 군사력과 경제력 위에 성립하고 있다. 이미 세계의 어느 나라도 대항할 수 없는 초월적 군사력을 배경으로, 석유나 천연가스라는 전략적 자원의 권리를 쥐고, 국제적으로 이익을 환류시키는 시스템을 지배하며, 문화적으로도(할리우드 영화나 맥도날드) 세계적인 침투력을 가지고, 자기의 의지를 세계에 강제하는 일이 가능할 정도의 권력집중을 실현하고 있는 것이, 현재의 아메리카 합중국이다.

압도적 군사력과 경제력을 지탱하면서, 부시이즘의 아메리카는 급속하게 단독행동주의를 굳히고 있다. 그리고 아메리카의 단독행동주의는, 부시정권이 되고나서부터 세계에 대한 배신행위가 되고 있다.

아메리카의 인구는, 세계 총인구의 불과 4.5%에 불과하다. 그러나, 아메리카의 국내 총생산은 세계 전체의 30%에 가까우며, 일본·독일·영국의 합계보다 크다. 세계 부의 3할을 독점하는 아메리카는, 이산화탄소의 배출량에 있어서도 세계 총 배출량의 25%를 점하고 있다. 그럼에도 불구하고, 부시정권의 아메리카는 '지구온난화 방지 교토의정서'로부터 일방적으로 이탈했다.

그 이유는 확실하다. 현 부시정권은 아메리카의 석유산업의 이익을 대표하는 동시에, 정권 그 자체가 석유이권에 오염되어 있다.

2001년 12월 2일, 회사의 경리를 속이고 거짓 정보로 주가를 조작해온 아메리카 최대의 에네지 매매 기업인 엔런(Enron)이 경영 파탄했는데, 부시 대통령은 엔런의 레이 전 회장과 텍사스 주지사 시절부터 친해, 대통령선거에서 57만 달러의 헌금을 받았다.

아쉬구로훗 사법장관은, 엔런으로부터 거액의 정치헌금을 받았기 때문에, 현재 엔런사건의 수사에서 밀려나 있다.

경제정책의 실패로 이미 재송된 린제 전 경제담당 대통령 보좌관도 엔런으로부터 거액의 정치헌금을 받았다.

체니 부대통령이 주도한 전력 자유화를 둘러싼 에네지 정책은, 확실하게 엔런사를 이롭게 하는 것이었다. 체니도 엔런 레이 전 회장과 친한 관계이다. 게다가 체니는, 세계 20개국에 10만 명의 사원을 가진 석유 관련기업인 하리바톤사의 회장을 역임했고, 역시 부정한 회계조작으로 1,850만 달러를 착복한 의혹을 가지고 있다.

이러한 부시 패밀리를 구성하는 사람들의 사적 이익을 추구하기 위한 연고 자본주의(crony capitalism)가 아메리카·표준 아래의 '글로벌화'의 내실이라는 것이, 최근의 사태 진행중에 확실해졌다. 동시에 연고 자본주의는, 엔런이나 월드슨이라는 최대 기업이 부정회계에 의해 도산한 것에서 확실해진 것처럼, 오직과 부패에 더러워져 있는 것이다.

주식투자에 많은 것을 떠넘기고 있는 아메리카 자본주의에게는, 기업의 정확한 재무보고는 생명선이었을 것이다. 그러나 일련의 사태는 부정한 정보에 의해 주가가 조작되고, 그것을 정확하게 회계감사하는 능력마저 아메리카 자본주의가 잃어버리고 있음을 시사하고 있다. 이라크 공격의 가능성이 높아지는 가운데 아메리카의 주가는 급속히 하락하며, 달러가 팔려나가고 있다. '국익'을 밟아 넘어뜨려서라도 사리사욕을 추구하는 것이 부시이즘이며, 아메리카의 시장 자본주의에 있어서 리스크의 증대는, 세계경제에서도 심각한 결과를 가져오고 있는 것이다.

부시이즘의 세계에 대한 배신행위는 그것뿐만 아니다. 아메리카는 '대인지뢰 금지조례'를 거부하고, '포괄적 핵실험 금지조례'나 '탄도요격 미사일 제한조약'에 대하여, 일방적인 파기의 자세를 취해왔다. 왜냐하면 부시 패밀리는, 군수산업에도 탐욕을 부리고 있기 때문이다.

미네타 운수장관은 세계 최대의 군수기업 록히드 마틴사의 운송시스템·

서비스 담당의 상급부사장이다. 체니 부대통령의 부인 린은, 록히드의 전 중역, 게다가 아프간 전쟁에서 진두지휘를 한 정권 내에서도 가장 매파인 럼즈펠드 국방장관도 록히드사의 군사 싱크탱크 부분의 이사장이다.

2002년도 세계 군사비 총액에서, 아메리카 한 나라가 40% 가깝게 점하고 있으며, 그것은 2위 이하로 이어지는 15개국 모두의 군사비 합계보다 많다. 그 거액의 군사비는 당연히 아메리카 군수산업에 투입된다.

2001년도 군수산업의 계약고 랭킹에서는, 상위 20개사 중 과반수 11개사 가 아메리카의 군수산업이다. 제1위가 록히드·마틴사, 제2위는 보잉사, 제 4위의 레이세온사가 제3위의 영국의 BAE 시스템사와 함께 계약고에서 타 사를 압도적으로 따돌리고 있다.

결국, 아메리카의 막대한 군사예산은, 그대로 아메리카 군수산업의 이익 이 되고 있는 것이다. 우리들은, 아메리카나 영국의 최대규모 공공사업은 군수산업이라는 것을 일순간이라도 잊어서는 안 되는 것이다.

당연한 일이지만, 9·11 이후의 아프간 공격을 '대테러 전쟁'이라고 이름 붙인 무제한 전쟁 속에서, 아메리카의 군수산업은 공전의 이익을 올리고 있 는 것이다.

생각해보면, 1990년대에 아메리카가 'IT혁명'에 의해 세계시장에서 독보 적인 승리를 하게 된 것은 군사기술의 덕택이었다. 냉전시대에 거액의 군사 예산을 대학을 비롯한 연구기관에 투입해서 극비로 개발해온 소련권에 대 한 군사정보 수집기술을 비롯한 첨단 정보기술을, 소련붕괴 후 한꺼번에 아 메리카의 민간시장에 개방하여, 그것에 의해 세계시장에서 압도적인 경쟁 력을 획득한 것이다.

'IT혁명'이란, 실은 아메리카에 의한 세계제패의 야망을 건 '군사혁명'이 었던 것이다. 그리고 이 '군사혁명'은, 걸프전 이후 한꺼번에 진행돼 고도의 최첨단 정보기술에 기반한 명중정도가 높은 미사일과 폭탄을 완비하는 데 이르고 있다.

위성이용 측정시스템에 의해, 폭격대상에 대한 적중률이 높은 미사일과 폭탄에 의한 공격이 가능해지고 있다. 걸프전에서는 불과 5%였던 이러한 병기의 사용은, 아프간 공격에서는 70%에 달하고 있다.

2002년 9월 17일의 '미국 국가안전 전략 리포트' 안에서 부시정권은, 현 단계의 아메리카 군사력에 대해서, "가상적국이 미국의 군사력에 병행하지만, 그것을 넘어서는 무력증강의 시도를 단념시키는 데 충분할 정도로 강하다"고 호언장담하고 있다. 아메리카는, 지금이야말로 다른 어떤 나라보다도 도전 불가능할 정도의 군사력으로 세계지배를 수행하고 있는 것이다.

그렇기 때문에 아메리카는, '테러와의 전쟁'이라고 말하면서, '국제 형사 재판소 설치조약'에 대한 서명을 거부하고 있는 것이다. 그것은 아메리카의 개별적 자위권의 틀 안에서, 이미 국가와 국가의 주권 행사로서의 전쟁이 아닌, 무제한으로 국경을 넘어선, 세계의 모든 지역에 대한 무력공격을 가능하게 하기 위한 것이다. 개별적 자위권을 '테러와의 전쟁'이라는 이름 아래, 선제공격의 이유로 하고자 하는 것이야말로, 다국간 합의에 근거한 국제적 룰 만들기에 아메리카는 관계하고 싶지 않은 것이다.

국제연합을 중심으로 한 시스템에 있어서, 세력 균등에 기반한 안보리 상임이사국의 상호관계와 국제연합 총회에 체현되어 있는 주권의 평등 조례에 근거한 다국간주의는, 확실하게 부시이즘의 단독행동주의와 모순되고 정면에서 대립한다.

그렇기 때문에, 아메리카가 미사일 방위시스템의 조기배치구상을 제출한 후, 국제연합 인권위원회는 아메리카를 '불량국가'라고 설정하고, 2001년 5월 6일의 국제연합 인권위원회에 있어서 아메리카는 선택되지 않았다. 아메리카가 '불량국가'로서 세계에서 고립하는 것을 구한 것은 9·11사건 외에는 없다. '테러와의 전쟁' 슬로건 아래, 아메리카의 단독행동주의가 전세계에 용인된 것처럼 보였다. 그러나, 아메리카에 의한 아프간 공격이 결국은 석유 파이프 라인의 이권에 얽혀 있는 것이 누구의 눈에도 확실해진 이후, 세계의 추세는 바뀌고 있다. 이 변화는 앞에서 말한 이라크 공격에 대한 프랑스·독일·러시아라는 안보리 상임이사국의 자세에 확실히 나타나고 있다. 아메리카의 단독행동주의에 대하여, 다국간주의에 의해 아슬아슬한 지경에서 그 흐름을 멈추려는 노력이 이루어지고 있다.

그러나 한편으로, 국제연합 안보리의 결의를 둘러싼 아메리카측의 자세는, 이라크는 이 결의에 묶이지만, 아메리카는 묶일 수 있는 것이 아니라는 위장된 다국간주의에 일관하고 있다. 이와 같은 모순적인 논의 안에서, '테러와의 전쟁' 이름으로 선제공격이 정당화된다면, 국제연합의 존재의의는 물론 국제법의 체제전체가 짓밟히는 일이 된다. '불량국가'로서의 체질은 부시이즘의 본질이다.

확실하게 현단계의 세계에서, 아메리카라는 단일 초강국의 단독행동주의와 국제연합을 중심으로 한 다국간주의는 근본적으로 서로 용납하지 않는 모순이 되고 있다. 국제연합 총회에 안보리의 결정에 대한 체크 기능의 권한이 주어지지 않는 이상, 국제연합 내부만으로 아메리카의 단독행동주의를 억지하는 일은 가능하지 않다.

최근의 이라크 공격을 둘러싼 힘의 관계에서, 무엇보다도 커다란 역할을 한 것은 전세계의 시민에 의한 반전 국제여론의 형성이었다. 9・11 이후, 세계의 매스컴이 아메리카의 의도를 간파해, 사실을 보도하지 않게 되었음에도 불구하고, 2003년 1월 18일에 ANSWER 등의 호소로 이루어진 세계 동시다발 반전행동에 대해서, 아메리카에 절반은 매수된 상업 매스미디어도 보도할 수밖에 없는 상황에 처해진 것이다.

그리고 2월 15일에는, 세계 600개 이상의 도시에서 이라크에 대한 전쟁에 반대하는 행동이 이루어져, 1000만 명 이상의 사람들이 참가했다. 200만 명의 런던에서의 행동은, 아메리카와 함께 무력공격의 급선봉이었던 브레아 수상으로 하여금 국제연합 사찰단에 "조금 더 시간이 주어져야 한다"고 표명하게끔 했다고 주최자는 발표했다.

일본 국내에서도 전국에서 이라크에 대한 군사공격 반대집회와 데모가 연일 이루어지고 있지만, 고이즈미 내각은 점점 대미 종속 자세를 나타내고 있어, 이라크 공격을 용인하는 국제연합 결의를 향해서 안보리 비상임 이사국에 대한 사전교섭을 시작하고 있다. 이미 헌법 제9조 위반이 명백한 '테러대책 특별조치법'에 기반하여, 2001년 11월부터 해상 자위대가 인도양에 파견되어, 아메리카와 영국의 해군에 계속 연료를 보급하고 있으며, 그 양은 미군이 사용한 연료의 40％에 달하고, 평화헌법을 가진 나라의 100억 엔을 넘는 세금이 전쟁지원에 사용되고 있는 것이다. 핵공격도 사양하지 않는다고 표명하고 있는 부시 군대에 대한 무료봉사가, 세계에 두 개밖에 없는 피폭도시 히로시마·나가사키와 같은 현에 있는 吳와 佐世保의 항구에서 이루어지고 있는 것이다. 그리고 2002년 12월 16일, 가나가와(神奈川)현의 요코스카(橫須賀) 기지로부터 이지스함 '기리시마'가 인도양을 향해서 출항했다.

최첨단의 정보기술을 구사하고, 유도미사일 탑재 구축함인 이지스함의 파견은, 연료보급 활동으로부터 정보수집 및 정보제공이라는 직접전투 행위에 가장 가까운 형태로, 부시이즘의 전쟁 정책에 가담하는 일을 의미한다. '불량국가'의 군사행동에 일본국민 전체를 휘감고, 헌법 제9조를 짓밟는 대단히 어리석은 선택이다.

자민당 내에서는 "일본은 아메리카의 하나의 주(州)와 같은 것이기 때문에, 아메리카의 의향에 따르는 것 이외에는 없다"는 발언이 공공연하게 되고 있는 듯한 대미 추종 상태에 있음에도 불구하고, 국민에게는 대미종속이라는 평가를 받고 싶지 않는 모순을 가지고 있다.

그렇기 때문에, 현 시점에서 부시이즘의 아메리카야말로 세계와 아시아를 전쟁의 위기에 빠뜨리는 원흉 '불량국가'이다,라는 인식을 넓히고 여론화하는 일이 대단히 중요하다.

첫째로, 1990년대에 들어온 이후, 특히 2000년의 아미테지 보고 이후 일미 안보체제가 강화되어, 아메리카와 일본 사이에 집단적 자위권의 행사를 가능하게 하기 위한 헌법 제9조 개악과 해석개헌에 의해 수행되는 자위대 해외파견을 둘러싼 정치적 논거를 붕괴하는 일이 가능하기 때문이다.

주지하듯이, 역대 자민당 내각이 헌법 위반의 판단을 해온 자위대 해외파병을, 합헌이라고 재해석하는 곡예적 '논리'를 고안해낸 것은, 걸프전 당시의 敏樹내각의 자민당 간사장 고이자와 이치로(小澤一郎, 현 자유당 당수)였다.

고이자와 이치로가 논거로 한 것은, 일본국 헌법 전문의 "평화를 사랑하는 모든 국민의 공정과 신의에 신뢰해서, 우리들의 안전과 생존을 유지하려고 결의했다"는 일절이다. 고이자와의 논리는, 일본국 헌법전문에는 '모든 국민의 공정과 신의에 신뢰'해서, 일본은 평화국의 길을 택했다고 적혀 있다, 그런데 이라크에 의한 쿠웨이트 침공은 이 '모든 국민의 공정과 신의'를 배반하는 것이기 때문에 '모든 국민의 공정과 신의'를 회복하기 위해서, 자위대가 해외에 나가는 일은 헌법이 인정하고 있다는 논리이다.

이 '논리'가 현재에도 해석 개헌의 틀로 사용되는 것은 확실하다. '테러대책 특별조치법'을 둘러싼 국회논의 가운데 고이즈미 준이치로 수상은, '헌법전문'과 '제9조' 사이에 '틈'이 있다고 언급해 해상자위대에 의한 미군지원을 정당화하고 있다.

그러나 지금까지 밝힌 것처럼, 부시이즘의 아메리카처럼 모든 의미에서 '모든 국민의 공정과 신의'를 배반하고 있는 것은 없다. 군사적으로 국제법의 '신의'를 전부 배반하고 있는 것뿐만 아니라, 경제적으로도 지구상으로부터 '공정'의 원리를 빼앗고 있는 것이, 부시이즘 아래에서의 '글로벌화'이다. 만약 일본이 자위대의 해외파병에 의한 지원뿐만 아니라, 미군 기지에 대한 재정적 우대조치를 정지한다면, 아메리카는 전쟁을 할 수 없게 된다.

둘째로, 제멋대로 만든 '국제적인 룰'을 전세계에 강요하는 WTO와 IMF 체제가, 중국에서의 농업을 파괴하고 농민 생활을 궁지에 몰고 농촌을 붕괴 위기에 떨어뜨리고, 한국의 경제를 사실상 아메리카의 관리 아래 두고 이익을 짜서 취하고 있는 일도, 최근 수년 간의 역사적 추이에서 확실해지고 있다. 게다가 아메리카 추종의 경제정책이 일본의 경제를 아메리카의 밥(희생)으로 하고 있음도 확실해지고 있다.

셋째로, 부시이즘은 아시아의 군사적인 위기를 부채질하고 있다. 부시정권은 김대중 대통령이 추진해온 '북한'과의 우호와 화해를 추진하려는 햇볕정책에 사사건건 적대해왔다. 2003년 1월 10일에 '북한'이 핵확산 방지조약으로부터 이탈한 것이 떠들썩한 일이 되고 있지만, 유일한 피폭국 일본에서 보면, 이 조약은 아메리카·러시아·영국·프랑스·중국의 5대국 이외는 핵보유를 해서는 안 된다는 불평등조약이다. 동시에 핵확산 방지조약의 제6

조에는, 5대국이 핵군축 노력을 한다는 것이 명기되어 있기 때문에, '포괄적 핵실험 금지조약'과 '탄도요격 미사일 제한조약'을 일방적으로 파기한 부시 정권의 아메리카야말로 세계의 지탄을 받아야 하는 것이다.

더욱이 아메리카야말로 1994년에 북한과 맺은 조약을 위반해왔으며, 이 문제를 해결하기 위해서도 중국, 한국, 그리고 일본의 연대 역할은 결정적이다. 이전의 북한과 길고 깊은 관계를 맺은 중국이 그 영향력을 발휘해서, 북한과의 대화 테이블에 아메리카를 앉히는 일, 한국이 햇볕정책 지속을 표명하고 있는 노무현 대통령 아래에서, 북한의 핵병기 개발을 반대하면서, 민생용의 원자력 에너지 정책을 용인할 수 있다면, 다른 나라도 이것을 인정하지 않을 수 없게 된다.

그러한 의미에서도 2002년 9월 17일의 조일(朝日)수뇌회담과 조일평양선언은, 일본이 아시아의 긴장완화에 중요한 역할을 하는 계기가 될 수 있는 획기적인 일이었다. 많은 외교전문가의 예상에 반해, 김정일 국방위원장은 전격적으로 납치문제를 인정하고 사죄, 재발방지를 약속했다. 조일국교정상화 교섭에 들어가는 일이 가능한 듯이 보였지만, 일본의 상업적 매스미디어는, 납치문제를 먹이로 미친 듯이 반북한 캠페인을 하여, 일본의 독자외교 가능성을 짓밟고 말았다. 편협한 내셔널리스트들도 이 캠페인에 편승, 북한을 가상적국으로서 그려내는 일에 의해 아메리카를 추종하고, 더욱이 자위대의 해외파병을 확대해가는, 국내의 법체비로서의 '무력공격사태' 관련법안의 국회통과를 가능하게 하는 여론조작에 이용하고 있다.

2003년 1월 14일에, 고이즈미 수상이 한 야스쿠니 신사참배가 상징하고 있는 것처럼, 아메리카 추종이 본질임에도 불구하고, 내셔널리스트인 것처럼 치장하지 않으면 안 되는 극우정권의 거동이 일본·중국·한국의 연대를 방해하고, 아시아의 위기를 증폭시키고 있는 것이다. 아시아에서 반부시이즘의 연대는 편협한 반미 내셔널리즘이 아니고, 실은 아시아의 평화와 경제적 회복을 현실적으로 가능하게 하는 인터내셔널리즘이다. 아메리카를 항상 가운데 끼는 2국간 교섭이 아니라, 아메리카로부터 자유로운 아시아 나라들의 다국간 교섭에서, 21세기의 안전보장과 경제, 그리고 환경을 둘러싼 국제적 룰을 만들어낼 수 있는가 없는가가 초미의 과제이다. 그것을 위해서라도, 일본의 수상이 야스쿠니신사를 참배하는 것으로 상징되는, 침략 전쟁과 식민지 지배를 미화하려는 대미추종형 역사부정 내셔널리스트들의 책동에 종지부를 찍는 시민운동을, 반전운동과 연동해서 넓혀갈 필요가 있다. 이 심포지엄이 그러한 중요한 출발점이 되기를 진심으로 바라고 있다.

글로벌화와 인권 · 교과서

엮은이 일본교과서바로잡기운동본부
펴낸이 장두환
펴낸곳 역사비평사

등록 1988년 2월 22일 제1 - 669호
주소 서울시 종로구 계동 140 - 44
전화 영업부 741 - 6123 ~ 4
　　　편집부 741 - 6127
팩스 741 - 6126
E-mail yukbi@chollian.net

제1판 제1쇄 2003년 11월 10일

ⓒ 일본교과서바로잡기운동본부, 2003

ISBN 89 - 7696 - 907 - 3 - 03900